自滅する企業

THE SELF-DESTRUCTIVE HABITS OF GOOD COMPANIES
...And How to Break Them

エクセレント・カンパニーを蝕む
7つの習慣病

ジャグディシュ・N・シース著
Jagdish N. Sheth
スカイライト コンサルティング訳

Wharton
UNIVERSITY *of* PENNSYLVANIA
ウォートン経営戦略シリーズ

EIJI PRESS

THE SELF-DESTRUCTIVE HABITS
OF GOOD COMPANIES
. . . And How to Break Them
by
Jagdish N. Sheth

Publishing as Wharton School Publishing
Upper Saddle River, New Jersey 07458
Japanese translation rights arranged with
PEARSON EDUCATION, INC.,
publishing as Wharton School Publishing
through Japan UNI Agency, Inc., Tokyo.

日本語版　訳者まえがき

書店のビジネス書コーナーに行くと、サクセス・ストーリーが溢れかえっている。急成長を遂げた企業や、強烈なカリスマ性とリーダーシップで超優良企業にのしあがった起業家の成功物語である。私も、こうした書籍の熱心な読者のひとりだ。成功にあこがれ、何とか自分たちも仲間入りしたいと望んでいる読者も多いだろう。

しかし、ことはそれほど単純ではない。目をこらしてみよう。当時は飛ぶ鳥を落とす勢いだった会社が、息も絶え絶えだったり、破綻寸前のケースが多いことに驚きを禁じえない。ほんの二～三年前には絶好調だったあの優良企業に、いったい何が起きたのか。

どうもこれは、日本だけでなく、全世界に共通した症状のようだ。一九七〇年代、フォーチュン五〇〇に載った世界的に「優良」な企業の平均寿命は、五〇～六〇年だった。それが今や、一〇・五年まで急降下している。

さらに驚くべき事実がある。かつてトム・ピーターズとロバート・ウォータマンによって称賛された「エクセレント・カンパニー」でさえも、その後二〇年のあいだに深刻な危機に見舞われた企業がほとんどだという。「なぜ優良企業ですら、だめになるのか」。この素朴きわまりない疑問、そして核心をついた疑問こそ、本書が世に出るきっかけとなった出発点である。

では、何が問題なのか。本書によれば、優良企業の多くが破綻した理由は、競合との熾烈な競争などではなかった。驚くべきことに、原因は「優良企業」自身の体内に潜伏していたのだ。それも、成功をたぐり寄せる過程で自然と身についてしまった「自滅的習慣」によって。つまり、成功が失敗を生んだわけである。

この「自滅的習慣」は全部で七つあるが、どれも人間の悪習と同じように、きわめて恐ろしいものだ。過度の喫煙、暴飲暴食、運動不足、睡眠不足……健康診断で毎回注意を受けるが、改善できない、しようとしない。ある日突然、身体の不調を訴え、入院し、そこで初めて健康のありがたみを痛感する。だが、もう遅い。長年の不摂生が積み重なって、致命的な病を引き起こす。そこまでいかなくても、いったん生活習慣病にかかると、完治しにくい。

本書では、ゼネラル・モーターズ、ＩＢＭ、マクドナルドといった巨大企業から、最近話題のクリスピー・クリーム・ドーナツまで、数多くの臨床例にあたり、病源を洗い出している。「優良企業」すら蝕む「七つの自滅的習慣」を分析し、体系化するとともに、その処方箋と予防策を提案している。

コンサルタントという仕事柄、多くの企業の問題解決にたずさわってきた。その経験から言えば、多かれ少なかれ「慢心症（第4章）」や「テリトリー欲求症（第8章）」は、どの会社にも共通していることが納得できる。「意思決定が遅く組織が動かない」「各部門の代表で構成したプロジェクトが機能しない」といった理由でコンサルティングを依頼されることが、実際多い。

この「自滅的習慣」を断ち切るには、どうすればよいか。本書では、それぞれの習慣ごとに、適確な「処方箋」を示している。端的に言うと、あなたの会社を「定期的に診断し、結果を謙虚に受け止め、悪くなる前に改善する」ということだ。「そんなことは当たり前だ」という声が聞こえてきそうだ。だが、その当たり前を、日々の業務として地道に継続できないからこそ、企業が自滅的状況に陥っていることを自覚すべきだろう。

カリスマ経営者や圧倒的な技術力、豊富な資金が、企業が存続・発展していくために必要なのだろうか。いや、むしろ、常に謙虚に自社の状況をとらえ、地道に不断の努力で改善にとりくむ組織文化が、成功に欠かせないものなのだ。これこそ、まさに日本人が得意で強みとするところではないだろうか。

バブル崩壊後、いまだ日本は本格的な経済成長の波に乗り切れていない。食品偽装に始まった企業のコンプライアンス違反や、年金記録のずさんな管理といった、官民ふくめて噴出した構造的な問題は、どこから来ているのか。それこそ、日本が戦後の目覚しい経済成長を遂げるなかで自然と身につけてしまった「傲慢症（第3章）」がもたらした、必然の結果といえるかもしれない。

本書は、民間企業の経営者・管理職といった方々を念頭に書かれているが、組織に所属するあらゆる世代のビジネスパーソンにとって、有益な書となると確信している。これから就職を予定している学生のみなさんにとっても、企業をチェックする有益なツールとなるだろう。ぜひ手にとって、自社の組織を診断し、手遅れにならないよう改善に着手してほしい。

最後に、本書を訳する機会を作っていただいた英治出版の原田英治社長、出版プロデューサーの高野達成氏、編集に尽力いただいたガイア・オペレーションズの和田文夫氏、装丁の重原隆氏、翻訳協力の大田直子氏、そしてスカイライト　コンサルティングの経営陣と武内麻佐子に、この場をお借りして感謝の意を表したい。

二〇〇八年三月　スカイライト　コンサルティング株式会社　シニアマネジャー　佃　佳典

自滅する企業——目次

4

5

6

7

8 テリトリー欲求症――コップの中の縄張り争い 311

9 予防は治療にまさる 357

ベルサウス社のCEO、デュアン・アッカーマンに感謝したい。
彼は数年前、「なぜ優良企業がダメになるのか」と質問してきた。
この問いに刺激されて始まった調査の集大成が、本書である。

序言

親友でもある優秀な仕事仲間が、本書の献辞を私に捧げてくれたことに、驚きと喜びを感じている。何年も前に私がジャグディシュ・シース博士に投げかけた質問が本書の原動力になったとは、うれしいかぎりだ。本書は、最近出版されたビジネス書の中でも、とくに洞察力に優れている。

ジャグ（みんな彼をそう呼ぶ）と私の友情は長年続いている。そして同じくらい長い間、彼の賢明なアドバイスに私は助けられている。通信産業がかなりの混乱にあった時期、ジャグは、私にとってもベルサウス社にとっても信頼のおける友人だった。創業時からの独占的な地位から下ろされたとき、彼のおかげで私たちは、会社が従っていた当時の事業理念を再検討することができた。そして、中間管理職だけでなく幹部たちの考えにも異を唱えることができるようになり、それがベルサウス社の新たな企業文化に影響を与えた。

もちろん、ベルサウス社は、ジャグが貴重な専門知識を提供した数多くの企業の一つにすぎない。彼に助けを求めた一流企業は数多くあり、北米、ヨーロッパ、アジアの三大陸にまたがっている。私は常々、彼がこなすコンサルティングと講演の殺人的スケジュールには驚異の念を覚えているが、彼はさらに時間をやりくりして、エモリー大学のゴイズエタ経営大学院の人気コースを教えている。彼はそこのチャールズ・H・ケルスタット基金特別教授の座に就いている。ジャグがアトランタに居を構えることにしたのは、大学にとっても地域にとっても幸運だった。

本書（ちなみに、数冊ある近著のうち最新のもの）を読めばすぐに、ジャグの専門知識の広さと洞察の深さがわかる。とくに「慢心症——成功は失敗のもと」の章、とりわけ「規制下の独占による成功」が興味深かった。一九八四年のAT&Tの強制分割について改めて読み、さまざまな企業が規制撤廃から学ばざるを得なかった、つらい教訓を思い出した。ジャグはその教訓を、明確な言葉で詳しく説明している。白状するが、分割後のAT&Tが当初、ハロルド・グリーン判事が口を出すまでは、社名をアメリカン・ベル・インターナショナル（ABI）に変えたいと考えていたくだりを読んだときは、思わず笑ってしまった。ジャグは、ランドール・トビアスにもらった新しいABIのロゴ入りネクタイを今でも持っていると書いている。トビアスは、ジャグにそれを取っておけと言った。「いつか価値が上がる」と。

「テリトリー欲求症——コップの中の縄張り争い」の章も非常に面白かった。周知のとおり、チームワークは常に私のモットーだ。会社の構造は、「五〇階建てのビルが林立する複合オフィスのようになる。ビル同士は、一階と最上階の共有エリアでつながっている」というジャグのたとえは、今日、多くの企業がどのように経営されているかを雄弁に物語っている。

どの章でも、DEC、GM、ファイアストン、ゼニスといった具体的な企業が分析されている。いくつもの例を挙げてのジャグの説明は常に痛烈だが、それで完結せずに、各章の終わりに、それぞれの悪い習慣の「主な症状」と、会社に傷みを与える前にその習慣を断ち切るための「治療法」が段階を追って示されていて参考になる。本書は楽しくて、ためになって、とても有益だ。これ以上お薦めの本はない。

——ベルサウス・コーポレーション名誉会長　F・デュアン・アッカーマン

本文の脚注は、
［ ］は原注を、
★印は訳注を表しています。

自滅する企業

はじめに

この本の原点は、ある企業の経営者が発した問いである。私がこれまで受けた質問のなかでも、とりわけ鋭かった。

「なぜ優良企業がダメになるのか」

この難問をふっかけたCEOは、トム・ピーターズとロバート・ウォータマンによる八〇年代のベストセラー『エクセレント・カンパニー』の大ファンだったが、ショックを隠しきれなかった。世界の一流企業の模範として取り上げられた多くの会社が、経営難に陥ったり、すでに消滅していたのだ。その中には、シアーズ、ダナ・コーポレーション、AT&T、ゼロックス、IBM、コダックのような、アメリカ実業界の象徴だった企業も含まれている。

そのCEOの問いについて考えれば考えるほど、好奇心がつのっていった。順風満帆に見える業界トップの会社が、なぜ、一夜にして急降下し、生きるか死ぬかのぎりぎりの状態になってしまうのか。これは、政府に守られていた専売会社が、突然、荒れ狂う競争の海に放り出されたケースを言っているのではない。トップクラスの経営者、折り紙つきの好業績、創意に富んだ製品、無敵に思える競争力、すべてがそろっているように見える世界有数の企業の話だ。なぜ、そういう企業が破滅してしまうのか。

その答えを求める旅の始まりは、記録を調査することだった。最盛期には群を抜いていたにもかかわらず、その後次第に衰退していった会社を特定するためだ。この過程で、衰退企業の転落の理由を突き止めようと試みた。調査の結果わかったことは単純である。優良企業が転落するのは、外部環境が大きく変わっているのに、変化を起こすことができない、あるいはもっと不思議なことに、変化を起こしたがらない場合である。

なぜ変わることができないのか。なぜ変わりたがらないのか。その根底に、成功した企業が名声を獲得していく過程で身につけてしまう、自滅的な習慣があることがわかった。調査を進めながら、私は優れた経営者やＭＢＡの学生にわかったことを発表するようになり、現実否認、慢心、コスト非効率性といった、自滅的習慣について話した。そして『優良企業を自滅させる習慣』というタイトルで本を書きたいと冗談を言っていたのだが、本当に書くように勧める人が増えていった。

私はこの本の中で、七つの自滅的習慣について書いている。八番目、九番目の習慣を加えることもできたが、私の目的は自滅的習慣を網羅するリストを示すことではなく、最も避けるべき習慣を特定することである。もしこのリストをもっと絞れと言われたら、「現実否認症」（第２章）と、「テリトリー欲求症」（第８章）が、最も危険な習慣だと言わざるをえない。

企業が消滅する理由に関して、三つの理論がある。

一番目は、個体群生態学の理論、つまり「適者生存」理論である。企業が消滅するのは、より大きく、より優秀な会社が現れて事業を奪い取るからだ。要するに、競合によって体系的に排除されるのである。

二番目は、必然性の理論、つまり「出生死滅」理論である。人間のライフサイクルと同じように、出生と死滅のサイクルはどんな企業にも避けられない、という理論だ。会社がいずれ消滅するのはどうしようもない——寿命が尽きるまでの時間の問題にすぎない。

三番目は、蓋然性の理論、つまり「自滅」理論である。人間が不健康な生活習慣を積み重ねると致命的な病気にかかり、死に至る確率が高くなるのと同じように、企業が自滅的な習慣を積み重ねると回復不能な状況に陥り、消滅する確率が高まる。

しかし私の考えでは、自滅的習慣を断ち切る措置を講じれば、あるいは、そもそもそんな習慣がつかないようにする対策を立てれば、たいていの企業は永遠に生き残ることができる。私がそう感じるのは、習慣は経験によって形成されるものであって、必然的なものではないからだ。したがって、自滅的習慣を見分ける方法を示すだけでなく、そういう習慣を直す規範的手法を提案することが重要であり、本書の各章はそういう内容になっている。苦悩する企業が自滅的習慣の矯正を達成するのは立派なことだが、もっと確実なアプローチは、初めからそういう習慣を回避するように、予防プログラムを考えることだ（第９章）。

本書の根本にある主題は、会社が自滅的習慣を回避する、あるいは断ち切るためには、有能なリーダーシップが欠かせないということだ。よいリーダーは会社のためのビジョンを考える。

だが、偉大なリーダーは、明確なビジョンを持っているだけでなく、絶えず変化する厳しい外部環境によってもたらされる現状の弱点と潜在的なもろさという現実の中で、ビジョンを築くことができるのである。胸躍るビジョンの邪魔をする自滅的習慣に、常に気を配っている。

私としては、本書の読者と対話したいと思っている。あなたが遭遇した自滅的習慣にまつわる話を、ぜひ教えてほしい。自滅的習慣に苦しんでいる会社の事例や、それをうまく矯正したり、回避したりした会社の事例を投稿できるように、ウェブサイト★1を開設した。本書で触れた企業や、読者から教えてもらった会社について、最新情報やコメントを提供するブログも計画している。皆さんの協力があれば、近い将来、本書の改訂版を出せるかもしれない。

★1 www.destructivehabits.com

1

なぜ優良企業が自滅してしまうのか

なぜ優良企業がダメになってしまうのか。正直なところ、私はこの疑問についてあまり考えたことがなかった。しかし、ある会社のCEOを務める友人が、一九八〇年代初期にベストセラーとなった『エクセレント・カンパニー』でトム・ピーターズとロバート・ウォータマンに称賛された六二社の「エクセレント」な企業の話を持ち出した。「エクセレント・カンパニーのほとんどが——シアーズ、[★1]ゼロックス、IBM、コダックのような大手も含めて——それから二〇年あまりの間に深刻な苦境に陥ったではないか」。立ち直った企業もあれば、今も

★1　シアーズ社は『エクセレント・カンパニー』の62社には含まれていないが、第6章の〈競合近視眼〉にその苦境ぶりが記されている。

立ち直ろうと懸命に努力している企業もあるが、消えてしまった企業や、おそらく近いうちに消える企業もある。

では、なぜ優良企業が破滅してしまうのか。この切実で鋭い疑問を解明するために、私は調査に乗り出した。まず、この数十年間に倒産した企業についての記録を調べ、その倒産企業の関係者にインタビューし、最終的に本書に示す結論に達した。

人間は死を免れないが組織は不滅である、というのが一般通念だ（少なくとも潜在的にそう思われている）が、私の調べたところでは、人間の平均寿命は延びているのに企業の平均寿命は縮まっている。同じような結論に達した人は他にもいる。この分野の研究として最も著名な『企業生命力』の中でアリー・デ・グースは、一九七〇年のフォーチュン五〇〇企業の三分の一が、企業合併、企業買収、倒産によって、一九八三年までに消滅したと述べている。デ・グースが引用しているロイヤル・ダッチ・シェル[★1]の調査によると、日本と欧州の企業の平均寿命は一二年半だという。別の研究では、ドイツでは四五年から一八年へ、フランスでは一三年から九年へ、イギリスでは一〇年から四年へと、欧州の主要な経済大国で、企業の平均生存予想が短くなっていることが判明した。

平均生存予想が短くなった主な原因は、ここ数十年で台頭してきた企業合併・企業買収の動きである。とはいえ、その動きのほとんどが、戦略的な買収というより切羽詰まっての身売りによるものである。それほど多くの企業が窮地に立っているのだ。

ここで言っておきたいのだが、私は根本的な成功要因、つまり優良企業の「行動特性」を学ぶ必要性を軽視するつもりはない。デ・グース、ピーターズとウォータマン、『ビジョナリ

★1　英国とオランダの多国籍企業。

ー・カンパニー』のジム・コリンズなどの考えについて、今さらとやかく言うつもりもない。彼らは十分に納得のいく理由で、特定の企業を成功モデルとして選び出した――その企業が後に、まったく別の理由で凋落したのだ。私の目的は、かつての成功企業がそもそも「エクセレント」あるいは「ビジョナリー」と選定された理由を見直すことではない。私が知りたいのは、その後、企業に何が起こったかである。なぜ凋落したのか、なぜ失敗したのか、なぜ魔法のようなすばらしい経営力を失ったのか。いったいぜんたい何があったのか。

私の考えでは、普通の企業が超優良企業へと発展するとき、知らぬ間に自滅的な習慣に陥り、それがやがて自らの成功を揺るがすことになる。人の場合と同じように、企業の自滅的習慣も生まれつきのものではなく、経験によって形成されるものである。注意して見ていると、企業が自滅的な行動パターンにはまっていくのがわかる。自滅的な習慣によって時とともに症状が悪化し、企業存続に関わる重病に陥ることもある。だが、自滅的習慣を断ち切って克服することも可能であり、企業は健康体を取り戻し、さらなる繁栄につながる道に復帰することができる。

この立ち直りは、危機をきっかけに突然起こることが多い。自滅的習慣というのは、言ってみればそっと忍び寄る影だ。食べすぎ、運動をさぼり、ことによると喫煙までしていても、自分はまだ大丈夫と思っている――と、軽い心臓発作を起こして、命には限りがあることを思い知る。たちどころに自滅的習慣は消え、サラダを食べて一日一万歩、歩く。企業の場合の危機は、「競合企業の出現」「市場シェアの急落」「会社がついて行けない技術革新」という形で現れるかもしれない。そのような展開は破滅を意味することもあれば、企業が有害な行動パターンから抜け出すのに役立つこともある。

本書では、自滅的習慣を積極的に正し、行動を変えようとしている企業のほか、すでにそれをやり遂げて「回復期」にある企業も事例として数多く取り上げる。本書のメッセージは、はっきりしている——弱点を漏れなく洗い出そうと正直に自らを省みる覚悟があれば、最終的に自分を変えることができるのだ。

では、この自滅的習慣とは何なのか。次章以降で一つずつ検討していく（**図1**）が、その前に、IT企業三社を分析することでその作用を見てみよう。

DEC——

この話は、アメリカのビジネス史の中でも、とくに注目すべきサクセスストーリーの一つである。一九五七年、マサチューセッツ工科大学（MIT）リンカーン研究所の三一歳のエンジニア、ケン・オルセンは、デジタル・コンピュータ・コーポレーションという新しい会社を始めるために、七万ドルの出資をアメリカン・リサーチ・アンド・

図1　優良企業の自滅的習慣

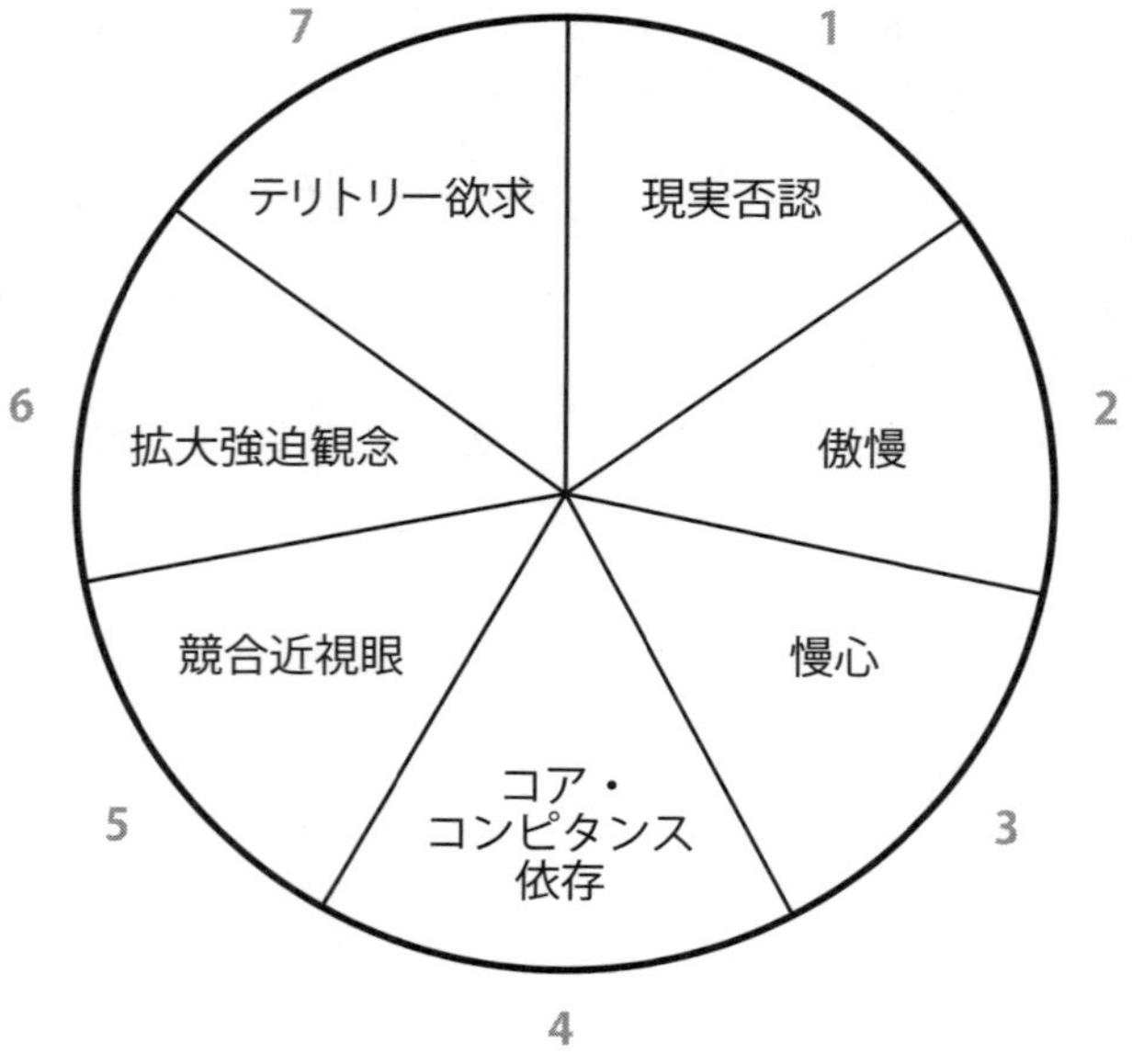

デベロップメントに依頼した。このベンチャーキャピタルのおかげで資金は手に入ったが、社名は変更させられた。ＲＣＡやゼネラル・エレクトリックなど、コンピュータ事業で赤字を出している大企業が多いことを指摘されたのだ。

こうして生まれたデジタル・イクイップメント・コーポレーション（ＤＥＣ）は、マサチューセッツ州メイナードの古い毛織物工場に作業場を設け、ケン・オルセンは自分の夢の実現に取りかかった。「ミニコンピュータ」の導入でコンピュータ業界に革命を起こそうというのだ。当時、業界標準だった大きくてかさばるメインフレームよりも、小さくて、扱いやすく、有用で、はるかに安い装置だった。

最初の年、ＤＥＣは九万四〇〇〇ドルを売り上げた。五年後、その数字は六五〇万ドルに達する。一九七七年には一〇億ドルを記録。気がつけば、ボストン地区から広がっていく業界の好景気を、ＤＥＣが引っ張っていた。その好況は高給の職を大量に創出したため、「マサチューセッツ・ミラクル」と呼ばれるようになる。同時に、ＤＥＣ創始者の評判は高まっていった。彼は才気にあふれ、風変わりだった。革新的なエンジニアの部下たちを守り、「ノー・レイオフ」の方針を実行する。ＤＥＣは「楽しい職場」として有名だった。

当然、『エクセレント・カンパニー』で、ＤＥＣは超優良企業のリストに入っただけでなく、基本的にすべて正しいことをやっている「模範的企業」一五社にも選ばれた。ピーターズとウォータマンが特定した「健全な経営と、〔超優良の〕八つの基本的特質の両方を明らかに満たしている」企業の一つに入っている。そんな大絶賛を裏付けるように、八六年にはフォーチュン誌が、オルセンは「アメリカのビジネス史上、最も成功した起業家といえる」と明言した。

話を一気に八〇年代末まで進めよう。一九八九年一月、DECは多種多様なパーソナルコンピュータのほか、もっと強力な姉妹品であるワークステーションを市場導入すると発表した。だが、問題は、オルセンの行動は遅すぎたのではないか、ということだった。一つ確かだったのは、株価がわずか一年半の間に一九九ドルから九八ドルに下落していたことだ。もう一つ確かだったのは、先端のイノベーションとしてオルセンが会社の支柱にしたミニコンは、あっという間にハイテク産業の恐竜と化し、時代遅れになったことである。今にしてみれば、不吉な前兆があったのは明らかだ。しかしオルセンはそれを無視して、「パソコン事業は完全に失敗するだろう」という独善的な考えを打ち出していたのだ。今度こそオルセンの会社も、将来予測に失敗したことを認めたようだった[1]。

土壇場の方向転換にもかかわらず、DECの低迷は一九九一年になっても続いていた。経営陣は逃げ出し、かつてレイオフを嫌った会社が一万人の社員をクビにしようとしていた。その頃までにオルセンの在任期間は三四年におよんでいたが、本人はまだ引退などまったく考えていなかった。それどころか、その年の株主総会で、DECの次世代コンピュータチップ「アルファ」を紹介し、インテルの最上級チップの四倍の速さだと主張した。だが株価はもはや五九ドルまで下がっていたので、おそらく株主も元気が出なかっただろう。

一九九二年の春、DECが同四半期に二億九四〇〇万ドルの赤字を出したというニュースに、ウォール街は驚愕した。創立以来それまで、DECが赤字を発表したのはたった一度である。オルセンは経営の最上層部を大幅に改革して対応したが、焼け石に水だった。四月末までに、株価は一九八五年以来最低の四六ドルまで下落し、買収のうわさが流れた。

[1] Mark Lewyn and John Hillkirk, "PC Demand Grows; DEC Finally Joins Party, Launches PCs," *USA TODAY*, Jan 10, 1989, p. 1B.

同じ春、ウォール・ストリート・ジャーナル紙は、オルセンはもう終わったという記事を用意しはじめているようだった。同紙は、オルセンとアップルのCEOジョン・スカリーの密談——DECにとって多くの可能性を秘めた提携を実現したかもしれない会談——が物別れに終わったことを指摘している。その代わりアップルは、仇敵IBMと広範な技術提携契約を結んで、業界に衝撃を与えた。

ウォール・ストリート・ジャーナル紙は、これでまた一つ、DECとオルセンは好機を逃したと述べている。市場がパソコンを求めるようになったとき、オルセンのパソコンに対する根強い不信——「彼はよくパソコンを〈オモチャ〉と呼んでいた」——が、この全米第二の大手コンピュータメーカーをだめにしたのだ。さらに同紙は、オルセンがこの一〇年に起きたもう一つの大きな流れ、つまり標準のオペレーティング・システムを利用する、いわゆる「オープン」システムに抵抗したことも、DECの業績を妨げたと指摘している。

DECはまさに、自らが育成に貢献した業界に置き去りにされるという危機に直面していた。膨大な損失を抱えながら、売上減少、再三にわたるリストラ、オルセンの決定を疑問視する有力な経営幹部の大流出、といった問題に悪戦苦闘するDECは、会社の価値が急落するのを傍観するしかなかった。株価は一九八七年の四分の一まで下がった。

それと同時に、オルセンの独裁的なやり方が多方面からの批判を招いていた。一カ月前にDECのパソコン事業部長を辞任したジョン・ローズは、ウォール・ストリート・ジャーナル紙にこう語っている。

「DECには立ち直るために必要なもの——有能な人材、優れた製品、すばらしいサービス

――がすべてそろっているが、オルセンが上に立っている間は立ち直れないだろう」

元DECのコンピュータ設計者の一人によれば、オルセンはコンピュータ業界のフィデル・カストロだという。オルセンは「雲の上の人で、彼に異を唱える者はみんな追放される」。

この頃の騒動の渦中でオルセンの不興を買ったのは、DECのチーフエンジニアだったウィリアム・ストレッカーである。高くついた失敗であることが判明しているのにオルセンが支持していた、メインフレームのプロジェクトに反対したのだ。ストレッカーのチームの解体は、経営陣の足並みの乱れをことさらはっきり露呈していた。元管理職の一人はウォール・ストリート・ジャーナル紙に、この件は「嘆かわしい恥」だと語った。なぜなら、ストレッカーは側近グループの中で唯一、筋の通った商品戦略を考えられるメンバーだったからだ。

ウォール・ストリート・ジャーナル紙によると、発売に一〇億ドルを投じたにもかかわらず買い手がほとんどいなかった不運なメインフレーム、VAX9000をオルセンが支持していたことが、アップルとの取引をうまくまとめられなかった原因の一つであるという。この会談に関与していたアップルの上席副社長ロジャー・ハイネンは、話し合いが行き詰まったのは、オルセンがパソコン業界の重要性に関心も理解も示さなかったせいだとしている。オルセンはコンピュータ業界に対する先見の明に欠けており、彼の選択のせいで、DECは急変する市場に対応できずに不利な状況に陥っている、と同紙は結論づけた[2]。

一九九二年七月、DECは、オルセンが一〇月一日で社長兼CEOの職を退くことを発表した。その後すぐにオルセンが独自の発表を行い、取締役の座からも下りて、創業以来、指揮してきた会社との正式な関係をすべて断つことを明らかにする。彼の辞職によって、後継者のロバート・

[2] John R. Wilkie, "On the Spot: At Digital Equipment, Ken Olsen Is Under Pressure to Produce," *Wall Street Journal*, May 13, 1992, p. A1.

パーマーは自由に腕を振るえることになったが、彼の目の前には、九二年度に二七億九〇〇〇万ドルの損失を報告した会社を救うという、ありがたくない仕事が迫っていた。

DEC歴七年のベテランは、その難題に耐えられたのだろうか。確かに、最善を尽くしていたようだ。就任して半年の間に、パーマーは組織を再編し、雇用だけでなくコストも削減し、外部から新しい経営チームを迎え入れ、DECのロゴの色を変えた。その大鉈《おおなた》の振り方は徹底していて、会社の出発点であった古い工場も売却された。さらにパーマーは、根本的な経営哲学の変更を発表する。製品開発およびエンジニアリングにかける費用を一九％削減することにしたのだ。同じ問題や似たような問題について、複数のチームを競わせるやり方（『エクセレント・カンパニー』で高く評価された慣習）をやめた。「我々は経費を合理化し、ハードもソフトも過剰な設計を減らさなくてはならない」と、パーマーは業界紙に語っている[3]。

初めのうちは期待できる結果が出た。一九九三年七月、DECは四半期で一億一三〇〇万ドルの売上を発表し、株価を四〇ドル台半ばまで戻した。多くのアナリストにとってさらに重要だったのは、「パーマーのもとで、DECはもう現実から目をそらしていない」ことだ、とワシントン・ポスト紙は伝えている[4]。

だが変化は足りず、遅きに失した。結局、パーマーは出血を止められなかった。一九九八年一月、弱った巨人はコンパック――皮肉なことに、世界最大のパソコンメーカー――に、九一億五〇〇〇万ドルで買収された。偉大なるDECの終焉である。

事後の論議はすべて、「要するに、明確なビジョンを持つべき人（経営者）が誤ったビジョンを持ったのだ」という点で一致していた。DECは、パソコン革命を黙殺して乗り遅れた。次に、

[3] Jonathan Weber, "Big Changes in the Mill," *Los Angeles Times*, May 26, 1993, p. D1.

[4] John Burgess, "Leaving the Past Behind," *Washington Post*, Aug 8, 1993, p. H1.

ベンダー独自の仕様に縛られないオープンなシステムへの変化にも目をつぶって乗り遅れた。九〇年代に入っても、厳しい経営環境の中で新しいメインフレームの開発に投資を続けた。まさに、現実から目をそらした典型的な例である。

DEC創立当初のチーフエンジニアの一人、C・ゴードン・ベルがボストン・グローブ紙に語ったように、DECの場合、成功が失敗のもとになったのだ。「〔ミニコンの〕VAXが会社を支配していて、社員は考えることを許されなかった。VAXの力があまりにも強かったために、一九八一〜八八年頃まで、誰も何かを考える必要がなかった」[5]

IBM

一九九〇年代初めに悪戦苦闘していた大手コンピュータ会社は、DECだけではない。「ビッグ・ブルー」という愛称で一目置かれていたIBMもダウン寸前だった。しかし、そこで起こったことは、DECの場合と興味深い対照をなしている。まずは時をさかのぼろう。

IBMのルーツは一九一一年、計量用秤やタイムレコーダー、事務員や会計士用の会計機を専門にする二つの小さな会社が合併して、コンピューティング・タビュレーティング・レコーディング・カンパニーを設立したときまでさかのぼる。新しい会社は三年間、迷走したあげく、取締役会は清算について真剣に議論した。だが清算する代わりに、一九一四年、ナショナル・キャッシュ・レジスター（NCR）からトム・ワトソン・シニアを引き抜いた。ワトソンのリーダーシップのもとで会社は次第に繁盛し、一九三〇年には会計機のマーケットリーダーに

[5] Ronald Rosenberg and Aaron Zitner, "The War Long Lost, Digital Surrenders," *Boston Globe*, Jan 27, 1998, p. C1.

なっていた。ワトソンがこの会社に抱いていた遠大な構想は、一九二四年に変更したインターナショナル・ビジネス・マシーンズ（ＩＢＭ）という社名に見てとれる。

ワトソン・シニアの成功、そしてＩＢＭの成功は、彼が「三つの基本信念」と呼んだ信念を、徹底的に固守した結果だとされることが多い（その三つとは、「従業員一人ひとりに十分に配慮する」「顧客を満足させるためには時間を惜しまない」「最後まで請け負った仕事を遂行し、すべてにおいて優位を追求することに最善を尽くす」である）。さらにワトソン・シニアは、この信念を体現して伝道する企業文化を意識的に創造した。ジム・コリンズとジェリー・ポラスは、一九九四年に出版された『ビジョナリー・カンパニー』で「献身的熱狂者《カルト》の組織」と呼んでいる。基本信念を布教するため、身だしなみ（ダークスーツ）、行動（飲酒の禁止）、態度（エリート意識）まで網羅した行動規定を策定した。ワトソン・シニアの言葉を借りれば、「どんな事業でも、自分の会社は世界一なんだと信じていなければ成功するはずがない」[6]。

基本信念に導かれ、独自の文化を誇りにして、ＩＢＭは会計機のリーディングカンパニーからコンピュータ業界の最有力プレーヤーへと進化し、その地位を数十年にわたって維持した。当然、ＩＢＭは『エクセレント・カンパニー』で一五の「模範的企業」の一つとして認められた。さらに、『ビジョナリー・カンパニー』でも、一八社の「ビジョナリー」な会社の一つに選ばれている。

コリンズとポラスによると、「ビジョナリー」の地位を獲得するためには、企業は（ＤＥＣのミニコン開発のように）大きなリスクを負う覚悟をしなくてはならないという。著者が「ＢＨＡＧ《ビーハグ》（社運を賭けた大胆な目標）」と呼ぶものを追求する覚悟がなくてはならない。ＩＢＭのＢＨＡＧは、

[6]『ビジョナリーカンパニー　時代を超える生存の原則』ジェームズ・C・コリンズ、ジェリー・I・ポラス著、山岡洋一訳、日経BP出版センター、1995年

新しいコンピュータIBM360に一か八かの投資をすることによって、一九六〇年代初期のコンピュータ業界を塗り替えることだった。コリンズとポラスによると、IBMの360への賭けは、民間企業の開発プロジェクトとしては最大規模であり、アメリカ政府が最初の原子爆弾を開発したときより多くの経営資源が投じられたという。父親の跡を継いでCEOとなったトム・ワトソン・ジュニアは、彼が下した決断の中で、最も大きく、最もリスクの高いものだったと語っている[7]。

危険な賭けは、控えめに言っても、成果を上げた。IBMは360の成功によって飛躍をとげ、業界リーダーとしての地位をさらに確固たるものとした——が、一九八〇年代終わりから九〇年代初め、その勢いが衰えを見せはじめる。一九九二年はIBM史上最悪の年となり、五〇億ドル近い純損失を出した。株価は最高値から七割も下落し、株主価値七〇〇億ドル以上が消えた。いったい何が起こったのか。

DECの場合は、ケン・オルセンが現実から目をそむけていた。変革を拒んだのだ。対照的に、IBMは変革の必要性を認識していたが、変えることができなかった。トップに立つCEOのジョン・エイカーズは、ケン・オルセンとは違って、必要な変革を自分が実行できないことを嘆いた。IBMという巨艦の針路変更は難しい。企業文化はあまりに根深く、そのDNAは変えられないように思えた。能力があるためにかえって身動きがとれなくなり、いわゆる「専門能力のパラドックス」の犠牲になったのだ。さらに、長きにわたってあまりにも順調だったため、安心しきっていた。皮肉なことに、一九八〇年代初めに「家庭用コンピュータ」というコンセプトを考え出したのは、IBMである。だがメインフレーム市場の地位があまりにも優勢

[7] 前掲書→[6]『ビジョナリーカンパニー』

で安定していたため、パソコン市場に安価なＩＢＭ互換機があふれるようになっても、会社の方向は変わらなかった。かつてＩＢＭのＣＥＯを務めたルイス・ガースナーは、自伝のタイトルでぴったりの比喩を使っている。『巨象も踊る』――ＩＢＭはまさに巨大な象だった。

コリンズとポラスによると、ＩＢＭは一九八〇年代終わりから九〇年代初めにかけて、ワトソン・シニアが提唱した基本信念を見失ったために、ビジョナリー・カンパニーの地位を失いはじめたという。称賛された企業文化――紺のスーツ、白いシャツ、そしてコンピュータまでも――の「虚飾」な面ばかりが強調され、真の基本的価値観がないがしろにされた。「ＩＢＭは、基本的価値観以外のすべてを、もっと徹底的に変えるべきだったのだ」と著者は語る。「既存の戦略、業務上の習慣、基本的価値観を表す文化にこだわりすぎた」[8]

さらにコリンズとポラスは、ビジョナリー・カンパニーには、ずば抜けた回復力、逆境から立ち直る力があると主張する。しかし興味深いことに、ルイス・ガースナーをＣＥＯに抜擢したＩＢＭに対して、彼らは非難の目を向けている。

「一九九三年、同社は生え抜きのＣＥＯを解任し、コンピューター業界での経験のないルイス・Ｖ・ガースナーをＲＪレイノルズから迎え入れた。この例のない動きは、ほかのビジョナリー・カンパニーでみられる一貫した姿勢と矛盾しないのだろうか。そう、まったく矛盾した動きとしか言えない。わたしたちの観点からは、ＩＢＭの決定はまともなものとはとても考えられない。少なくとも、ビジョナリー・カンパニー十八社の延べ千七百年の歴史を調べた結果から見れば、まともとは言えない」

ＩＢＭの取締役会が劇的な変化を求めていたのなら、「ガースナーを選んで、この目的は

［8］前掲書→［6］『ビジョナリーカンパニー』

おそらく達成できたと言えよう。しかし、ＩＢＭにとって重要な点、ＩＢＭの今後十年間にとって決定的な点は、ガースナーがＩＢＭの基本的な理想を維持しながら、この劇的な変化をもたらすことができるのかにある」[9]

一九九三年にこの疑問を持ったのは、コリンズとポラスだけではない。ガースナーの就任前、長い歴史を持つＩＢＭにＣＥＯはわずか六人。全員が生え抜きのビッグ・ブルー・マンだった。新しいＣＥＯは未経験の業界に精通しなければならないだけでなく、確立された企業文化を何とかして変えなくてはならない。同時に、株主価値を再建し、膨大な数のＩＢＭ社員全員を再活性化するという、根本的な課題に取り組まなくてはならない。率直に言って、信奉者はあまりいなかった。ガースナーが選ばれたというニュースが流れたとたん、ＩＢＭの株価は三ドル以上も下落した。

だがわずか数カ月の間に、悲観論者たちは前言を撤回する。ガースナーは社内の経営陣のアドバイスではなく、顧客企業トップ二〇〇社の言葉に耳を傾け、それに従って行動したことで大いに称賛された。顧客に直接当たって、彼らのニーズが何かを知ることによって、競合する部門間、製品ライン間の縄張り争いを治めたようだ。コリンズとポラスも拍手喝采したに違いない。なぜなら、ガースナーは確かにワトソン・シニアの基本信念に立ち返ったのだから――とくに、二番目の「顧客を満足させるためには時間を惜しまない」ことに。

わずか二年のうちに、ガースナーの経営再建はうまく進んだ。従業員を減らし、不動産や三〇〇点におよぶ美術品コレクションなどの資産を売り、会社の普通株に対する配当金を削った。コストは下がり、利益率は上がった。一九九四年には早くも黒字に戻し、九五年の

[9] 前掲書→［6］『ビジョナリーカンパニー』

第1四半期には、アナリストの予測をはるかに上回る記録的な利益を報告する。株価は九〇ドルまで回復。一九九三年につけた底値の倍以上である。さらには、かつての「帝国」のような活動を再開する――ロータス社を三五億ドルで買収する動きだ。

一九九八年までに、ガースナーの仕事は完了した。サンフランシスコ・クロニクル紙が熱く語っているように、「五年前には、死んだも同然とあきらめられていたビッグ・ブルーが、ルイス・ガースナーのもとで、アメリカのビジネス史の中でも卓越した経営再建を成し遂げた」。一九九七年の記録的な売上と利益、そして株価の急上昇は、IBMがコンピュータ業界トップの座に返り咲いたことを示していた。

しかし、IBMが昔のIBMに戻ったという表現は十分でない。もっと正確に言うなら、この会社はガースナーのもとで、自らをつくり変えたのだ。クロニクル紙の指摘によると、IBMの成功の真の原動力は、顧客企業のコンピュータシステムの開発・導入・保守を通じて、顧客企業のビジネスをインターネット時代へ対応させたことだという。このコンピュータシステムには、ネットワーク、イントラネット、eコマースサイトも含まれる。IBMは機器――自社製品でも他社製品でも――を供給しただけでなく、システム開発のサービスも行った。そういうサービスが、今ではIBMの売上の半分以上を占めている。

IBMの変革は目覚しい。たとえば、二〇〇五年のマスターズ・トーナメントをテレビ観戦していたゴルフファンは、「IBMグローバル・サービス」を売り込むコマーシャルを繰り返し目にした。これは基本的に、一九九七~九八年の「ソリューションズ・フォー・スモール・プラネット」と「eビジネス」キャンペーンの続きである。このような広告の力を借りて、技術的ニーズを実現するために頼るべき会社としての信望を得ようとしていたのだ。そのイメージを売り込むことにかけては、最も近いライバルであるヒューレット・パッカード（HP）より、はるかにうまかった[10]。

最終的に、ガースナーはIBMの業績を変えただけではない。そのイメージをも変えたのだ。サービスを重視し、それを後押しする広告を打つことで、この会社には新しい個性が生まれた。「ソリューションズ」キャンペーンを仕掛けたオグルヴィ・アンド・メイザーのシェリー・ラザラスは言う。

「五年前、IBMにはとんでもなく優秀な頭脳はあるがハートがない、と言われていた。今日、IBMにはハートも、魂も、ユーモアのセンスもある」[11]

インテル

一九六八年、アンドリュー・グローブとゴードン・ムーアは、アタリをはじめとするビデオゲーム機メーカー向けのチップをつくる工場を建てた。それは名案だったし、彼らが始めたインテル・コーポレーションは前途有望だった。ところがビデオゲーム業界は、日本製のチップを好む任天堂に制圧されてしまう。突如、インテルはチップの在庫を大量に抱えることになる。だがその頃、IBMがパソコンを開発しはじめた。そのためIBMには、ちょうどインテルが大量につくっていたようなマイクロチップが必要になる。ハイテク業界の夢の取り合わせだ。インテルはあっという間に世界一のチップメーカーになり、それ以来その地位を維持している。

[10] David Einstein, "Bigger and Bluer Than Ever," *San Francisco Chronicle*, Nov 30, 1998, p. E1.

[11] Greg Farrell, "Building a New Big Blue," *USA TODAY*, Nov 22, 1999, p. B1.

しかし、これまで見てきたとおり、テクノロジーは進歩しつづける。メインフレームに起こったこと、その次にミニコンに起こったことが、今やパソコンに起こりつつある。携帯電話やハンドヘルドコンピュータのような携帯用電子機器が、パソコン需要を侵食している。今度は、変化する市場にインテルが合わせる番だ。この会社がどう対応しているか、ざっと見てみよう。

二〇〇〇年の末、インテルは、アナログ・デバイセズ社との二年間の提携が実を結ぼうとしていると発表した。新しいチップを市場に送り出す準備が整ったというのだ。次世代携帯電話や手のひらサイズのコンピュータのような、「第三世代」のワイヤレス機器で使うためのDSP（デジタル・シグナル・プロセッサ）である。だが問題は、DECの場合と同じように、インテルも市場の先頭に立っているのではなく、市場を追いかけていることだった。DSPは、モデムやCDプレーヤーや携帯電話などの電子機器に欠かせない部品であり、しばらく前からマイクロチップ市場で最も急成長している分野になっていた。

したがって、DSPを生産することだけでなく、市場でトップに立つテキサス・インスツルメンツ（TI）を追い払うことも、インテルの課題だった（TIはいち早くDSPに取り組んだことで、少なからぬ先見の明を示した。パソコンチップの生産を続けることもできたが、その戦いにはすでにインテルが勝利していることに気づき、将来に目を向けたのだ。そして、当時出回りはじめていた携帯電話のような、「(情報に）最もアクセスしやすい」携帯用電子機器が有望だと見て、DSPこそ進むべき方向だと結論を下した)。

インテルとしては、パソコンチップ事業は伸び悩むパソコンの売上と連動しているという事実に気づきはしたものの、時すでに遅し。TIがデジタルワイヤレス電話ビジネスの六〇%を占有しており、研究開発の指揮を執っていたマイク・マクマハンは、「この市場におけるTIの地位は揺るぎない」とボストン・グローブ紙に語っていた[12]。

DECやIBMの場合と同じように、インテルについても、自分たちの選んだ土俵（事業領域）を完全に支配しているとき、その土俵の外でどんな変化が起きているか注意を払うのが難しいことを、具体的に示している。そして、あまりにもライバルを無視しがちであることも。二〇〇〇年にDSPに関して起こったことと同じことが、二〇〇三年にインテルに再び起こっている。アドバンスト・マイクロ・デバイセズ（AMD）が、Opteronという製品によって、市場でインテルを打ち負かしたのだ。Opteronは、無数にある32ビットのウィンドウズ互換ソフトを走らせる能力はそのままで、高度な64ビットの演算能力を提供するチップだ。ある報道記事によると、インテルをはじめとする業界の他社はAMDの新しいチップを鼻で笑ったが、一年もたたないうちに、その顧客リストにはIBM、サン・マイクロシステムズ、HPが名を連ねた。そのため、インテルは再び巻き返しを余儀なくされた。二〇〇四年、インテルは32ビットのサーバチップXeonに、64ビットの能力を追加すると発表した。

この話には面白い余談がある。一〇年前、インテルの当時のCEO、アンドリュー・グローブはAMDを「半導体業界のミリ・ヴァニリ★1」だと愚弄し、自社のプロセッサを一からつくるのではなく、インテルのチップの設計を真似していると非難した。AMDの最高技術責任者であるフレッド・ウェバーは、立場が逆転したことに「いくぶん感情的な満足」を感じることを認めた。そして、AMDの成功は偶然の結果ではなく、「イノベーションがないところにイノベーションを起こす」ために五～七年をかけた戦略によるものだと話している。

インテルもまた、独占的な地位を獲得したがために、顧客の存在を当たり前と思うように

★1 グラミー賞を獲得したが、実際に本人たちは歌っていないことが発覚して、賞を剥奪されたダンス・ユニット。

[12] Hiawatha Bray, "Analog and Intel Tout Microchip," *Boston Globe*, Dec 6, 2000, p. D1.

なったのだろうか。ＡＭＤの顧客であるボックス・テクノロジーズの重役は、ＡＭＤのおかげでインテルは誠実になっているのであって、二社の競合はきわめて重要だと指摘している。「ＡＭＤがいなくなったら、インテルは投資利益率を最大にするために、動きがひどく鈍るだろう」

ＡＭＤのウェバーの語調はもっと強い。

「インテルは、ほぼ独占状態にあることで傲慢になっている……顧客を尊重するのは、不満の声を上げる顧客がいるからにすぎない」[13]

インテルは、傲慢になり慢心しているという周囲の認識を振り払い、ライバルに後れを取らず、進化する市場の要求に応えられるだろうか。これは、新しくＣＥＯに就任したポール・オッテリーニが直面している問題だ。彼は技術畑ではなく営業畑から出世してきたインテルのベテランである。オッテリーニは、ガースナーがＩＢＭを改革したようにインテルを改革し、パソコン市場がほぼ飽和状態にあるなかで、会社の新たな方向を見つけることができるのだろうか。「ライト・ハンド・ターン（正しい方向への舵切り）」プロジェクト――何よりも大切なのは、より速く、より強力なコンピュータチップだという「大切な信念」からの機敏な脱却――を支持していることを考えると、オッテリーニは適任かもしれない。顧客は今、スピードだけでなく、セキュリティ機能搭載、インターネットへの無線接続、高品質のグラフィックとオーディオなどを望んでいることを、会社に気づかせようとしているようだ。営業出身の彼なら、インテルのエリート的なハイテク技術文化を刷新できるかもしれない。

[13] Kirk Ladendorf, "Emerging from Intel's Shadow," *Austin American Statesman*, Mar 22, 2004, p. D1.

すべてはリーダーシップの問題

では、互いに関連のあるこの三社の話の中に、どんな「自滅的習慣」が見つかるだろうか。「現実否認」「傲慢」「慢心」。すべて、あった。「コア・コンピタンス依存症」と「競合近視眼症」はどうだろう。この二つも、あった。少し見方を変えると、この三つの話は、最後の二つの自滅的習慣、つまり「拡大強迫観念症」と「テリトリー欲求症」も例示している。しかし、語るべき話はまだたくさんある。次章以降で、七つの自滅的習慣すべてを詳しく説明し、定義し、明らかにして、そういう習慣にはまった企業を検討し、どうやってその習慣を直したか、あるいは直せなかったかを見ていく。この考察を読めば、あなた自身のビジネス（組織）が自滅的行動をとっているか見分ける方法がわかり、最終的に、繁栄と長寿につながる道を見つけられると期待している。

だがその前に、本書で使われる用語をもう少し詳しく定義したい。本書における「悪い《bad》」の二つの側面、つまり言外の意味を考えてみよう。まず一つ目の側面は、比較的明確で直接的な意味だ。悪いとは、「不健全」「ためにならない」「自己利益に反する」「有害である」ことを意味する。顧客や供給業者を怒らせる行為、顧客や供給業者に別のビジネスパートナーを探させるような行為は、この意味で明らかに「悪い」と考えられる。ステークホルダーへの傲慢な態度や、不当な扱いがよい例だろう。

二つ目の側面として、ビジネスの場における「悪い《bad》」は「機会喪失」を意味する場合もある。

慢心していたりライバルを過小評価していると、自社の潜在能力は、おそらく最大限に発揮されない。そういう行為は「明らかに」悪いわけではないし、仲間内で非難されることもない。しかしその会社は先を見通す力が衰え、チャンスを失っているか、失う寸前である。

この章の締めくくりに、リーダーシップについて一言。会社が自滅的習慣に陥る直接の原因が、CEOにある場合もある。創業者であるCEO、引退を拒否するCEO、自分にそっくりの後継者を育てるCEO、役員を自分の都合で選んでいるCEOなどの場合、そうなる危険性が非常に高い。家族経営の会社は「遺伝的影響」が強く、同じように自滅的習慣に陥る危険性が高い。

しかし、会社が自滅的習慣に陥った責任がCEOにあるかどうかにかかわらず、それを断ち切るのがCEOの仕事であることは間違いない。積極的な介入が必要なとき、それができるのは経営トップだけだ。とくに危機が深刻な場合、あるいは自滅的習慣が組織に常態化している場合、新しいリーダーを招かなくてはならないこともある。先のIBMのケースがそうだったし、次章以降で他の事例も紹介する。

ジャック・ウェルチのもとでのGEの業績を考察してみよう。一九八〇年代初めにウェルチがCEOに就任したとき、アナリストはGEのことを、GNPと同じペースで伸びている手堅くまじめな会社と考えていた。だがウェルチの意見は違った。彼はただちに、GEは根本的に自己改革しなくてはならないと宣言して、会社を混乱の渦に投げ込んだ。そして「ナンバー・ワン、ナンバー・ツー」という戦略のもとに、大々的な構造改革を開始する。世界市場のシェアが三位以下で、グローバルに成長する機会があまり見込めない事業はすべて、「整理するか、やめるか、売る」ことを命じたのだ。

ＧＥはこの戦略を実行することによって、最終的に、家庭雑貨や鉱山業など四〇〇の事業と製品ラインの一五〇億ドル相当を売却し、二六〇億ドルに値する六〇〇の事業と製品ラインを買収した。一九八八年までにＧＥは、ウェルチがグローバルに成長する可能性がきわめて高いと考える、一四の主要なハイテクまたはサービスの事業体に再編成された。

ＧＥは未来を見据えた先行経営を非常にうまく実践している。これは、変化する市場で自社の命運をコントロールする積極的なアプローチだ。

先行経営は、外部環境がめまぐるしく無秩序に変化している際に、最も必要で最も効果が上げられるアプローチである。先行経営は組織に大きな競争優位をもたらす。動向を前もって把握すれば、環境変化に備えた計画を立てることができる。競合他社より素早く上手に対応する会社が、結果的に競争優位に立つのだ。

図2を見ていただきたい。リーダーが常に「現状」維持の経営スタイルで、環境が変化しているときに、

図2　リーダーシップのスタイル

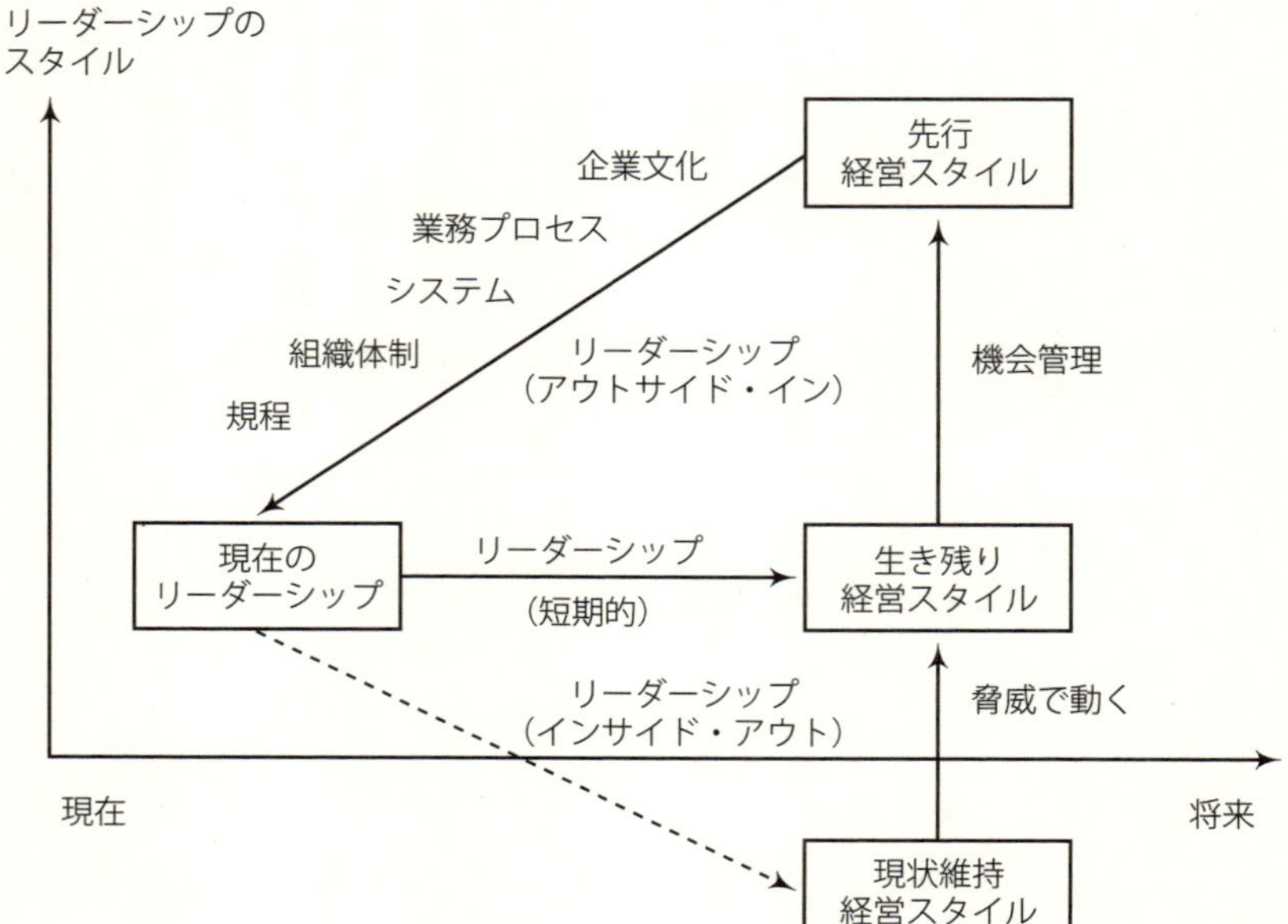

外部の視点（アウトサイド・イン）ではなく組織内の視点（インサイド・アウト）で物事を考え行動する企業は、組織衰退の悪循環に陥る。こういう会社は、慢性疾患に侵されたかのように、じわじわと死に近づいていく。

企業は突然の脅威に直面すると、生き残るために危機管理を始める。たとえば、投資銀行が顧客のありがたみを忘れていたために重要な顧客を突然失った場合、残っている顧客が銀行についてどう思っているかを調査するキャンペーンをすぐに実施し、顧客との関係維持を強化することがある。そのような脅威をきっかけとする変革には、延命効果はあるが、長期的な成長や繁栄は保証されない。

リーダーは環境の変化を予測し、会社を現状よりもっと成功した位置に積極的にもっていかなくてはならない。会社の企業文化、業務プロセス、システム、組織体制、規程に介入し、内部から変えなくてはならない。テクノロジー、競争、資本市場、規制、市場ニーズが変化し、グローバル化する世界の中で、会社の将来を安全な位置にもっていくために、対外的な規制を変更する必要もある[14]。

リーダーシップの目的は将来への期待を形成することであり、マネジメントの目的は期待を達成することだ。マネジメントは、その善し悪しにかかわらず、組織に習慣を定着させることができる。真の変化とは、変化を起こす力がある経営者によってのみ、もたらされるものと思われる。

では、七つの自滅的習慣を見ていこう。

[14] Jagdish Sheth and Rajendra Sisodia, "Why Do Good Companies Fail?," *European Business Forum*, Issue 22, Autumn 2005, p. 30.

2

現実否認症

——神話、定石、正統という呪縛

辞書による「否認」の基本的定義は、まずまず的確だ。「何かが事実であることを信じない、または認めないこと」。ケン・オルセンがパソコンの出現を認めなかったのが最たる例だが、他にも実例は山ほどある。

心理学では否認をもっと詳しく定義している。「意識すると耐えられないような考え、感情、事実を否定することによって、不安を軽減するように働く、無意識の防衛機制」。本書の趣旨にそった「意識すると耐えられないような考え、感情、事実」とは、「安定飛行している企業に、その成功は能力だけでなく運にも恵まれたからであり、結局は墜落する危険性があることを気づかせようとするもの」とも言える。

ただそこにいるだけ

私が調査した多くの企業では、底辺から出発したことを忘れ去り、自らの偉大さを神話化するようになると、現実否認が進行しはじめるようだ。偶然成功した企業がどれほど多いことか、また、尊敬されている企業の中にも、幸運にもタイミングよく成功する場所にいた企業がどれほど多いことか。そう考えると、現実否認に陥る傾向は非常に印象的（そして滑稽）である。

売れない俳優やミュージシャンと同じで、そういう会社は幸運にも「発掘された」のだ――タレントスカウトにではなく、たった一人の重要な顧客によって。実際、たいていの場合、企業を成功に導くのは一部の顧客であり、しかも顧客のほうがその会社を見つけ出すことが多い（この手の話を聞くといつも、ジャージ・コジンスキーの『庭師　ただそこにいるだけの人』を思い出す。一九七九年に『チャンス』というタイトルでピーター・セラーズ主演の秀作映画になったこの小説は、チャンスという名の庭師が何もせず「ただそこにいるだけ」で、社会現象による神話化によって、ほとんど神のような地位にまで――一時的にだが――昇りつめる話である）。

たとえば、ダイムラー・ベンツ（現在のダイムラー）の話を考えてみよう。この会社のルーツは、一八八〇年代後半、カール・ベンツとゴットリーブ・ダイムラーという二人のドイツ人が、それぞれ独自に、内燃機関を動力とする自動車を開発しはじめたときまでさかのぼる。最初の転機となる幸運が訪れたのは、一九〇〇年代初めのこと。エミール・ジェリネクというオーストリア人ディーラーがダイムラーの車でレースに勝利し、その後ダイムラーに初めてまとまった数の自動車を発注するようになったのだ。その思いがけない幸運な注文に、ジェリネクは二つの条件をつけた。最初の条件は、オーストリア・ハンガリー、フランス、ベルギーにおけるダイムラー車の独占販売権。もう一つの条件は、ダイムラー車を娘の名前である「メルセデス」と呼ぶことだった。

次の転機となる幸運は、一九二六年、ダイムラー・モトーレン・ゲゼルシャフトがライバルのベンツ&カンパニーと合併して、ダイムラー・ベンツになった後に起こった。およそ一〇年後、一台のメルセデスが正面衝突に巻き込まれた。その車の持ち主は、当時一般的であった後部座席に乗っていて、無傷で脱出する。そして自分の車の安全性にいたく感動した。彼の名はアドルフ・ヒトラー。彼はただちにメルセデス・ベンツをドイツ政府公認の自動車とし、軍および州の車はすべてダイムラー・ベンツが製造することになった。あっという間にダイムラー・ベンツはドイツ最大の企業になる。

もう一つの興味深い事例が、アプトン・マシン・カンパニーである。聞いたことがない？アプトン・マシンは一九一一年、フレッドとルーのアプトン兄弟が、電動式洗濯機の製造を始めたときに生まれた会社だ。当初は細々とやっていたが、五年後、全米有数の小売業者、シアーズ・ローバック&カンパニーによって発掘される。一九二五年までにアプトン・マシンは、ケンモアというブランドで売られるシアーズの洗濯機をすべて供給するまでになる。一九五〇年、この会社は社名をワールプール★1に変更した。後は知ってのとおりだ。

偶然から成功することは何も悪くない。経緯がどうであれ、成功はよいことだ。問題が起こるのは、創業時のみすぼらしさを忘れ、「棚からぼた餅」の出来事を忘れ、幸運な出来事をすべて自分たちの手柄にするようになるときだ。私が調べたところでは、(すべてではないが)ほとんどの場合、この間違いを犯すのは創業者ではなく、跡を継いだ二代目である。創業者がいなくなると、社史の事実を脚色した神話がつくられるようだ。もともとは、いくぶん美化しているにしても、会社の過去や基本的価値観を従業員に伝える「いい話」なのだ。時とともに神話が正統性を帯び、定石になり、揺るぎないものとなる。それでも、環境が変わらないかぎり、定石もうまく機能する。だが変化の波が会社の土台に打ち寄せてくると、厳格な正統主義が、現実から目をそむけさせる。

現実否認を引き起こす変化はさまざまだが、とくに可能性が高い変化は、新しいテクノロジーの出現による危機だ。輸送産業や情報通信産業のことを考えてほしい。古いやり方が突然、まったく通用しなくなる。急いで新しい波に乗らなければ、押し流されてしまう。これこそ、ヨーゼフ・シュンペーターが資本主義の中核にあるものと考えていた「創造的破壊」である。ドン・タプスコットとアート・キャストンが一〇年以上前に書いた「パラダイム・シフト」である[1]。もっと近いところでは、クレイトン・クリステンセンの『イノベーションのジレンマ』にある「破壊的テクノロジー」である[2]。

パソコンはビジネスとして「決して成功しない」という、例のケン・オルセンの恥ずべき宣言についてはすでに触れた。こんな例もある。一八七六年に電話が発明されてから間もなく、

★1 ワールプール：米国の大手家電メーカー

[1]『情報技術革命とリエンジニアリング』ドン・ダプスコット、アート・キャストン著、野村総合研究所訳、野村総合研究所情報リソース部、1994年

[2]『イノベーションのジレンマ　技術革新が巨大企業を滅ぼすとき』クレイトン・クリステンセン著、玉田俊平太監修、伊豆原弓訳、翔泳社、2001年

アレクサンダー・グラハム・ベルのビジネスパートナーの一人が、電話の特許権を一〇万ドルで買わないかとウェスタン・ユニオンに持ちかけた。ウェスタン・ユニオンの社長、ウィリアム・オートンはその取引を見送った。「電気じかけのオモチャがこの会社にどう役立つというのか」と鼻であしらったのだ。一二年後、AT&Tがウェスタン・ユニオンの株式の過半数を買い取った[3]。

人はオルセンやオートンを笑うが、将来を見通すのは容易ではない。現在が順調ならなおさらだ。しかも、現実否認に陥り、その結果に苦労するのは、個人や個々の企業だけではない。テクノロジーの変化はまったく新しい産業を生み出し、古い産業を葬り去る。

今日、懐中時計をどれくらい見かけるだろうか。懐中時計産業は、スイスとドイツの優美な職人技のおかげで、ヨーロッパで発展した。たいていベストのポケットにしまわれていた懐中時計は、手作業で組み立てられ、複雑な宝石細工を施された。その生産は労働集約型で生産量は少なかったが、一つの時計が一生もつので――あるいは先祖伝来の家宝として受け継がれればそれ以上――、問題はなかった。だが、一九五〇年、タイメックス（その昔はウォーターベリー・クロック・カンパニーだった）がピンレバー式時計の機械生産を始める。世界初の低価格な時計である。そして突如、スイスとドイツの偉大な時計メーカーは、ニッチプレーヤーへと追いやられる。

「パラダイム・シフト」は機械化だけではなかった。時計は使い捨てにできるという、これまでの常識を覆す考え方にもある。タイメックスが見事だったのは、「時計は一生もの」という概念を破壊したことだ。一生に一〇〇個の時計といえば、かなりの数である。子供が時計の

[3] Alexei Barrioneuvo, "From MCI, a Lesson in Corporate Complacency," *New York Times*, Feb 15, 2005, p. C1.

見方を覚えたらすぐに、（たぶんミッキーマウス柄の）腕時計を与えることができる。子供がそれをなくしたり壊したりしたら、そう、別の時計を買ってやればいい。こうして産業構造が変化し、オールドプレーヤーは業界の片隅で息も絶え絶えだった。

ちなみに、腕時計産業はその先も面白い展開が続く。今度はタイメックスが、アナログからデジタルへの変化を予測できなかった。一九七〇年代初め、消費者向け小型電子機器のご多分にもれず、世界初のデジタル時計「パルサー」が発売された市場に、日本メーカーが乱入してくる。タイメックスは主導権を奪われ、やがて猫も杓子も（テキサス・インスツルメンツまでも）、日本製の非常に正確な液晶表示装置を使って、デジタル腕時計をつくるようになった。七〇年代後半にはデジタルが大ブームになり、旧式のアナログ腕時計（針があってぜんまいで動く）は、テクノロジーの墓場に向かっているように思われた。

しかし、そうはならなかった。なぜなら、デジタル腕時計は安くて醜悪だという評価が下されたからである。おしゃれではないので、腕時計の有力購買層である女性に受けなかった。ここで再び、セイコーを筆頭とする日本メーカーが参入してきて、クオーツ（水晶振動子搭載）のアナログ腕時計を売り出す。正確さで（必要に応じて価格でも）勝負できて、見た目も美しい時計だ。

もはやデジタルは終わりかと思われたが、これも違っていた。一九八〇年代後半に、マルチモードのスポーツ腕時計が出現したのだ。時刻を告げるだけでなく、カレンダーが付き、トラック一周のラップタイムを計ることもできて、朝は目覚ましにもなる。日本メーカー（セイコー、カシオ、シチズン）が相変わらず先頭を走っていたが、タイメックスもアイアンマン・トライアスロンをひっさげて再び参戦する。これはクリントン大統領が就任演説で腕につけていたことで世間に広まったモデルである。さらに驚いたことに、重い足取りだったタイメックスが、一九九二年、暗闇で光るインディグロモデルの発売でライバルを出し抜いた。インディグロのおかげで、タイメックスの売上は一年あまりの間に三割も伸び、カシオとセイコーは大急ぎでそっくりの商品を市場に送り出した（全容を明らかにするために、スイスの腕時計メーカーが絶滅したわけではないことを認めるべきだろう。ロレックス、カルティエ、モバードなどが、個性的な腕時計をおよそ一〇万ドルで販売している。詰まるところ、販売量はそれほど重要でないのかもしれない）。

周知のとおり、同じようなことがテレビ産業でも起こった。アメリカはテレビを発明し、市場を育成し、拡大し――そして失った。アメリカの真空管技術は、日本メーカーが採用した半導体技術によって一掃された。そして今度は薄型テレビの登場だ。

本書では主として個別の企業に着目しているので、ここでも、さまざまな産業を代表する企業をいくつか見ていこう。まずは、絶えず変化するハイテク業界に注目する。それから他の業界においても、企業が明かりを消して頭から毛布をかぶって見ないようにしている「新たな現実」について検討する。

1 新しいテクノロジーの否認

たった一つの新技術の開発で、アメリカのビジネス界を一変させた企業の例を挙げろと言われたら、ゼロックスの話をすれば間違いない。すごい話である――神話になり伝説になっている。

ゼロックス――

ゼログラフィー（静電写真法）の技術は、一九三七年にチェスター・カールソンの頭の中で生まれた。床屋の息子だった彼は、貧しい生活から抜け出して特許弁理士になっていたが、特許権者にもなったのだ。だがカールソンは、初めて書いた原稿を売ろうとする無名の作家のように、一〇年間も挫折感を味わいつづけた。コピー機の歴史をまとめた *Copies in Seconds*（『数秒でコピー』）の著者、デービッド・オーウェンによると、カールソンは自分のアイデアを、ＩＢＭ、ＲＣＡ、ベル&ハウェル、ＧＥ、コダックなど、さまざまな会社に売り込んだが、後に彼が「すさまじいまでの無関心」と呼んだ反応しか示してもらえなかった[4]。

一九四七年、カールソンはとうとう探し求めていたパートナーを見つける。コダックの本拠地であるニューヨーク州ロチェスターにあった印画紙のサプライヤー、ハロイド・カンパニーのチャレンジ精神あふれる社長、ジョー・ウィルソンである。ウィルソンは、カールソンが持つゼログラフィーの特許を活かすチャンスをものにした。そしてハロイドはゼロックスとして

[4] David Owen, "An Instrument of Democracy," *Newsday*, Aug 11, 2004, p. A39.

生まれ変わる。ゼロックスが実用的な「乾式」コピー機の第一号をつくり上げるまでに一二年かかったが、それが実現したとき、この若い会社は実業界のトップに立った。

一九六〇年代、特許権に守られたゼロックスはコピー機市場をほぼ独占し、売上は年二〇％ものハイペースで伸びていった。一九七二年八月、株価は最高値の一七一ドルに達する。さらに、カリフォルニア州パロアルトにある名高い研究センター、ゼロックスＰＡＲＣでは、社内の天才たちが、グラフィカル・ユーザー・インターフェースや、コンピュータとプリンタをつなぐイーサネットＬＡＮ、レーザープリンタ、そして世界初のパーソナルコンピュータまでも開発していた。だが、このＰＡＲＣのアラン・ケイの物語の中に、現実否認の最初の兆候が見られる。ゼロックスは、自社のエンジニアが創造した未来を否定したのだ。

「未来のオフィス」の開発を担当していたアラン・ケイとラーニング・リサーチ・グループは、パーソナルコンピュータの試作品を組み立てた。アルトと名づけられたそのパソコンには、高性能なグラフィック、マルチウィンドウ、さらにポイントとクリックができるマウスまでそろっていた。しかし一九七七年、アルトをオフィス市場向けの初の高性能ワードプロセッサとして世界に売り出すかどうか、数カ月間あれこれ考えた末、ゼロックスは「過大評価された電子タイプライター」のゼロックス８５０を選択する。発売日には時代遅れになっていた８５０は完敗に終わった。結局、アラン・ケイは他の興味を追求するためにゼロックスを去った[5]。

一方で、ゼロックスはコピー機市場の独占的地位を食いつぶしつつあった。日本のメーカーが優秀で安いモデルを武器に攻めこんできて、ゼロックスの粗利益も販売手数料も落ち込んでいた。そこでゼロックスは事業の多角化を図る——まずはコンピュータ事業、それから金融

[5] Michael A. Hiltzik, "Inside Story: Inventor of a New World," *Los Angeles Times*, Mar 14, 1999, p. 18.（記事には『未来をつくった人々　ゼロックス・パロアルト研究所とコンピュータエイジの黎明』マイケル・ヒルツィック著、鴨澤眞夫訳、毎日コミュニケーションズ、2001年からの引用あり）

サービス事業へ。だがどちらも惨憺たる結果に終わる。一九八〇~九〇年代にかけて、ビジネス界がコピー機からコンピュータに接続するプリンタへと移行する間、ゼロックスは暗闇をさまよいつづけた。結局、ゼロックスは天下のコピー機会社であり、足元で世界が動いたことを認めることができなかったようだ。

一九九七年も終わろうとする頃、会長のポール・アレアは光明を見出したように思われた。IBMからリック・トーマンを引き抜き、新社長の座に据えて、ゼロックスを現代に通用する会社にするという明確な使命を与えたのだ。トーマンはただちに、強力なデジタルネットワーク・レーザープリンタの発売を発表する。プリンタの巨人、ヒューレット・パッカード（HP）に対する一斉攻撃の始まりだ。ドキュプリントN32は、一分間に三二枚の印刷能力があり、HPの対抗機種で業界トップに君臨するレーザージェット5Siより五〇〇ドル安い価格設定である。どちらの製品も、コンピュータで作成した文書を通常のコピー機と同じくらいの費用で何枚もコピーできるように設計されている。価格戦争をあおってもかまわないというトーマンの覚悟は、彼の「攻撃性」の表れだった。おそらく、これこそがゼロックスに必要なものだったのだろう。株価は上昇に転じた。

トーマンの次の動きは、テクトロニクス社のカラープリンタ部門を、九億五〇〇〇万ドルで買収することだった。この種の取引としては、ゼロックスの一〇三年の歴史の中で最大規模である。これもまた、HPの陣地への急襲であることは明らかだ。トーマンが業界紙に語ったように、「これで我々は重心をコピー機からプリンタへと移行できる」。この買収によって、ゼロックスはオフィス向けカラープリンタ市場で三〇%以上のシェアを獲得し、HPに次いで第二位になるだろうとトーマンは話している。

しかし、猫に噛みついていた窮鼠《きゅうそ》はくるりと向きを変える。わずか六カ月後の二〇〇〇年四月、ゼロックスは、第1四半期に五二〇〇人を解雇し、六億二五〇〇万ドルのリストラ費用を計上すると発表した。会社が抱える問題については、誰もが同じ意見だった。法人顧客の間で進んでいたコピーからコンピュータ印刷への転換に適応するのに、苦労していたのだ。ゼロックスはプリンタ市場では「新参者」であり、厳しい競争を強いられた。だが、ここで疑問がわく。なぜ、長年技術でリードしてきたゼロックスが、コンピュータ用プリンタ市場の「新参者」なのか。その答えは、現実否認である。

それからちょうど一カ月後、トーマンはゼロックスを去った。『取り逃がした未来――世界初のパソコン発明をふいにしたゼロックスの物語』の著者、ロバート・C・アレキサンダーとダグラス・K・スミスによると、彼の辞任は企業変革についての格言、「組織文化が勝つ」を裏付けるものだという。トーマンは、オールドエコノミーからニューエコノミーへの移行を指揮するために社外から迎え入れられたのだが、その仕事に三年は短すぎた。「ゼロックスの文化は、社長として二年、CEOとして一年足らず務めた彼を、適合しない移植臓器のように拒絶した」[6]。

その文化とは、アレキサンダーとスミスによると、一九五〇年代にジョー・ウィルソンがつくり上げたものだという。ウィルソンは、チェスター・カールソンの発明に目をつけ、ゼロックスという六〇~七〇年代の巨人を生み出した男である。だが、よく知られている話では、その創業者がいなくなってゼロックスの企業文化は硬直し、固く結束し、偏狭になり、社外

[6]『取り逃がした未来――世界初のパソコン発明をふいにしたゼロックスの物語』ダグラス・K・スミス、ロバート・C・アレキサンダー著、山崎賢治訳、日本評論社、2005年

と敵対するようになったと言われている。ウィルソンの跡を継いだピーター・マックローは、口先では研究開発を重視すると言いながら、「オールドエコノミーに欠かせない」営業や財務に重きを置いていた。アレキサンダーとスミスによると、「一九八〇年代半ばを振り返ると、外部からの新しい発想（小型コピー機、液体トナー、間接販売）や、内部からの発想（ネットワーク化されたパーソナルコンピュータとレーザープリンタ）を無視して、部門長どうしが互いに傷つけあっている間に、市場シェアも利益も激減していった」。取締役会はデービッド・カーンズに救いを求める。しかし彼は「当然、コピー機メーカーとしての過去の栄光を取り戻すことに注力し、当時ならまだゼロックスが手を伸ばせばつかめた、デジタルの未来を商品化する努力は一切しなかった」[7]。

トーマンが去った逆境の二〇〇〇年が終わる前に、ゼロックスは回転信用契約による資金七〇億ドルの三分の二を使い果たし、さらなる経営改善とともに「非戦略資産の売却」を発表する。この資産売却の一つは、かなり思い切ったものという印象を与えた。ゼロックスが所有していた富士ゼロックス株五〇％の半分を、富士フィルムに売ったのだ。一九六二年にこの合弁会社が設立されて以来初めて、筆頭株主が変わった。もっと驚くべきことに、ゼロックスはかの有名なＰＡＲＣに、外部のパートナーを迎え入れることも考えていた。

要するに、現実から目をそむけていたゼロックスは、デジタル技術の要求に対応するのが遅すぎたのだ。トーマンが、ベージュ色のコピー機本体を売るよりも、ハイテクなネットワークやプリンタ、コピーサービスに焦点を定め直す戦略を推進しようとしたとき、鈍感なうえにカーンズのもとでさらに保守化していたゼロックス文化は、トーマンの戦略を実行できないこと

[7] Robert C. Alexander and Douglas K. Smith, "Can Xerox Duplicate Its Original Success?," *Wall Street Journal*, May 17, 2000, p. A26.

を露呈した。そして、会社の収益に警鐘が鳴りはじめる。トーマンを引き抜いてきたアレア会長がCEOに復職し、アン・マルケイヒーを社長兼COOに昇格させた。だが、投資家はゼロックス株を投げ売りしており、ムーディーズはゼロックスの信用格付けを引き下げる方向で再検討していた。

同じ頃、二〇〇〇年一一月に、著名な教授であり評論家でもあるポール・ケドロスキーが、ゼロックスの凋落を次のようにまとめている。「ゼロックスには第二幕がなかった。コピー機の後、次に支配できる市場をまったく見つけられなかった。そして今、低価格コピー機市場では薄利の外国製品がゼロックスを圧迫し、ハイエンド市場は飽和状態だ」。そのうえ、コンピュータと接続したネットワーク技術のおかげでコピー機は「古臭く」見えるため、市場そのものが衰退している。ケドロスキーに言わせると、ゼロックスの凋落はかなり前から、「ほぼ間違いなく、自らの優れた発明に背を向けたときから」進行していたのだ[8]。

二〇〇四年一〇月、連邦検察はゼロックスに対する強制捜査を何も起訴しないまま打ち切り、この会社の会計と情報開示に関する長期間の取調べに幕を引いた。これはよいニュースだ。悪いニュースは二年前にあった。二〇〇二年、ゼロックスは証券取引委員会による不正会計容疑に決着をつけるため、当時としては最高記録となる一〇〇〇万ドルの民事制裁金を支払い、利益を修正申告することに同意した。ゼロックスは罪を認めることも否定することもせず、決算書を修正して、二〇〇一年までの五年間に機器リース関連収入で総額六四億ドルの計上ミスがあり、税引き前利益の三六％に当たる一四億ドルも過大申告していたことを認めた。二〇〇三年、二人の元CEOを含む六人の元役員が、証券取引委員会による不正会計関連の告訴を解決

[8] Paul Kedrosky, "Xerox's Long History of Management Ineptitude," *National Post*, Nov 25, 2000, p. D11.

するために、罰金と制裁金二二〇〇万ドルを支払っている。証券取引委員会の職員によると、役員たちは虚偽の決算書にもとづいた賞与と株式売却益によって個人的な利益を得ていたという。

このような状況にもかかわらず、ゼロックスの広報担当のクリスタ・カローネはウォール・ストリート・ジャーナル紙に、「今日、ゼロックスは、はるかに強い会社になっている。偉大な企業への復活に向けて、かなりの進歩を遂げていると確信している」と語った[9]。

そうかもしれない。だが二〇〇五年末時点で、ゼロックスの売上の七〇%をインクやトナーカートリッジなどの消耗品の販売が占めており、株式は一五ドル未満で取引されていた。

一方で、別の教訓が頭に浮かぶ——自滅的習慣が依存症になってしまうと、徹底した介入が必要な場合もある。

興味深いことに、一九九九年にカラープリンタ部門をゼロックスに売却したテクトロニクスもまた、現実否認の実例となっている。一九四六年に電子検査機会社として設立されたテクトロニクスは、六三年に上場し、六〇年代終わりにはオシロスコープで世界市場の七五%を占有していた。だがゼロックスと同様に、テクトロニクスもアナログからデジタルへのテクノロジーの根本的転換を認めなかったために、一九八〇年代に経営難に陥る。売上が急落し、人員削減が行われた。そして一九九〇年、相次ぐ損失に直面して、取締役会が会社を掌握する。

しかしこの話の結末は、ゼロックスとは違う——自滅的習慣は断ち切れることが証明されたのだ。取締役会が招いた経営再建のスペシャリスト、ジェローム・メイヤーが任務を全うするのに十分な時間が与えられたからか、あるいは、テクトロニクスの文化にはかたくなに抵抗する力が弱かったからか、この会社のオーバーホールは最終的に成功した。カラープリンタ部門

[9] Robert Tomsho, "Moving the Market: U.S. Wraps Up Its Xerox Inquiry," *Wall Street Journal*, Oct 2004, p. C3.

のスピンオフによって、テクトロニクスは小規模で計測機器事業に特化した会社になり、コア事業に立ち返った。二〇〇〇年には黒字に回復し、翌年には記録的な売上と収益を上げた。それ以来ずっと、メイヤーの後継者となった会長兼CEOのリック・ウィルズのもと、テクトロニクスは繁栄している[10]。

2 消費者嗜好の変化を否認

現代の消費者の嗜好より変わりやすいものがあるだろうか。ちょっと変わったインテリア用ライトや、ペットになる石や、動物の赤ちゃんのぬいぐるみに、会社の将来を預けたくはない。もちろん、流行が長続きしないことはわかっている。だが、小売業界の象徴ともいえる企業でさえも、顧客の趣味・嗜好や購買パターンの変化を認めようとしなかったために、痛手を受けている。実例を検討してみよう。

A&P

ルーツについて話すと、グレート・アメリカン・ティー社〈後にグレート・アトランティック・アンド・パシフィック・ティー社〈A&P〉と改名〉が設立されたのは、一八五九年、ジョージ・ハート

[10] Hoover's Company Information, 2005.

フォードがパートナーとともに、ニューヨークの波止場に店を構えたときのことである。紅茶を貨物船から直接仕入れ、仲介業者を省くことによって、五〇%も安く一般の人たちに売るのが目的だった。若い会社は宣伝のために、町のあちこちの通りを、特徴的な赤いワゴンを引いて回った。

一九一二年、ハートフォードの息子のジョージとジョンが事業に加わるようになったが、その頃には、このアメリカ初の小売チェーンストアは、自社ブランドを低価格で提供するという創業時の方針を守りながら、四〇〇店舗を擁するまでになっていた。その年、ジョン・ハートフォードは商売に関する新たな名案を思いつく。小売業の特徴の二つ——掛け売りと販促用景品を省いた店を開いたのだ。「即金で持ち帰り」を徹底することで、価格がさらに安くなる。このコンセプトは急速に広まった。一九一二〜一五年の間は、A&Pは「エコノミーストア」を三日に一店舗のペースで開業していたが、一九三〇年までに、「即金で持ち帰り」の店は二九の州に一万五〇〇〇店超を出店した。

一〇億ドル企業の成功で消費者は喜んだが、個人経営の小売店主は激怒した。一九三〇年代には政府にもにらまれて、その結果チェーンストアに税金が課され、チェーンストアの価格戦略を直接狙った新しい独占禁止法、ロビンソン・パットマン法が制定される。実際、司法省は一二年にわたってA&Pと争った。子会社がA&Pの店舗に、店のブランドで売るための肉や乳製品、青果物、パン、缶詰などを卸すという、A&Pの基本戦略の合法性を問題にしたのである。だが訴訟の結果は軽微な罰だけで、A&Pは普段どおりに商売を続けた。

なぜ、A&Pはこれほど懸命に争ったのか。この手法が非常にうまく行っていたからだけではなく、Ａ＆Ｐの自社ブランドは会社の信望に欠かせなかったからでもある。Ａ＆Ｐは手ごろな良品の代名詞だった。二度の世界大戦の間、大恐慌にも見舞われて、アメリカの消費者が求めていたのはまさにそれだったのだ。一九五〇～六〇年代にかけて、Ａ＆Ｐはアメリカの小売業におけるプライベートブランドの最後の砦だった。安くて良い品であるプライベートブランドの提供は会社のスローガンであり、正統な信念となった。

　しかし、消費のパターンが変わった。戦争時代の倹約が影を潜め、暮らしは豊かになっていき、その新たな豊かさの象徴として、有名ブランド品の人気が高まっていく。この新たな現実をよそに、Ａ＆Ｐはプライベートブランドに固執した。ジョン・ハートフォードから会社の舵取りを引き継いだラルフ・バーガーが好んで言っていたとおり、「一〇〇年にわたる成功の重みは絶対だ」。

　これは現実否認だろうか。そのとおり。だがＡ＆Ｐが有名ブランド品という新たな現実を認めようとしなかったことは、話の半分にすぎない。残りの半分は、ジム・コリンズの『ビジョナリー・カンパニー２　飛躍の法則』に詳しい。

　一九五〇年代初めまでにＡ＆Ｐは世界最大の小売業者となり、アメリカでも最大級の企業となった。だが六〇年代、同業のクローガーに戦いを挑まれ、Ａ＆Ｐは揺らぎはじめる。七三年以降、両者は別々の道をたどり、その後の四半世紀のクローガーの累積利益額は、市場平均の一〇倍で、Ａ＆Ｐの八〇倍である。

「両者の命運がこれほど劇的に逆転したのはなぜだろう」とコリンズは問う。「Ａ＆Ｐほどの超優良企業がここまで惨めな状態になったのはなぜなのか」

実用本位の店舗で安価な食品を大量に売るというA&Pの事業モデルは、二〇世紀前半には完璧だったとコリンズは認めている。だが彼の主張によると、二〇世紀後半に入ると、アメリカ人はブランド品だけでなく、まったく違う種類の食料品店を求めるようになったのだという。アメリカの買い物客は、広々とした快適な店と豊富な品ぞろえを望んだ。「焼きたてのパン、花、健康食品、風邪薬、新鮮野菜、四五種類のシリアル、一〇種類の牛乳……望んでいるのはスーパーマーケット、それも大文字の「S」を胸につけたスーパーである。ほとんどなんでも売っており、大きな駐車場があり、価格が安く、店内が清潔で、数え切れないほど多くのレジがある、そういう店なのだ」

A&Pもクローガーも、周囲の環境が変わってきたことに気づいていた、とコリンズは指摘する。けれども産業の進化に対する反応がまったく違っていた。一方は「厳しい現実を直視し」、システムを完全に変えた。他方は「砂に頭を突っ込んだままだった」。

目の前に迫る新たな現実に対するA&Pの「必死の防御」の例として、「ゴールデン・キー」の逸話がある。食料品小売業についてのいくつかの新しいアイデアを実験するために、A&Pが開いた新店舗である。コリンズによると「A&Pのプライベートブランド商品は扱わなかった。店長がかなりの裁量権をもつようにし、斬新な売り場を作り、新しい時代のスーパーマーケットに近づいていった。買い物客の受けはきわめて良かった」。A&Pは、マーケットシェアが低下してきた理由を理解できるようになり、その過程で、運命を逆転させる方法を見出しつつあった。

「A&Pの経営陣はゴールデン・キー店をどう活用したか。この店舗が示した答えが気に入らなかったため、閉鎖した」

コリンズによると、A&Pは次から次へと戦略を変え、経営難から抜け出そうと努力した。なかには「大幅な値引きで市場シェアを回復する戦略」もあったが、顧客が求めているのは単なる低価格ではなく、別の形の店舗なのだという基本的事実を見落としていた。現実否認の結果が下方スパイラルである。

「値下げによって、コスト削減に取り組むしかなくなり、その結果、店舗がいっそう冴えないものになり、サービスが低下していった。その結果、買い物客はさらに減り、粗利益率がさらに低下し、店舗は薄汚くなり、サービスがさらに低下した。同社の元幹部が語る。〈やがてゴミがどんどん増えていった。店舗にゴミがたまるだけでなく、店舗自身がゴミとなった〉」[11]

この一〇年、A&Pに関する話題といえば、収益の悪化か、負債の増大か、店舗の閉鎖である。その後退をはっきり示したのが、二〇〇四年、かつての巨大チェーンが、かの有名なエイト・オクロック・コーヒー事業を、サンフランシスコを本拠地とする投資事業会社に売却したことである。

[11]『ビジョナリーカンパニー2　飛躍の法則』ジェームズ・C・コリンズ著、山岡洋一訳、日経BP社、2001年

3 新たなグローバル環境の否認

テクノロジーだけが、消費者嗜好だけが、新たな競合だけが、問題なのではない。企業が成功するには、あらゆるものが変化しているという事実に立ち向かわなくてはならない。昨日の世界はもうない。今日の企業は、新しいテクノロジーを受け入れなくてはならない。新たなライバルを認めるだけでなく、しのがなくてはならない。古い市場にしがみついてはいけないだけでなく、新しい市場を積極的に攻めなくてはならない。過去に成功を収めた企業の中には、その過去をなかなか捨て去れない企業もある。過去の栄光が足かせとなり、未来に向かう動きを妨げる。

ゼネラル・モーターズ

二〇〇四年にフォーチュン誌に掲載されたゼネラル・モーターズ回想録で、アレックス・テイラー三世がこんな逸話を紹介している。ジャック・スミスは、GMの重役としてスピード出世を遂げた一九八〇年代初めに日本を訪れ、トヨタのプレス工程と組み立て工程を研究した。それは「驚いたことに、GMでは誰もやったことのないものだった」。同じ数の車をつくるのに、GMはトヨタの二倍の人間を必要としていることがわかった。だが、彼がその結果をGMの執行委員会で発表しても、出席者はまったく信用せず、彼の報告を打ち捨てた。

「GMは現実から目をそむけていた」とテイラーは断言する。GMは現実否認という習慣にどっぷりはまっていたために、ごくシンプルな説明を見逃していた。GMの構造はトヨタとはまったく違う――「フォードとも、フォルクスワーゲンとも、他のあらゆる自動車メーカーとも」。その理由は、この会社の草創期にある。GMは、シボレー、オークランド（後のポンティアック）、オールズモビル、ビュイック、キャデラックという、それぞれやり方の違う別々の自動車メーカーが集まってできた会社で、六〇年たってもまだ、互いに競い合っていた。

テイラーによると、たとえ他の人は誰も気づいていなかったとしても、スミスだけは、GMの分権体制には根本的な欠陥があることに気づいていたという。そして一九九二年、取締役会によってCEOに任命されると、スミスは組織の改革に取りかかる。スミスがフォーチュン誌に語っているとおり、「率直に言って、当時のわが社は世界中のどの自動車会社とも違っていた」。

スミスとその後継者となったリック・ワゴナーは、一〇年の歳月をかけて、日本のライバル企業をイメージしながらGMをつくり変えた。その結果、「九六年の歴史の中で初めて、GMは一つの会社として動くようになった」[12]。

まあ、それはいいことだ。しかし、会社の経営方法は話の半分にすぎない。残りの半分は、何をつくるかである。とくに、ガソリンの価格が空前のレベルにまで急騰している今日、一九八八年を振り返るのは有益だ。その年、前年と前々年に引きつづき、レーガン政権はフォードとGMに対し、政府によって義務付けられていた低燃費基準を免除した。GMは、もしも運輸省が八九年型車の燃費条件を引き下げなければ、二九の選挙人票を持つテキサス州の自動車工場を閉鎖すると脅したのだ。

[12] Alex Taylor III, "GM Gets Its Act Together, Finally," *Fortune*, Apr 5, 2004, pp. 136-143.

もう少し詳しく背景を説明すると、一九七五年、アラブの原油輸出禁止措置を受けて、連邦議会はエネルギー政策保護法案を可決した。自動車メーカーに対して、全車両の平均燃費をリッターあたり一一・七キロにするよう求めた法律である。それでも、平均値が達成できているかぎり、燃費の悪い大型車をつくることはできた。八六年までに、最低企業平均燃費（CAFE）はリッターあたり五キロから一一キロに引き上げられ、デトロイトは、いやいやながら応じた。しかし原油価格が下がりはじめると、メーカーは燃費基準を戻すようにロビー活動を行い、レーガン政権は三度降伏したのである。

「デトロイトの経営の格言は、〈小型車は利益も小さく、大型車は利益も大きい〉」と、当時のシアトル・タイムズ紙の社説は論じている。この考えに合わせてアメリカの自動車メーカーは、アメリカの消費者は大きい車を買うことにしか興味がないと信じ込んだ。けれども「事実はすべて、それは違うと語っている。まずはフォルクスワーゲンの人気が高まり、その後、日本車がどっと入ってきた」。

この社説によると、当初デトロイトは自分たちがつくる時代遅れの大型車を守るために、小型車の低コスト構造や燃費を物笑いの種にしていたという。そしてその偏見を補強するために、安っぽい小型車をつくった。誰もそれを欲しがらないと見るや、自動車メーカーは「それ見たことか」と言ったのだ。

社説は予言するように、こう問いかけている。「石油価格が再び高騰し、ガソリンが一ガロン一ドルを超えたら、どれだけ多くのデトロイトの労働者が職を失うだろうか」。そして、レーガン政権がデトロイトの責任逃れを許せば、新技術の開発と導入を怠っているメーカーが得をすると非難している[13]。だが私が問いたいのは、なぜ、GMは政府の命令がなければ市場に対応しないのかである。

さらに、成功体験が自滅的習慣の根づくような文化をどのように形成するのか、具体的に示すもう一つの事例として、GMの話を追ってみよう。

一九三一年にGMは車の販売でフォードを抜き、四〇年代、五〇年代と需要が膨れ上がるにつれ、世界トップの地位を揺るぎないものにしていく。一九五四年、全米で販売された車の半分以上がGM車だった。一九五五年に発表された初のフォーチュン五〇〇企業で、GMは第一位に輝いた。申告された売上は九八億ドル、二位のスタンダード・オイルより四二%も高い。同じ年、GMの指揮権を握ったばかりのハーロー・カーティスが、タイム誌のマン・オブ・ザ・イヤーに選ばれる。GMにとってよいことはアメリカにとってよいことだ、というのが真実に思われたのは確かだ。

GMの体制がうまく機能していた理由の一つに、アルフレッド・スローンの「あこがれの梯子」がある。顧客はまずシェビーを買い、次にポンティアック、オールズモビル、ビュイックと上がっていって、最終的にキャデラックにたどり着く、というわけだ。これがGMの分権体制の背後にある論拠であり、自動車市場が拡大を続け、競争が穏やかであるかぎりは理にかなっていた。

しかし、一九八〇年代までに自動車をめぐる状況は変わっていた。高品質低価格の日本車がアメリカ市場になだれ込んできたが、GMは有名ブランドの強みや、輸入車との競合がない大型トラックのような製品ラインのおかげで、努力しなくても順調だった。その一方で、

[13] "Fuel-Hog Heaven" (editorial), *Seattle Times*, Oct 16, 1988, p. A22.

「あこがれの梯子」を構成する各ブランドの独立を維持するという従来の基本戦略が、今や恐ろしい非効率の元凶となっていた。変革すべきときだったが、分権体制はGMの正統性となっていた。こうして成功戦略がいつの間にか、現実否認のような自滅的習慣へと変わっていく。慢心や競合近視眼は言うまでもない。

ここで言っておくが、GMがまずい方向へ進んでいることに気づいたのは、ジャック・スミスが初めてではない。一九八〇年代半ば、CEOのロジャー・スミスはこの会社を目覚めさせようと、かなり必死の努力をした。工場を閉鎖し、(今では疑問符の付く)買収を行い、経営を合理化しようとした。彼の在任期間の終わりにロサンゼルス・タイムズ紙が指摘したように、「会社に施した過激な切断と移植のおかげで、スミスは不本意ながら風刺映画『ロジャー&ミー』のスターとなり、最終的にありがたくない不朽の名声を得ることになった」[14]。だがスミスは結局、GMのやっかいな二つの根本的な問題、つまり経営の非効率と製品の欠陥の、どちらも解決しないで終わる。そして九〇年、彼がロバート・ステンペルに会社を引き継いだとき、出血は始まったばかりだった。

一九九〇年、GMは二〇億ドルの赤字を出す。過去最悪の業績である。翌九一年の赤字は四五億ドル、アメリカ企業としては当時の史上最高記録だった。九二年の数字が出る前に、ステンペルは「役員たちの反乱」によって追放された。この反乱の先鋒は、社外取締役だった元P&G社長のジョン・スメールだとされている。ジャック・スミスが最高経営責任者に抜擢され、スメールは新会長に就任する。同時に、GMは年間配当金を一ドル六〇セントから八〇セントに半減することを発表した。

[14] Donald Woutat, "Can Stempel Get GM Back on Right Road?" *Los Angeles Times*, Dec 15, 1991, p. 1.

これは賢明な策だった。なにしろGMは、保有する資金すべてを必要とするようになる。発表された一九九二年の赤字は、二三〇億ドルという目の玉が飛び出るような額だった。

赤字があまりにも膨大で、予想される影響も甚大だったため、この巨大企業に何が起こったのかを探るドキュメンタリーの制作を、報道番組『フロントライン』が映画監督のスティーブ・タルボットに依頼した。当然GMは協力を拒んだが、事情に詳しい元関係者が進んで口を開いた。元取締役のロス・ペローもその一人である。彼がタルボットに語ったところでは、GMの問題点について一貫して率直な意見を述べた報いとして、彼は取締役会を追放されたという。ペローに言わせれば、GMには悪化する状況についての真実を聞く気がまったくないようだった。

結局、タルボットにわかったことは、ジャック・スミスがステンペルから会社を引き継いだときに認めたことと同じだった。GMの改革への抵抗は、ずっと以前から長く続いていたのだ。アラブの原油輸出禁止、エネルギー危機、ガソリンスタンドの行列、日本の小型車の襲来、そんなことが立てつづけに起こった世界では、大型車はマイナス要因である――そしてGMは大型車がすべてだった。厳しい時代が始まっても、GMは相変わらず現実から目をそむけていたのだ。

もちろん、タルボットがジャック・スミスの大幅な構造改革の効果を評価するには時期尚早だった。スミスは出血を止めることに成功し、一九九五年の年末、会長の肩書きも加えられるという形でその努力を報われた。会長の座を下りるジョン・スメールは、「ジャック・スミスの指揮下で、経営陣はGMを立て直した」と自信たっぷりに宣言している。

本当に立て直したのだろうか。GMの経営は確かに上向いていたが、やはり製品に関する問題は根強く残っており、二〇〇〇年、製造されている中で最も古いブランド、オールズモビルの生産完了が発表されたとき、さまざまな批判が飛びかった。間違った決断だという批判ではない。GMはいまだに多くのブランドを抱えすぎていて、その結果、相変わらずGMの車同士が競合していることは誰の目にも明らかだった。二七%のマーケットシェアがさらに低下しつづけている状況で、より思い切った行動が求められていたのだ。

問題は、なぜGMが行動を起こすまでにこれほど時間がかかったのかである。なぜ、一〇〇周年記念プロジェクトなるものに三〇億ドルも投じたのか。このプロジェクトは、SUVのブラバダやオーロラなど、まったく新しいオールズのラインナップを二〇〇〇年までに生産する計画だったが、失敗に終わった。一九七〇年代後半〜八〇年代前半にかけて、オールズモビルの猛進を引っ張ったカトラス・シュープリームをつくり出した素晴らしいデザインの才能はどこへ行ってしまったのか。八〇年代後半のオールズのイメージを変えようというGMのばかげた努力について、デービッド・カイリーがUSAトゥデイ紙に書いている。"It's Not Your Father's Oldsmobile"（お父さんのオールズモビルとは違う）キャンペーンのことだ。ビートルズのドラマーだったリンゴ・スターが娘と共演しているCMもあった。「このキャンペーンは捨て身の広告の代名詞になった」とカイリーは書いている[15]。

二〇〇〇年、リック・ワゴナーがCEOに昇進し、二〇〇二年にはジャック・スミスが退いたので、ワゴナーは会長も兼任することになった。新会長が直面した最も扱いにくい問題は、おそらく、膨らみつづける年金債務だっただろう。アナリストの指摘によると、この会社の年金

[15] David Kiley, "GM Decides to Shutter Oldsmobile," *USA TODAY*, Dec 13, 2000, p. B3.

基金の健全性は運用によって得られる年一〇%の収益に依存しており、その結果、下げ相場が続いているために基金は二〇〇億ドルも不足していたという。ワゴナーとしては、二〇〇三年に会社が一〇億ドル以上を年金基金に送り込むのを、ただ見守るしかなかった。しかも事態がよくなる保証は何もない。

事実、わずか二カ月後（二〇〇三年六月）の経済紙が、年金危機に陥ったGMは売上を伸ばすために多額なリベートを提示せざるを得ず、その結果、ビッグスリー（GM、フォード、クライスラー）の間で価格戦争が起き、業界全体の健全性を脅かしていると指摘した。価格とインセンティブの競争によって引き起こされる利益の減少は、三大自動車メーカーすべてを「競争の下方スパイラル」に陥れていた。

それ以来、状況は悪化の一途をたどっている。二〇〇五年春のニューヨーク・タイムズ紙はこう伝えている。「再びデトロイトは、長期にわたって気づかないうちに、自動車業界から置き去りにされようとしている」。GMとフォードは「国内の顧客を急速に失いつつあり、スタンダード&プアーズは、彼らの債権をジャンク債よりわずか一ランク上に格付けしている」。

一九九〇年代、ビッグスリーは利益率の高いSUVの人気だけで「低迷する評価と究極的にダサいデザイン」への対応を避けてこられた。だが、SUVへの需要が失速している今、GMにとっての潜在的な問題が表面化してきている。外国のライバル企業の増加（たとえば、韓国のヒュンダイ、ゆくゆくは中国とインドの自動車メーカーも入ってくるだろう）、急騰する年金コスト（GMは車一台につき二〇〇〇ドルを、医療手当や年金手当に使っている）、労使交渉の影響、そして何よりも根本的なのは、デザインの差別化の欠如である。

GMは「平均点にこだわっている」とBMWのヘルムート・パンケCEOはニューヨーク・タイムズ紙に語った。キャデラックは「アメリカ車の高級ブランド」としてのイメージを磨き直したおかげで以前よりましだが、ポンティアックやシボレー、ビュイック、GMC、サーブ、サターンはどうだろうか。パンケに言わせれば、エンブレムをすべて取りはずしたら、「どれがどれだか見分けるのは難しいだろう」。

GMは、みんなが五〇〇〇ドルのリベートをもらうためなら我慢してもいいと思うような車ではなく、本当に欲しいと思う車をつくることに専念するべきなのだろう、とタイムズ紙は提言している。一九八〇年代後半、GMは燃費基準を引き下げるようレーガン政権を説得して、燃費のいい車の開発を逃れてきた。今日この会社は、顧客に愛される車をつくる代わりに、多額のリベートと金利ゼロのローンを提供しようとしている[16]。

タイムズ紙の悲観的な評価を裏付けるように、GMが二〇〇五年の第1四半期に一三億ドルの赤字を出したというニュースが流れた。一九九二年以来の赤字である。第1四半期の売上は前年比マイナス五％、米国のマーケットシェアはこの一二カ月で二六・三％から二五・二％に下がった。

GMは、この気の滅入るような数字を、膨大な「レガシーコスト（負の遺産）」のせいにしている。しかし、社外の人間にはすぐわかることだが、そういうコストはGMの車が売れていないことの理由にはならない。ガソリンの価格が上がり、環境問題への意識が高まったために、四輪駆動のSUVをはじめ、ガソリンを大量に消費する車から購買者の気持ちが離れていることを、GM以外はみんな知っていた。自動車市場が新世代の消費者の要求に応えるために

[16] Danny Hakim, "Detroit's New Crisis Could Be Its Worst," *New York Times*, Mar 27, 2005, p. 4.4.

変わりつつあることを、GM以外はみんな知っていた。だがGMは変わろうとしなかった。そして、GMの車を買うのは従業員とその家族、それにレンタカー会社だけだ、というジョークがささやかれている。

要するに、問題はやはり製品である。この問題は二〇〇五年四月、ロサンゼルス・タイムズ紙で大々的に取り上げられた。自動車担当記者のダン・ネイルが、鳴り物入りで発売されたGMのポンティアックG6に対して、否定的な論評を書いているのだ。背景として言っておくと、デザインがぱっとしないという問題を何とかしようと、リック・ワゴナーは、熱心なカーマニアと言われる元クライスラー副会長のボブ・ルッツを迎え入れており、G6はルッツがデザインし、初めて市場に出した車だったのだ。控えめに言っても、GMはよい批評を期待していた。

この新しい車について、内装も外装もネイルはまったく気に入らなかった。とくに、ピリッとしないハンドリングに批判的だ。「走りの興奮が得られるはずのスポーツタイプの車に、興奮を求めるのは当然だ。こいつで急カーブを回ってみてほしい」。そして最終的に、市場競争に勝てない製品で片づけている。

この記事の中でネイルは、GMの製品戦略に対しても、痛烈な批評をしている。なぜ、ほとんどそっくりのミニバンが四種類、ほとんどそっくりのSUVが四種類あるのか。一一のブランド（海外のものも含めて）をすべて考慮したGMの総合戦略は、グローバルレベルでの効率化のために自社の車の個性をすべて排除することに違いない、と結論づけている。そして、ライバルのトヨタやホンダのハイブリッドカーは生産が追いつかないほどのスピードで売れているのに、GMはガソリンと電気を使うハイブリッド技術に完全に乗り遅れていることを非難している。ＳＵＶの売れ行きが急落している時期に、進行中の新しいＳＵＶとトラックの開発スピードを上げるというＧＭの決定も疑問視している。ＧＭの市場シェアが落ちつづけていることは、不思議でも何でもない。「ＧＭの車は売れていないからだ」

ネイルの結論はこうだ。「もしも球団が負け越したら、選手もコーチもマネジャーも解雇通知を受け取る。ＧＭは、ダッグアウトを一掃するべきときなのだ」[17]

この記事に対するＧＭの反応はどうだったか。ロサンゼルス・タイムズ紙から広告をすべて引き上げた。

前出の二〇〇四年にフォーチュン誌に掲載された回想録の最後に、リック・ワゴナーがＧＭ創業者のウィリアム・デュラントについて語っている。「デュラントは一九二〇年代に株に投機して財産を失い、人生の最後にはフリントでボーリング場を経営していた。それ以来、ＧＭの会長はデュラントの悲運につきまとわれているようだ」とワゴナーはおどけている。記者のアレックス・テイラーは、「ワゴナーがそんな逸話を進んで話すということは、ＧＭが完全な現実否認の状態から抜け出したことの証である」と記事を締めくくっている。

一年たって、テイラーはまだそう主張するかもしれないが、やはりＧＭの変化は遅きに失したのではないか。配当金を減らし、役員の給料をカットし、給料制の従業員の医療手当を削減したにもかかわらず、二〇〇五年にまた九〇億ドルの赤字を計上した。パートタイマーを三万人減らし、二〇〇八年までに一二の工場を閉鎖することも発表した。バランスシートを改善しようと必死に努力するなかで、利益を上げている金融子会社、ＧＭＡＣの株式の五一％を一四〇億ドルで売却することも発表している。この資金を投入することで会社の債権の格付け

[17] Dan Neil, "An American Idle: The Pontiac G6 Is a Sales Flop," *Los Angeles Times*, Apr 6, 2005, p. G1.

が回復し、もっと資金の借り入れができるようになるだろう。だが問題は残る。そのお金をどれだけ賢く使うのだろうか。

現実否認症——主な症状

後悔先に立たず、である。私がこういう失敗を分析し、根本原因としての現実否認を診断するのはとても簡単だ。だが、企業自ら客観的に経営診断を行うことは非常に難しい——とくに、手遅れにならないよう根本的に悪化する前に見極めるのは。

では、もし私がＣＥＯだったら、自分の会社が現実から目をそむけているかどうか、どうすればわかるのだろう。何を見つければよいのだろうか。主な症状は三つある。

1——「我々は違う」症候群

自分自身や友達が私生活や社会生活で陥る自滅的習慣によく見られる行動パターンである。確かに私は喫煙者かもしれない。飲みすぎかもしれない。でも大丈夫。他の人は肺がんになる。

他の人はアルコール中毒になる。でも私は違う。私の体は強い。私の遺伝子は丈夫だ。私に起こるはずはない。

きっと、この症候群がGMの企業文化を蝕んでいるに違いない。確かにクライスラーは没落したと、GMは自分に言い聞かせたはずだ。そう、クライスラーはダイムラー・ベンツとの合併という究極の屈辱を味わった。でも、このGMにそんなことは起きるはずがない。我々は巨大で、強力で、非常に力がある。我々は違うのだ。

2 「自前主義」[★1]症候群

誰か他の人がもっといい方法を思いついたと認めるのは、プライドが許さないだろうか。ライバル会社の先進技術を採用して、相手を喜ばせるのは気乗りがしないだろうか。もしそうなら、「自前主義」症候群にかかっている。この形の現実否認は、技術部門で蔓延する。ゼロックスのケースがそうだ（実際、ゼロックスの場合は症状がかなり進み、自分たちの研究部門から生まれた新しい技術の価値まで否認してしまった）。だが、技術系でない会社も、この症候群にかかることに注意したい。たとえば、A&Pは自分たちが開拓したストアブランド戦略に固執しすぎたために、有名ブランド品の潮流が目に入らず、やがて溺れることになった。

「自前主義」症候群がさらに進行すると、「純血主義」症候群にかかる。言うまでもなく、「純血主義」が目立つのは、同じ人材プール（大学や大学院）から採用し、たとえ物事がうまく運んでいなくても、内部の人間を昇格させる傾向が強い企業だ。（ゼロックスの事例のように）社外

★1 NIH（Not Invented Here）

から招かれた人材が、固く団結した生え抜き社員による抵抗の文化のせいで失敗する運命にあるのなら、症状は進行している。（GMのジャック・スミスのように）生え抜きの社員が出世してリーダーの地位に就き、会社が抱える根本的な問題の解決に失敗しても、退任のときには戦勝軍の英雄として称賛されるようなら、これもまた症状は進行している。

一方、IBMが進んでルイス・ガースナーを迎え入れたこと、そしてガースナーが進んでIBMをサービスの会社に変えたことは、この症候群を断ち切れることを示している。

3 「正当化」症候群

何かおかしい。おかしいところがいくつかあるのかもしれない。その兆候がある。市場シェアの低下、新商品発売の遅延、従業員の離職率の上昇、組合との対立、当局の調査。生活習慣病と同じように、最初の反応は無視である。それがうまく行かないと、この第三の症候群は正当化という形で現れる。問題を解決せずに、説明するだけで終わらせる。長々と話を作り上げる。はるか遠くから原因をいくらでも引っ張ってくる――アジア市場の大暴落、イラク戦争、中国製品のダンピング。

経営陣は答えを出せと突き上げられる。

「年金コストが原因で赤字が出ている」とGMは言う。

「買い物客が来ないのは、ウォルマートがうちより安く売るからだ」とA&Pは言う。

「特許が切れたから、もう競争には勝てない」とゼロックスは言う。

しかし、正しい答えを見つけるのはリーダーの責任だ。

「赤字が出ているのは、市場に合わない車をつくっているからだ」

「買い物客が来ないのは、我々の店舗が気にいらないからだ」

「テクノロジーリーダーとしての役割を怠ったから、競争には勝つことができない」

現実否認症——治療法

では、あなたはどう思っているだろうか。確かに、自分は現実から目をそむけているのかもしれない。自分はそうは思わないが、そうなる可能性はあるだろう。万が一そうなったら何をするべきか。ここで、立ち直るための四ステップのプログラムを紹介しよう。

1 （兆候を）探す

「我々は違う」症候群を探すために、他社の失敗に対する反応を分析しよう。得意になるだろうか。してやったりとほくそ笑むだろうか。それとも、その失敗を「解剖」して、失敗した企業の組織と自分たちの組織を比較検討しようとするだろうか。

「自前主義」症候群を探すために、自社の製品と工程と社員をよく観察しよう。偏見はないか、根拠のない選り好みはないか、一部に改革への抵抗はないか。

「正当化」症候群を探すために、管理職の言うことを注意深く聞き、常識と厳正な知性を働かせよう。彼らが出しているのは、責任逃れのような安易な答えか、それとも変革を必要とする困難な答えか。思い出してほしい。ルイス・ガースナーによるＩＢＭの経営再建プロセスは、管理職から正しい情報は得られないことに気づき、トップ顧客二〇〇社の話に耳を傾けることから始まった。

2 認める

トヨタを研究するためにジャック・スミスを日本に送り込んだとき、ＧＭは現実否認の症状を探していた。だが彼が事実を持ち帰ったとき、ＧＭはそれを認めることを拒んだ。ゴールデン・キーをオープンさせたとき、Ａ＆Ｐも同じものを探していた。だがゴールデン・キーが答えを出したとき、会社はそれを認めようとしなかった。

現実否認の兆候を探すだけでは意味がない。それを見つけたら、病気にかかっていることを認めなくてはならない。

3　評価する

認めたら、次は測定する必要がある。現実否認はどれくらい進行しているのか。表面的な問題なら、役職者を一人配置転換するか、製品ラインを一つ打ち切れば解決する。あるいは、企業文化全体に浸透するほど深いかもしれない。ジャック・スミスは観察眼があったので、分権体制の弊害に対するGMの長年の現実否認に取り組んだ。しかし、GMの現実否認は想像以上に根深かった――そして、いまだに完全に根絶やしにはなっていない。

4　変える

あなたの会社が根深い現実否認の文化を形成してしまっている場合――「うちに起こるはずがない」と思っている場合、社員や仕事のやり方を無理にかばっている場合、問題を正当化しがちな場合――変革は難しいだろう。新たなリーダーだけでなく「ビジョンの変革」も必要かもしれない。社是（経営理念）を書き直すべきときかもしれない。

これまでに、改革に抵抗して現実から目をそむけたままの企業の事例を見てきた。しかし、変革が可能であることを示す事例も一つ（テクトロニクス）紹介したし、これから他の企業の成功事例も紹介していく。現実の変化を受け入れることができれば、変革はもっと容易になるだろう。

基本的に、次章以降で論じる自滅的習慣のほとんどが、現実否認に根ざしている。何だかんだ言っても、現実から目をそむけなければ、さまざまな問題に早期に取り組んで解決し、自滅的習慣に陥ることはないのだ。傲慢（第3章）からテリトリー欲求（第8章）に至るどの習慣も、初期反応として最もありがちなのは、そんな問題があることを否認することである。どんな場合も、自分たちの問題の根源を天候や戦争や弱いドルなど、外部要因のせいにするほうが簡単だからだ。

＊＊＊

心理学者が研究していることからして、否認が人間の基本的反応であることは明らかだ。堪えがたい事実に直面するのを避けるための、頼りになる防御機能である。生き延びるために必要な場合もあるし、「軽いアルコール依存症」のように、現実から逃れるよりも現実と向かい合うほうが破滅につながりかねない「現実否認依存症」が大勢いるかもしれない。

だが間違ってはいけない。現実否認による安心感は、会社組織にふさわしくない。厳しいビジネスの世界においては、たとえ現実がつらくても、現実から逃げ隠れすることは生き残りではなく失敗を意味する。

治療法

1　**探す**

他社の失敗に対する反応を分析する。

偏見、根拠のない選り好み、改革に抵抗する部署はないか、自社の製品と工程と社員をよく観察する。

管理職の言うことを注意深く聞き、正しい情報が得られるか、確認する。

2　**認める**

現実否認の兆候を見つけたら、病気にかかっていることを認めなくてはならない。

3　**評価する**

どれだけ深く現実否認にはまっているか測定する。

4　**変える**

現実否認へのはまり方が深ければ深いほど、変革は難しい――だが不可能ではない。本書で示した成功事例を参考にする。

診断書 1　現実否認症

発症のきっかけ

□　新しいテクノロジーの否認

□　消費者嗜好の変化の否認

□　新たなグローバル環境の否認

主な症状

□　**「我々は違う」症候群**

「我々は違う。だからそんなことが我々に起こるはずがない」

□　**「自前主義」症候群**

誰か他の人がもっといい方法を思いついたと認めるのは、プライドが許さない。

□　**「正当化」症候群**

自分の状況を無視する、正当化する、または他人のせいにする。

3 傲慢症——おごれる者は久しからず

「傲慢」は、標準的にこう定義される。人を見下す不快なさま、尊大、おごり、横柄、無礼、侮蔑。思い上がった自意識と深く関係し、自分自身の声に聞きほれて、他人の言うことが耳に入らない。傲慢とは、事実と一致しない誇張された自己イメージである。

古代ギリシャの戯曲において、傲慢——あるいは思い上がり——は偉大な英雄を転落させる「悲劇的欠点」だが、現代社会においても、同じ欠点が強大な企業をつまずかせている。ここでは、傲慢を生みだすさまざまなシナリオを検討しよう。

1 異例の業績が、現実に対する認識をゆがめる

過去の異例の業績によって自滅的習慣が形成されることがある。傲慢もその一つだ。とくに傲慢の前兆となる状況として、企業が予想外の成果や驚異的な業績によって業界トップの地位に躍り出て、その後、次から次へと襲ってくる競争、規制、世論の攻撃から身を守ることに成功した場合が挙げられる。

そうした会社はごく自然に、「自分たちは外部の力に影響されない」と考えるようになる。その考えを、メディアや利害関係者（取引業者、販売業者など）も支持する。そして評判に尾ひれがつく。これが「優良から偉大へ」[★1]の本当の意味合いではないだろうか。会社が変わったのではなく、大げさな言葉で騒ぎ立てるのが大好きなメディアによって、実力が誇張されるのだ。傲慢になりやすい企業は、次第に自分たちに都合のよい報道記事を信じるようになる。そしておなじみの展開だ――成功が自らの終焉を招く。とくにわかりやすい例として、再びあの会社を見てみよう。

ゼネラル・モーターズ――

社長と会長を歴任し、通算三三年にわたってＧＭを経営したアルフレッド・Ｐ・スローンの時代に、ＧＭはアメリカ実業界の頂点まで上り詰めた――そして傲慢の極みの文化をつくり

★1　Good to Great:『ビジョナリー・カンパニー２』の原題。

上げた。それも当然だろう。競争に圧勝し、従業員を掌握し、議員に働きかけ、消費者の心をつかみ、一九三〇年代初めまでに、世界をリードする自動車メーカーとしての地位を確立していた。二〇年前にはわずか一二%だったアメリカ市場のシェアは、一九四一年までに四〇%を超え、まだ伸びつづけていた。

スローンの最大の——そして最も無情な——勝利はフォードに対するものではない。外国メーカーの進出を食い止めたことでもない。GMの覇権のために、もっと広くアメリカの車文化のために、地ならしとしてまず国内の路面電車産業を完膚なきまでに叩きのめしたことである。一九二〇年代初め、自動車を持っているのは人口のたった一割だった。本当の競争相手がどこにいるのか、スローンにははっきりわかっていた。路面電車会社を買収して解体する一方で、アメリカの消費者に自動車こそが本当に求めている移動手段だと納得させる、大がかりなキャンペーンも展開した。まさに傲慢の温床となる活動である。

社内の下級労働者に対するGMの態度が明るみに出たのは、一九三七年、組み立てラインの従業員が過激な座り込みストライキを決行し、フリントでの生産が止まったときのことだ。スローンは州知事に警官隊を出動させるよう求めたが、知事は従業員との交渉を要求した。結局一九四〇年、恒久的な協約によって、GMの労働者はUAW（全米自動車労働組合）に加入することができるようになったが、GMと従業員の関係はとげとげしいままだった。

一九七〇～八〇年までUAWのGM支部を運営していたアービング・ブルーストーンによると、GMの経営スタイルは当時の大企業にありがちな、経営陣が決定を下し、労働者はその決定に従うという図式だったという。「傲慢はいつものことだった」とブルーストーンは言う。

「そして非常に不快だった」

ＧＭの傲慢による究極の――そして致命的な――失策は、一九七〇～八〇年代の「日本車の進出」への対応だった。消費者の嗜好が変化しはじめており、アメリカの家庭が通勤用にセカンドカーを欲しがっていたのだから、ＧＭはまともに競争できる小型車を生産することもできたはずだ。しかしそうはせずに、自社のディーラー（ポンティアック、ビュイック、オールズ）にホンダやトヨタや日産を扱わせるという致命的な戦略ミスを犯す。

これまで、ヨーロッパの自動車メーカーはニッチ企業だった。フォルクスワーゲンでさえも市場の二・五％以上を占めることはなかった。なぜか。販売網を構築するのに膨大な費用がかかるからだ。しかしＧＭは日本車の脅威を甘く見ていたので、競争力の源泉だったこの強大な資産を、基本的にただで与えてしまったのである。「かまうものか」とＧＭは考えた。「アメリカ人は、こんな四角張ったちっぽけなトヨタ・カローラやダットサン２１０など欲しがらない」。実際には、後にＧＭを恐怖に陥れることになるモンスターの成長に自ら手を貸したのである。

トヨタの台頭は、低品質・低価格のライバル（**図1**）が仕かける競争が最も危険であることを示す、数多くの実例の一つにすぎない。このような企業は、最初は低価格をセールスポイントとして消費者の購買意欲をかき立て、市場に居場所を確保する。上流に位置する企業は、「すぐに市場から追い出される

図1　ローエンドからハイエンド市場への移行

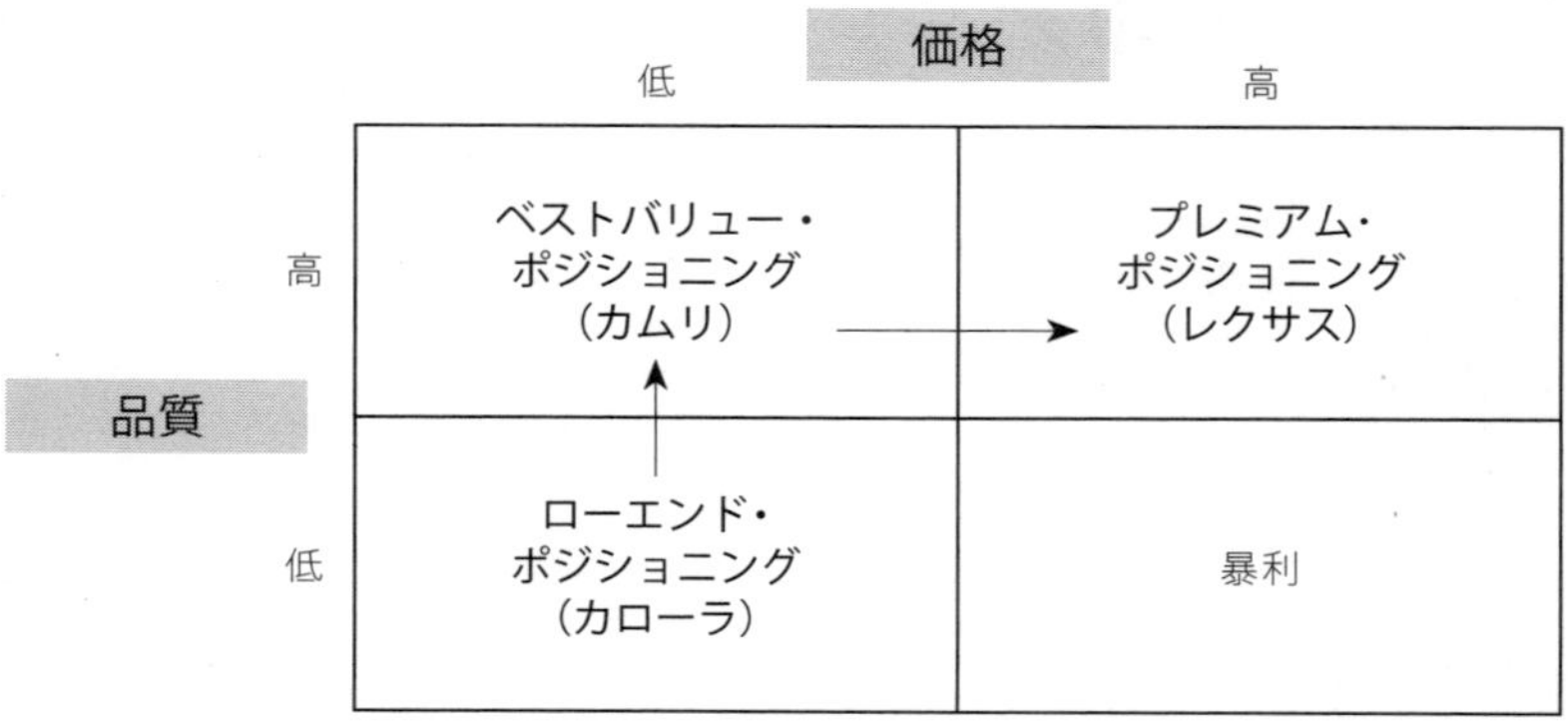

くずの行商人だ」とけなすか、まったく相手にしない。しかし、そのような「劣等」の競争相手が相対的なコスト優位性を維持しながら品質を改善していけば、顧客にとって非常に魅力的な価値を提案するようになる。いったん「お値打ち品」市場に押し入れば、革新的な製品や高級感がある製品を開発することで、市場の頂点に上り詰めることもできる。

たとえば、以前は車よりバイクで知られていたホンダは、アメリカの標準から考えると、ちっぽけで奇抜な設計のシビックでアメリカ市場に参入した。「目的地まで運んでくれる」という期待値の低いスローガンも、大半のアメリカ人消費者には不審に感じられた。だがシビックはすぐに改良されて、ローエンド市場で確かな地位を獲得する。そしてシビックの成功を土台に市場投入されたアコードが、乗用車の価値基準として広く市場に認められるようになる。そこから今度はアキュラというブランドで高級車市場に参入した。同様に、トヨタはカローラで始め、カムリでランクを上げ、そしてレクサスでアメリカの高級車市場に挑戦して成功を収める。

この話は自動車産業だけでなく、繊維、大理石・花崗岩、鉄鋼、半導体、家庭用電化製品など、さまざまな産業で何度も繰り返されている。直近の例としてはサムスンやヒュンダイなどの韓国企業があるが、中国、インド、ブラジル、東欧、ロシアなどの新興国からもぞくぞくと、多国籍企業の誕生のうわさが聞こえはじめている。

ボーイング

ボーイングもまた、巨大で強力すぎる企業になったことが傲慢の文化を生み出した事例である。

一九一六年にウィリアム・ボーイングが設立したボーイング・エアプレーン・カンパニーは、第一次世界大戦時にアメリカ海軍の訓練機を製造する契約を獲得することで、文字どおり順調に離陸した。戦後、ボーイングは空冷エンジンを開発したフレデリック・レンチュラーと提携し、航空機の製造と輸送を行うユナイテッド・エアクラフト・アンド・トランスポートを設立する。この会社は一九三四年、政府による新たな独占禁止法によって分割され、航空機の製造事業をボーイング・エアプレーンが受け継ぐことになる。

しかし、政府が第二次世界大戦中にボーイングと結んだ契約は、ボーイングにとって信じがたいほど有利なもので、独占禁止法による損失を補って余りあるものだった。この契約のおかげで、「空飛ぶ要塞」と呼ばれたB‐17やB‐29爆撃機など、伝説的な航空機の開発が可能になった。戦争特需で、月に三六二機を製造していた時期もある。

ボーイングはこの思いがけない幸運を活かし、民間航空機業界のナンバー・ワンとして支配的地位を確立する。307ストラトライナーは、初めて与圧式のキャビンを備えた旅客機だった。一九五八年、ボーイングは実用化に成功した初のジェット旅客機、707の導入によって業界に革命をもたらす。その後の一〇年間に727と737が続き、業界の世界的リーダーの地位を確固たるものにしていく。実のところ、競合はいないに等しかった。一九九七年にマクダネル・ダグラスを一六〇億ドルで買収すると、軍用機メーカーとしてもナンバー・ワンとなり、文字どおり、世界最大の航空宇宙会社となった。

念のために言っておくが、連邦取引委員会は、マクダネルが民間ジェット機の受注ではもはや競争相手になっていないことを指摘し、その買収をすんなり承認した。だが欧州委員会がこの買収に反対したため、ボーイングが何らかの譲歩をしなければ貿易戦争に発展するおそれがあった。最も重大な譲歩は、ボーイングがデルタ、アメリカン、コンチネンタルの三大航空会社と結んだばかりだった二〇年の独占供給契約を打ち切ったことだ。こうして門戸は開かれたのだが、この話は後でまたしよう。

マクダネル・ダグラスやロックウェル（一九九六年に買収）を吸収しようとしていた頃、何でもやりたいようにやることに慣れていたこの巨大企業が、少しずつ揺らぎはじめる。一九九九年、ボーイングは労働省との合意の中で、女性およびマイノリティの重役の給与が不当に低かったことを認め、未払いの給料と昇給分で四五〇〇万ドルを支払って和解した。その一年前には、アフリカ系アメリカ人の現社員および元社員が関与する二件の集団訴訟について、一五〇〇万ドルで和解することに合意していた。

本拠地の新聞シアトル・タイムズは、ボーイングは「大勢の従業員が威圧的と感じる」文化を変革するのに苦労しているのではないかと書いている。同時期に、ボーイングで二番目に大きい組合の役員でもあったエンジニアが、ボーイングの栄光は陰りを見せはじめていると同誌に語った。「従業員の離職率はかつてないほど高く、とくにベテランの貴重な社員が離職している。意欲調査の結果も急速に悪化。レイオフと異動が不安感を蔓延させている」[1]

[1] Stanley Holmes, "Labor Agreement Shows Change Is Hard at Boeing," *Seattle Times*, Nov 26, 1999, p. E1.

ボーイングは合併後、旅客機の製造仕掛品に関係するコストで三〇億ドルの損失を出し、財政的にも揺らいだ。マクダネル・ダグラスのCEOだったハリー・ストーンサイファーが、合併後のボーイングの副会長に任命される。そして、混乱を収拾して会社の照準を「利益を上げること」に定め直し、彼の不屈のリーダーシップは評価された。彼は任務を全うしたように思われ、二〇〇二年、会長のフィル・コンディットに後を任せて身を引いた。

しかし、その体制は長続きしない。翌年、ボーイングがペンタゴンの職員を退職前に雇おうとした疑惑が浮上する。さらに、その職員が空軍の空中給油機一〇〇機という大口契約について、内部情報をボーイングに流した疑いも生じた。最高財務責任者のマイケル・シアーズが解雇され、コンディットも辞職する。その後、取締役として残っていたストーンサイファーが新しいCEOに指名されたが、二〇〇五年三月、皮肉な結末で幕を閉じる。内部調査によって、ストーンサイファーが役員の一人と不倫関係にあったことが明らかになり、彼は辞職を余儀なくされたのだ。

では、一九九六年に話を戻し、さらにそれ以前にもさかのぼって、ボーイングと欧州委員会の争いの種を検討してみよう。それには、エアバス・インダストリー社の歴史から始める必要がある。というのも、このヨーロッパのライバルとの競争にこそ、ボーイングの傲慢の弊害がとくに顕著に現れたのだ。アメリカの巨大自動車メーカーが日本車の進出に直面したときと同じように、ボーイングにしてみれば、航空機製造業における絶対的優位に挑んでくる企業があるとは信じられなかった。

フランス、ドイツ、スペイン、イギリスの複合企業体であるエアバスは、ボーイングの覇権を打ち破るという明確な意図をもって、一九七〇年に設立された。四カ国すべての政府から多大な援助を得て、エアバスは急速に競争力をつけていく。九二年、ボーイングはようやく眠たげな目を開けて、エアバスに対する湯水のような助成金に制限を設けるよう、欧州連合に申し立てを行った。ヨーロッパは助成金を制限することに合意したが、エアバスに対する新型航空機開発のための多額の政府貸付を条件とした。

一九九六年のボーイングとマクダネル・ダグラスの合併に抗議したときのエアバスの戦略を見てみよう。エアバスは、この取引でボーイングが不公正な独占状態になると主張したが、世界市場におけるエアバスのシェアはすでに三五％あり、マクダネル・ダグラスの五％のシェアを足してもボーイングが著しく巨大な企業とはなりえない。そこでエアバスは他の譲歩を要求した。九二年の協定取り消しを求め、さらに執拗に、デルタ、アメリカン、コンチネンタルの三社とボーイングとの二〇年契約の撤廃を求めた。その一方で、エアバスは財政難に苦しむアメリカの航空会社に有利な条件を出して、アメリカ市場に食い込む努力を始める。ユナイテッド、アメリカウエスト、ノースウェストがエアバスの飛行機を購入する契約を結んだ。

ヨーロッパでは、政府支援のおかげでエアバスのシェアは確実に拡大していた。そして一九九九年、エアバスは大きな契約を獲得した――ジェットブルーとの契約を勝ち取ったのだ。格安航空会社との初契約である。その後、イギリスのイージージェットがボーイングからエアバスに乗り換え、一二〇機の旅客機を発注した。広大なアジア市場も姿を現しはじめていた。そして二〇〇三年、考えられないことが起こる。ボーイングがその年の生産量を二八〇機に減らすことを発表した一方で、エアバスは三〇〇機の生産見通しを変えず、正真正銘の

「世界最大の航空機メーカー」を名乗る資格を得たのだ。二〇〇四年、エアバスが報告した旅客機の正味受注数は三六六機だったのに対し、ボーイングの受注は二七二機にとどまった。いったい何が起こったのか。

二〇〇三年が終わろうとする頃にフォーチュン誌が伝えたとおり、エアバスが勢いよくトップまで駆け上がったのは、一つには、古いビジネスのやり方にとらわれず、機敏に動ける若さがあったからだ。ボーイングの時代遅れの生産体制は、第二次世界大戦時を思い起こさせる。さらに大きな問題は、ボーイングがエアバスのイノベーション――広い機体、二機種以上で使えるように設計されたコックピット、機械制御ではなく電子制御の操縦装置など――をまねするには、「法外なコストをかけて自社製品を設計し直す」必要があったことである。ボーイングは長期にわたる圧倒的な市場支配に安心しきって、操縦席で眠り込んでいたのだ。

ボーイングの地位が揺らぎはじめていた時期に、マクダネル・ダグラスから来たハリー・ストーンサイファーでさえ、この会社の「傲慢で偏狭な」文化を非難していた。皮肉なことに、エアバスの勝利も、こののろまな怪獣にショックを与えることはできなかったとフォーチュン誌は指摘している。ボーイングは長い間、エアバスを恐れるべき競争相手としてではなく、政府の補助金なしには存在できない成り上がりとして扱ってきた。確かに、エアバスは政府の援助なしには軌道に乗らなかっただろうが、ボーイングも常にワシントンから多くの特典を与えられていたとフォーチュン誌は伝えている。「しかしもっと重大な事実は、エアバスのほうがボーイングより、航空会社が買いたいと思う飛行機を数多くつくっていることだ」[2]

現実否認と同じように傲慢もまた、そのような基本的事実を企業の目に触れぬよう覆い隠し

[2] Alex Taylor III, "Lord of the Air," *Fortune*, Nov 10, 2003, p. 144.

てしまう。エアバスは二〇〇五年も静かに前進を続けた。親会社が記録的な利益を上げ、エアバスは再び受注総数でボーイングを上回り、ペンタゴンによる給油機の大口発注をめぐる競争にも名乗りを上げた。

だがボーイングも目を覚ましつつあるのかもしれない。二〇〇六年上半期、新しい７８７ドリームライナーの受注数はエアバスの新しいＡ３５０を上回り、長距離市場では、燃費で勝るボーイングの双発の７７７のほうがエアバスの四発のＡ３４０より売れている。さらに、特別設計の７８７をつくってほしいというエミレーツ航空（この会社との取引をめぐってエアバスと熾烈な競争を展開している）の要求にボーイングが進んで応じたことは、この会社にも謙虚さが芽生えていることの明らかな兆しかもしれない。

2 ダビデがゴリアテを倒す

傲慢を生む可能性がある二番目のシナリオは、転校生がいじめっ子をやっつける――つまり、業界の新参者が強大な王者をトップの座からひきずり降ろす場合である。ハイテク業界には、このような「ダビデとゴリアテ」の話がごろごろしているが、うってつけの事例はもちろん、誰もが知るあの企業である。

マイクロソフト――

アメリカの国内外を問わず果てしなく続いている独占禁止訴訟への対応に、マイクロソフトの独占企業としての傲慢が表れている。この会社は今やハイテク界のゴリアテだが、マイクロソフトがちっぽけなダビデだったときのことを思い出してみよう。

大学の落ちこぼれだったビル・ゲイツとポール・アレンが、若かりし日々のことを語り合うのを聞くのは面白い。一九六八年、「母親の会」が高校にコンピュータを導入するためのお金を集めたときに、二人の友情が始まったこと。その後二人は町にあった民間のコンピュータセンターに出かけるようになり、そこではシステムのバグを見つけて報告すれば、ただでコンピュータを使えたこと。交通量調査の分析を行うコンピュータを初めて設計し、最初の会社をトラフォデータと名づけたこと。トラフォデータで使っていたBASIC言語を少しいじって、MITS社[★1]のミニコンピュータ、アルテアにライセンス供与したこと。その最初の製品の著作者表示は「マイクロ-ソフトBASIC――ビル・ゲイツがたくさん書いた、ポール・アレンが書いたものもある」だったこと。

彼らはダビデ、IBMはゴリアテだった。しかしゴリアテは、若い成り上がり者を叩きのめす代わりに電話をかけてきた。一九八〇年、IBMは内密のパソコンプロジェクトのためにプログラミング言語を探していたのだ。ゲイツとアレンは売る気でいたのだが、交渉が進むうちに、IBMはオペレーティング・システム(OS)の取得にも興味を示した。マイクロソフトはまだOSを開発していなかったが、たまたま同時期に、アレンがQ-DOS[★2]と呼ばれる

★1 Micro Instrumentation and Telemetry Systems

★2 Quick and Dirty Operating System＝間に合わせのOS

システムを、シアトル・コンピュータ・プロダクツという地元の小さな会社から買う交渉をしている最中だった。アレンは商談を五万ドルでまとめ、ゲイツとともにそれをMS-DOSと名づけて、IBMにライセンス供与した。

そのときすでに、ダビデは、ぱちんこのゴムひもに石をはさんで飛ばす用意を整えていた。IBMが支払う金額はそれほど高くなかったと、ゲイツは記憶している。「だが我々は、IBM-PCの互換機が出てくることを知っていた。だからその最初の契約を、互換機へのライセンス供与ができるものにしたんだ。それが交渉の肝だった」。しかし、IBMも抜け目なく、ライバルOSのCP/Mを搭載したPCを用意していた。CP/Mには、他のブランドのパソコンで使われているという強みがあったのだ。ここでゲイツとアレンの闘争心に火がつく。MS-DOSを選ばれるOSにするために、二人は精力的に売り込み、アプリケーションをまずDOS用に作成するよう、各ソフトウェア会社を説得した。一年もたたないうちに、DOSが市場を支配する——後に周期的となるPC互換機普及の最初の波が、市場に押し寄せるとともに[3]。

それから間もなく、マイクロソフトはその独占力を振るいはじめる。私は好んでよく言うのだが、ビル・ゲイツは、同じように無情な起業家だったトム・ワトソン・シニアの再来である(ここで言っておくべきことがある。私は本書を通して、自滅的習慣がどのように組織や組織の文化を苦しめるかを示したいのであって、創業者やリーダーなど個々人のことを話したいわけではない。だがマイクロソフトのように比較的若い会社の場合、まだ創始者が経営陣にとどまっているため、企業文化と個人を切り離すのは不可能である)。

[3] Brent Schlender and Henry Goldblatt, "Bill Gates & Paul Allen Talk," *Fortune*, Oct 2, 1995, pp. 68-77.

一九八八年、アップルがマイクロソフトを法廷に引っぱり出し、当時としては史上最も複雑な、ソフトウェアの著作権に絡む訴訟を起こした。それはマイクロソフトにとって、法律的なごたごたの始まりにすぎなかった。アップルが主張するように、マイクロソフトのウィンドウズ2・0は、アップルのマッキントッシュのOSの「ルック・アンド・フィール（見た目と操作感）」を盗んだのだろうか。「ルック・アンド・フィール」全体が著作権で保護されるのだろうか。四年にわたる審理の末、法廷はどちらの問いにも「ノー」という答えを出した。この判決は一九九五年の控訴審でも支持され、アップルによる最高裁への上訴は認められなかった。

マイクロソフトは罪を犯したのに罰せられなかったのだろうか。私は法廷で出た判決に反論すべき立場にはない。興味深いことに、一度は世界一のパソコンメーカーだったアップルが市場の片隅に追いやられ、今ではデスクトップパブリッシャーやグラフィックデザイナーなど、献身的な信奉者にマシンを売っている（この話には続きがある。アップルの音楽プレーヤー、iPodの成功は、マイクロソフトにソニーとの提携を検討させた）。

インターネットの出現とともに、マイクロソフトの策略はさらに厚かましくなっていく。当初、ゲイツはインターネットの計り知れない潜在能力を見抜くことができなかった。コンピュサーブやマイクロソフトのMSNのような、会員に閉じたネットワークへのダイヤルアップサービスが主流になると考えていたのだ。

ジャーナリストのジョー・ブリーンの言うように「彼は間違っていた。そして一九九四年、ネットスケープというシリコンバレーの新興企業が、ブラウザソフトのナビゲーターを彼の鼻面に押しつけた」。それに対してマイクロソフトは、エクスプローラというブラウザソフトを開発。決して並外れた製品ではなかったが、価格戦略が適切だった。ウィンドウズに無料でバンドルされるので、新しいパソコンすべてのデスクトップに表示される。ソフトウェアの代金を請求するネットスケープが太刀打ちできないのは明白だった。

司法省はその手法の正当性を疑い、「マイクロソフトは自社製品の一つであるOSの市場における独占的地位を利用して、インターネットブラウザという別の市場に力づくで割り込んでいる」と主張した。これに対してマイクロソフトは、単に消費者に付加価値を提供しているだけだと反論した。これをジョー・ブリーンは「すべての独占禁止訴訟の母」と呼んでいる。

その訴訟がどうなったか、どういう経緯でジャクソン判事がマイクロソフトに分割命令を出したか、その命令がどのように控訴審で覆されたかは、周知のとおりである。命令は覆ったが、マイクロソフトに味方はいなかった。ニューヨーク・タイムズ紙のポール・クラッグマンは、和解が成立してもゲイツとバルマーは依然としていつもの手口をもくろんでいて、そもそもトラブルを引き起こす原因だった傲慢さは相変わらずだとコメントしている。

タイムズ紙のコラムニストで、ピューリッツァー賞を受賞している（そしてグローバリズムの提唱者でもある）トーマス・フリードマンは、さらに手厳しい評価を下している。ジャクソンの判決は、ハイテク産業全般に見られる傲慢と政府軽視を非難するものだとしたうえで、「この態度が誰よりもあからさまなのがビル・ゲイツだ」と書いている。

フリードマンに言わせれば、マイクロソフトの訴訟に司法省が関与しているにもかかわらず、司法省反トラスト局の予算を削減するよう連邦議会を説得しようとして、「ワシントンのロビイスト軍団」を雇ったことだけでも、政府がこの会社を解体する理由としては十分すぎる。

「その戦略の裏にある傲慢さを考えてみてほしい」。たとえば、町一番の大企業が警察の強制捜査を受けている最中に、その影響力を行使して警察の予算を削減しようと企てたらどう思うか、と彼は読者に問いかけている[4]。

二〇〇〇年七月の裁判を振り返ってジャクソン判事は、その裁判についての本を書いていたケン・オーレッタに、今ならゲイツに新たな改善方法を提案できると語った。マイクロソフトのリーダーに、最近出たナポレオンの伝記の書評を書くように要求するというのだ。なぜか。「彼は自分や自分の会社について、ナポレオンのような考え方をしていると思うからだ。変化を促す苦い経験も挫折も知らず、権力と完全な成功を手にして傲慢になっている」[5]

そしてまた新たな戦いが迫っている。二〇〇四年一月、スイスのダボスで行われた世界経済フォーラムで、ゲイツは驚くべき告白をした。「グーグルが我々の尻に鞭をいれた」。ここまでマイクロソフトが本気になったのはネットスケープ以来初めてだった。今マイクロソフトは、ウィンドウズXPに代わる待望の新製品、ビスタ（元のプロジェクトコードネームはロングホーン）を大々的に宣伝している。新しいプログラムや特長を満載していて、インターネット上の情報も、ユーザーのパソコン内の電子メールやファイルにある情報も、見つけ出して整理できる統合検索技術を搭載している。マイクロソフトはその検索技術を業界標準にできるだろうか。グーグルはネットスケープと同じ運命をたどるのか。マイクロソフトとの戦いを予測して、グーグルは独自の電子メールサービス「Gメール」を始めた。五〇万ページ相当の電子メールを無料で保存できるサービスだ。グーグルはすでに巨大企業である。これはゴリアテ対ゴリアテの戦いと言えるだろう。

[4] Thomas L. Friedman, "Judge's Ruling Indicts Microsoft 'Attitude,'" *Seattle Post-Intelligencer*, Jun 11, 2000, p. G2.

[5] Cited in Joe Breen, "Opening Wide the Surly Gates," *Irish Times*, Feb 17, 2001, p. 73.

エンロンとワールドコム

ダビデとゴリアテの話は世の中にいくらでもある。殺気立ったゴリアテがダビデの頭にいきなり襲いかかり、悲惨な結果に終わる場合もある。エンロンがいい例だ。

この会社は、無名のガス・パイプライン会社から世界最大級のエネルギー取引企業に成長して、二万一〇〇〇人の従業員を擁し、全世界の電気・水道・通信に対して影響力を持つ、全米第七位の大企業となった。

何千という報道記事、少なくとも五冊以上の本、そして最近のドキュメンタリー映画で、エンロンの劇的な台頭と破綻の経緯とともに、その経営トップの強欲と傲慢が詳細に暴露された。カート・アイヒェンワルトの*Conspiracy of Fools*（『愚か者たちの陰謀』）のような本を読むと、一九九〇年代、エンロンの利益の急上昇について記者やアナリストがあれこれ質問すると、「ニューエコノミーだよ、ばかだな」★1という例の言葉が返されたことを思い出す。証券アナリストや会計監査員が食い下がると、ケン・レイをはじめとするエンロンの経営陣は、彼らの上司に苦情を言って追い払ったのである。その一方でレイは、年間四〇〇〇万ドルの給料をもらっておきながら、エンロンの経営と財務についての疑惑が持ち上がると、何も知らないふりをしていた。傘下の特別目的事業体を巻き込んで、会社の資産と収益を人為的に水増しした責任を問われた最高財務責任者のアンドリュー・ファストウも、三〇〇〇万ドルを着服していた[6]。

彼らがしでかしたことだけでなく、その横暴でおごったやり方をも生々しく再現している

[6] Larry Williams, "Thrilling Chronicle of Cons, Fools, and a Business World Gone Mad," *The Sun* (Baltimore), Mar 20, 2005, p. 11F.

★1 クリントン陣営が選挙中によく使った「問題は経済だよ、ばかだな」をもじった表現。

のが、アレックス・ギブニー監督のドキュメンタリー映画『エンロン――巨大企業はいかにして崩壊したのか』である。ニューヨーク・タイムズ紙は「緻密で引き込まれる、傲慢と強欲の物語」と評している。ギブニーは社内会議を記録した内部資料ビデオを入手することに成功し、「エンロンの急成長期に肩をそびやかして歩き、威張り散らしている」ジェフリー・スキリングとケン・レイを映し出している。エンロンのトレーダーが、カリフォルニア電力危機を食いものにして二〇億ドル儲けたと喜んでいる、電話の会話も聞くことができる。さらに、山火事で送電線がだめになるおそれがあり、そのためにさらに電力価格が急騰する可能性があるというニュースに、歓喜している声も流れる。おそらく最も軽蔑すべきは、あきれたことにレイが9・11のことを引き合いに出していることだろう。二〇〇一年の秋、アメリカと同じようにエンロンも攻撃を受けていると従業員に告げたのだ[7]。

エンロンの役員について言えば、ファストウは二〇〇四年一月に罪を認めて、資産二三八〇万ドルを没収され、一〇年の懲役刑に服している。スキリングとレイは、インサイダー取引、詐欺、エンロンの決算書の操作など、三〇件以上におよぶ罪状について無罪を主張した。二人の裁判は二〇〇六年一月に始まり、主役の被告人は四月に証言台に立った。スキリングは、二八件の証券詐欺と電子通信手段による詐欺のうち一九件で有罪判決。レイは六件を有罪とされたが、刑に処される前の二〇〇六年七月五日、心臓発作でこの世を去る。

次に、ワールドコムの物語を紹介しよう。そして「通信業界のカウボーイ」と呼ばれたバーナード・エバーズの話だ。これ以上面白いダビデとゴリアテの話はないだろう。かつては牛乳

[7] A. O. Scott, "Those You Love to Hate," *New York Times*, Apr 22, 2005, p. E1.

配達とバスケットボールのコーチをしていて、遊びで牛と格闘したといううわさがあるこの男は、ミシシッピ州の小さなモーテル・チェーンの経営から起業家人生のスタートを切った。

一九八三年、彼はロング・ディスタンス・ディスカウント・サービスという無名の長距離電話会社に投資する。二年後にCEOになると、次から次へと六〇以上の買収を行い、この会社を大きくした。無謀で押しの強いエバーズは、ワールドコム（一九九五年に社名を変更）を世界最大の通信会社にする計画を立て、九八年にMCIコミュニケーションズを四〇〇億ドルで買収し、目標達成寸前まで来る。しかし翌年、業界のゴリアテであるスプリントに対する一一五〇億ドルの入札が、独占禁止法に違反するとして承認されなかった。そしてギリシャ悲劇と同じように、運命の女神の紡ぎ車が回る。

二〇〇〇年、ハイテクブームが終わりを告げると、エバーズはワールドコムの株を担保として借りていた個人的なローンすべてについて、マージンコール（保証金の追加請求）を要求されるようになる。だがそれは終焉の始まりにすぎなかった。エバーズが突然退任して二カ月後の二〇〇二年六月、ワールドコムは利益を三五億ドル過大報告していたことを発表する。会社の会計に対する強制捜査が始まると、その数字が一一〇億ドルに膨れ上がり、アメリカ史上最大の企業不正となった。二〇〇五年三月、六週間の裁判の結果、エバーズは九件の罪状——証券詐欺、共謀、証券取引委員会に対する虚偽の申告七件——で有罪判決を下された。そして八五年の懲役刑に服している。

3 誰もまねできない製品やサービスを開拓する

ゼロックスのゼログラフィーの特許や、コカコーラの「秘密の製法」が、このシナリオのわかりやすい事例として頭に浮かぶ。そして、どちらの会社でも傲慢が問題になっていることは確かだ。しかし、ここでは日本の巨大電機メーカーに注目しよう。

ソニー

ソニーの物語はトランジスタ・ラジオから始まる。創業者の盛田昭夫は、世界中の電力インフラが発達していない地域でもラジオ放送を聴けるようにしたいと考えた。彼はウェスタン・エレクトリックに二万五〇〇〇ドルを払ってトランジスタ技術のライセンスを取得し、一九五五年、画期的で、なおかつ手ごろな価格の製品を生み出した。これを皮切りに、ソニーは数々の勝利を手にしていく。そして日本のハイテク電子機器メーカーの代表となり、九〇年代後半のハリス社による世論調査では、世界で最も名の知られたブランドとされた。

一九六五年の世界初の家庭用ビデオレコーダー、六八年のトリニトロン・カラーテレビ、七九年のウォークマン、八二年のオーディオCD——ソニーは決してまねできない製品をつくっていたわけではない。常にテクノロジーの波にうまく乗り、市場への一番乗りを続けていたのだ。

一九八〇年代に競争が激しくなると、ソニーはコンテンツ業界へ進出して事業の多角化を進め、八八年にＣＢＳレコードを二〇億ドルで、八九年にコロンビア・ピクチャーズ（トライスターを含めて）を四九億ドルで買収した。手を広げすぎたのだろうか。これもまた、今や大国となった日本が、盛りを過ぎたアメリカを痛い目に合わせた事例なのだろうか。ソニーは傲慢になったのか。

　興味深いことに、ソニーがハリウッドに進出しようとしていたのと同時期に、『「Ｎｏ」と言える日本』というタイトルの本が東京の書店で売れ行きを伸ばしていた。盛田が石原慎太郎と一章ごと交互に書いている本で、日本はもはやアメリカの従順な継子《ままこ》のように振舞う必要はない、というのがおおまかな主張である。それどころか、日本のほうが優位に立っているという。「アメリカ人は物をつくらなくなった」と盛田は書いている。「新しい技術を適用して、いかに大量生産するか、それをどう市場に売りこんでいくかがわかっていない」。たとえば、もし日本がアメリカではなくソ連に半導体チップを売ったら、「軍事力の均衡が、がらりと様相を変えてしまう」と石原が補足している[8]。現に、この本がきっかけで当時のクライスラー会長、リー・アイアコッカと著者の間に確執が生じた。自身も決して謙遜の手本とは言えないアイアコッカが、この本を「アメリカ・バッシング」だと非難し、「傲慢が、すでに開いた傷口に塩を塗っている」と二人の著者を評した[9]。

　一九九三年、盛田は早朝のテニスの試合中に脳卒中に襲われる。彼が倒れたことで、会社もよろめいたようだった。営業利益は九〇年代に入ってから横ばいだったが、九四年には赤字が出るようになる。ソニー・ピクチャーズ・エンタテインメントは、のれん償却二五億ドルに

[8] Raymond R. Coffey, "Some Disturbing Concepts Taking Hold in Japan," *Chicago Sun-Times*, Aug 6, 1989, p. 46.

[9] "More Exhaust: Iacocca Rips Japanese Writer," *Chicago Tribune*, Nov 25, 1990, p. 6.

加えて、不採算プロジェクトの損失補填五億ドルを損金に計上した――大変な財政窮迫である。一九九四年度、ソニーは初めて（二八億ドルの）赤字を計上した。

ソニー・ピクチャーズには当初から経営上の問題があった。アメリカを拠点とする事業は、ソニー勤続二〇年のベテランだがエンタテインメント業界の経験がまったくない、物理学者のマイケル・シュルホフに任された。彼が選ばれたのは、どうやら盛田の弟分だったからのようだ。シュルホフは、スタジオ運営のために二人のプロデューサーを雇ったが、その二人が選ばれたのは巨額の金の使い方を知っていたからかもしれない。『めぐり逢えたら』のようなまに出るヒット作は、『ラスト・アクション・ヒーロー』などの駄作による失敗を埋め合わせるには足りなかった。ソニー・ピクチャーズは崩壊した家族だとうわさされるようになる。だが経営の問題は、おそらくこの会社の問題ある態度によって悪化したのだろう。ある大手ケーブルテレビの重役がウォール・ストリート・ジャーナル紙に話したように、ソニーは「少々経験不足で参入してきた」。早く成長してビッグ・プレーヤーになろうと「アクセルを踏んだが、エンジンがオーバーフローしてしまった」[10]。

一方、一九九五年には出井伸之がソニーのトップの座に就いた（数人以上いた上席役員を飛び越えて、大賀典雄会長に抜擢されたのだ）。盛田の在職中からくすぶっていた「組織文化」という大きな問題への対処も、彼の任務だった。「創業時から一匹狼だったうえに華々しく成功したことで、ソニーは傲慢だという評判が広まっていた」とビジネス・ウィーク誌は伝えている。「傲慢による弊害は気づきにくい」。ライバルのVHS方式が市場で勝利を収めた後も長い間、ソニーが自社のベータ方式を支持していたことを、記事は指摘している。もっと近いところでは、

[10] Laura Landro, et al., "Last Action: Sony Finally Admits Billion-Dollar Mistake," *Wall Street Journal*, Nov 18, 1994, p. A1.

ソニーとフィリップスのデジタル・ビデオディスクも、フォーマット戦争に敗れている――「その理由は、ハリウッドの映画業界に取り入らなかったからだ。ソニーは、他の映画スタジオが歩調を合わせてくれると思い込んでいた」。ところがハリウッドは、東芝とタイム・ワーナーのシステムを選んだ[11]。

出井は組織文化を改革するのに適任と思われた。まず九カ月後に、相変わらず大賀会長のお気に入りだったシュルホフを解任する。次に、三八人いた取締役を、三人の社外取締役を含めて一〇人に大幅削減した。さらに重要だったのは、「コンバージェンス」、つまりハードウェアとソフトウェア、AV機器とコンテンツ、デジタル技術とエンタテインメントを融合させて、衛星通信によって全家庭にインタラクティブなエンタテインメントを提供する世界をつくり上げるという考えを、熱心に信奉したことである。ソニーの組織文化について、出井はタイム誌にこう語っている。「一九七〇～八〇年代にかけて、ソニーは創業者が引っ張る会社だった。今私たちに必要なのは、優れたオペレーティング・システムと、優れたアプリケーション・システムと、優れた経営チームだ」[12]

一九九九年までに、主にビデオゲーム機のプレイステーションが驚異的な成功を収めたおかげで、ソニーは再び好調の波に乗り、出井はこの会社を立ち直らせたかに見えた。ロンドンのインディペンデント紙は、ソニーの利益が経営トップの絶対的権力によってもたらされていた日々は過ぎ去ったと熱く語っている。「出井の就任とともに、ソニーの傲慢な時代は消し去られた。新しいリーダーはこれまでなかった謙虚さを会社に浸透させ、ソニーを合理的な意思決定と説明責任の時代へと導いた」。その結果ソニーは、「陰鬱な九〇年代の日本経済の中で、

[11] Steven V. Brull, et al., "Sony's New World," *Business Week*, May 27, 1996, pp. 100-105.

[12] Frank Gibney, Jr., "A New World at Sony," *Time*, Nov 17, 1997, pp. 56-60.

唯一かがり火のように輝いた」[13]。

ところが突然「ソニー・ショック」が起こる。二〇〇二年度、ソニーは純利益目標に三六％届かず、さらに悪いことに、〇三年度の収益見込みはわずか五〇〇億ドル、つまり前年利益の半分、アナリストの予測の三分の一以下であることを発表した。その発表後の二日間で、ソニーの株価は二七％下落し、時価総額九二二〇億ドルが消し飛んだ。出井の対応——三年間で二万人減らしてコストを三〇億ドル削る計画——は、ソニーの問題がもはや傲慢とは無関係であることを示唆している。

だが、それでは問題は何だったのか。出井のコンバージェンスの夢は、まだ実現していなかったのかもしれない。この巨大企業は、一つになって魔法のような相乗効果を発揮するのではなく、ばらばらになっていくように思われた。突然、ソニーは「思い通りに動かない巨人」、核心のない会社、多くの事業に手を出しすぎて失敗した企業と冷笑されるようになった。

二〇〇五年六月、社運が傾きつづけるなか、出井が退任した。ソニー・アメリカの責任者だったウェールズ生まれのハワード・ストリンガーが、ソニー会長兼CEOとして跡を継ぐ。彼がこの「カリスマ企業」をどう導いていくのか、まだわからない。出井の実現困難な夢を追いつづけるのか、それとも収益性向上に経営を集中して、プレイステーション・ポータブルとプレイステーション3を成功の波に乗せていくのだろうか。

[13] Dan Gledhill, "Sony Ahead of the Game," *The Independent*, Sep 19, 1999, p. 4.

4 他の人より頭がいい

最後に、もう一つ。自社の研究者が他社の研究者を打ち負かした過去がある場合も、傲慢がはびこりやすい。つまり、最初に偉大な製品を開発したおかげで、特許や商標をはじめとする知的財産権を保有し、多額の利益と名声を手に入れたケースだ。ソニーはこのカテゴリーにも当てはまるが、他にも好例はたくさんある。まず、製薬業界の有名企業から見てみよう。

メルク

メルクのような尊敬に値する会社に、「傲慢」という言葉は厳しすぎるだろうか。コリンズとポラスは『ビジョナリー・カンパニー』の中で、この巨大製薬会社をひたすら称賛している。一九二〇年代のジョージ・メルクのスローガン、「医薬品は患者のためにある。利益のためにあるのではない。利益はあとからついてくるものである」を取り上げ、この「基本理念」が八〇年以上にわたって、この会社のビジョンを形成してきたのだと主張している。そしてこの会社が、第三世界で一〇〇万人を超える人々を失明させた恐ろしい糸状虫症の治療薬、メクチザンを開発し、無料で提供することにした経緯について、とうとうと語っている[14]（皮肉屋に思われることを覚悟で指摘しておくが、コリンズとポラスは、毎年何千人という死者が出ているにもかかわらず、メルクがインフルエンザ・ワクチンの事業から八六年に撤退したことには触れていない）。

[14]『ビジョナリーカンパニー　時代を超える生存の原則』ジェームズ・C・コリンズ、ジェリー・I・ポラス著、山岡洋一訳、日経BP出版センター、1995年

確かに、この会社には誇るべきものがたくさんある。ジョージ・メルクがドイツからアメリカに渡り、故国にいる家族の会社から医薬品を輸入販売するため、一八九一年に設立した会社がメルクである。一九〇三年に製薬業を始め、ニュージャージー州のローウェーに建てた工場でアルカロイドを製造した。三三年に研究所を設けると、そこには優秀な科学者が続々と集まり、革新的な研究を行った。四四年、メルクの研究者が初のステロイド剤となるコルチゾンを開発し、四〇〜五〇年代にかけて、メルクの研究者から五人のノーベル賞受賞者が出る。研究開発にたゆみなく全力を注いだ結果、七〇年代には、抗関節炎剤のクリノリル、筋肉弛緩剤のフレクセリル、緑内障治療薬のティモプティックが生まれた。

一九八五年にCEOになった伝説的生化学者のロイ・バジェロスのもと、重要な新薬の開発は続き、高コレステロール治療薬のメバコールや、高血圧治療薬のバソテックなどを世に送り出した。メルクは世界有数の製薬会社であり、その威信が傷つくことはなかった。

ところが、おかしなことが起こりはじめる。一九九二年一二月、マーケティング担当のリチャード・マーカムが、成功を収めたバジェロスの後継者として社長に抜擢されたのには、アナリストだけでなく社内の人たちも驚いた。半年後、マーカムが説明もなく突然辞任したことを知って、業界の専門家はさらに当惑した。ウォール・ストリート・ジャーナル紙はこれを、長年にわたって世界一経営が優れている会社と見なされてきたメルクが、驚くほど異常で困難な経営状態に陥ったことの兆しと見た。

この退任劇にはいろいろな解釈があったが、要するに――マーカムは、メルクの保守的で古風な文化との決別を急ぎすぎた、ということだった。あまりにも多くの変化を、あまりにも早急に求めたうえに、その派手なスタイルは、注目を浴びた離婚劇とメルク社員との再婚に象徴されている。これもこの会社のまじめなイメージからは逸脱していた。

マーカムは、医師に直接販売するのではなく、急成長をとげているＨＭＯ[★1]（民間の健康保険組織）への販売を増やす必要があると考えた。だがそれは、誇り高いメルクの文化が常に抵抗してきた、値引きへの対応を意味する。たとえバジェロスがＨＭＯへの販売を黙認していたとはいえ、マーカムの改革は極端で早急すぎた。「営業サイドの若くて押しの強い一派が、企業買収を行い、会社の一部を切り捨て、従業員を削減しようとしている」という憶測がとんだ。

たとえば、マーカムはジェネリック薬品を売る別の事業部門をつくったが、メルクの保守派は会社のイメージが安っぽくなると考えた。それでもまだ足りないと言わんばかりに、マーカムは抗コレステロール剤のメバコールとゾコールの価格も引き下げた。メルクが薬の値引きをおおっぴらに宣伝したという衝撃的な事実である。

あるメルクの研究者が匿名でウォール・ストリート・ジャーナル紙に話したように、「マーカムは、これまでのやり方を大きく変える急進派グループの一人だった。それがこの会社を動揺させた」[15]。

メルクにとっても業界全体にとっても難しい時期だった。メルクの株価は一年間下落しつづけ、業界全体の利益も低下していた。大手企業はどこも、クリントン政権から価格規制の脅しをかけられないように、価格を低く抑えていた。製薬会社がＨＭＯとの取引に精を出したために、相次ぐ値引きで利益はさらに圧縮された。

メルクでは事態がさらにおかしくなっていった。バジェロスの新しい後継者候補となっていた

[15] Elyse Tanouye, et al., "New Prescription: Stunning Departure of Merck Head Signals Turmoil," *Wall Street Journal*, Jul 16, 1993, p. A1.

★1 Health Maintenance Organization

マーティン・ウィゴッドが、突然、後継競争から脱落する。ウィゴッドは一年前、メルクが処方薬用の保険給付を管理する事業に参入するためにメドコ・コンテインメントを買収した際にメルクに入り、スピード出世をとげて後継者候補にまでなったのだ。彼がトップに近づくにつれ、同じ曲の第二楽章が聞こえてきたようだ――「起業家精神あふれる」ウィゴッドは、メルクの「折り目正しい」文化にはそぐわないに違いない、と。

結局メルクは社外から、医療機器メーカーのベクトン・ディッキンソンのCEOを務めていたレイモンド・ギルマーティンを迎えた。企業風土の変革について何度も話し合いが重ねられ、ギルマーティンは、リーダーシップを分散させて縄張り争いと背信の企業文化を打ち壊すことを目的とする、メンバー一二名の経営委員会を組織した。

実のところギルマーティンは、本人がジョークにしたがるように、たまたまいいタイミングで就任した。就任して一年半後の一九九四年、長い歳月をかけて開発された八種類の新薬が発売される。なかには、エイズ治療薬のクリキシバン、骨粗しょう症薬のフォサマックス、抗高血圧剤のコザールなど、大成功を収めた製品もある。結局、メルクの文化を変える必要はなかったように思われた。

実際、ギルマーティンはメルクの使命とビジョンを再確認した。メルクはこれからも研究志向の製薬会社であり、多角化を追求することはないと明言している。ジェネリック薬品部門を閉鎖し、一〇億ドルを超す資産を売却。他の巨大医薬品会社が合併したことで、メルクは業界第一位から第三位に転落したが、それでも買収相手を探してはいないとウォール街に断言する[16]。

これはメルクの輝かしい伝統に沿ったビジョンである。ギルマーティンが在職していた

[16] Joseph Weber, "Mr. Nice Guy with a Mission," *Business Week*, Nov 25, 1996, pp. 132-138.

二〇〇三年を振り返って、ウォール・ストリート・ジャーナル紙は、製薬業界が「新たな強硬戦略の波」によって再編成される間も、メルクは何とか争いに巻き込まれずにいたと書いている。他社が大規模合併に加わるのをよそに、メルクは堂々と独自路線を貫いた。そして他社が、後発の製品とほとんど変わらない新製品のマーケティングに大金をつぎ込んでいる間、メルクは他に類のない薬に注力しつづけた。

同紙は、ジョージ・メルクの基本理念に触れながら、メルクは「日々の利益追求」を要求するうるさい声を超越する自らの能力を、常に誇りにしてきたと述べている。ライバル会社はメルクの殊勝げな態度を冷笑するかもしれないが、この会社は羨望に値する製品発売の記録を打ち立てている。世界有数のペニシリン・メーカーであり、世界初のコレステロールを下げるスタチン剤を売り出したメルクは、新薬の市場導入にかけては不動のリーダーである。ギルマーティンは世紀の変わり目をメルクの研究開発にとって「最も実り多い時」と呼び、二〇〇六年までに、一一種類の新薬を発売または承認申請することを約束した。

しかし、残念ながらギルマーティンの予測ははずれた。新薬のうち四つは失敗し、二つは開発が遅れている。二〇〇三年五月から半年間で、他の製薬会社の株価がわずかながら上がったのに、メルクの株価は三〇％下落した。さらに悪いことに、メルクの本当のアキレス腱が露呈する。

ウォール・ストリート・ジャーナル紙が指摘するように、ギルマーティンが就任したとき、成長への脅威は、保険会社による医療内容の管理、いわゆるマネージドケア革命だろうというのが、医薬品業界の大方の意見だった。保険会社は承認医薬品リストに加える代わりに、大幅な値引きを製薬会社に要求することになる。だが、マネージドケアの脅威に気を取られているすきに、本当の強敵がまったく別のところから現れた。これまで会社の大黒柱だった製品の特許権が切れて、ジェネリック薬品との競争に直面し、新たなベストセラー商品の考案を迫られたのである。バソテック、メバコール、ペプシドＡＣの特許が二〇〇一年で切れ、他の製品についても特許切れが迫っている。

二〇〇二年に世界中で五〇億ドルを超える売上を記録したゾコールが、この問題の最たる例だ。ヨーロッパの一部で特許が切れた結果、〇五年のゾコールの売上は前年比一六％減となった。さらに悪いことに、〇六年六月にアメリカでの特許が切れれば、二〇億ドルもの収入減になると予測された。メルクの収益にとって重大な脅威である。この事態が避けられないことを予想して、〇三年、メルクは全従業員の約五％に当たる三二〇〇人を一時解雇した[17]。

二〇〇三年の苦境だけでは足りないかのように、〇四年にはビオックスが大失敗に終わる。売れ筋だったこの関節炎治療薬と、服用者の心臓病との関連が指摘されたのだ。メルクはビオックスを市場から撤去した。〇三年に二五億ドルの収入になっていたことを考えると、莫大な損失である。〇五年末までに、ビオックスの服用者がメルクに対して、文字どおり何千件という製造物責任訴訟を起こした。専門家は、この薬に関連して起こった心臓発作は一〇万件を超えるだろうと推測している。

ギルマーティンは、会社の定年に達する二〇〇六年三月に引退する予定だった。だが突然、その時期が繰り上げられた。〇五年五月、製造部門の責任者だったリチャード・クラークがＣＥＯに就任する。予想より早いクラークの昇進には、改革断行という使命が込められている

[17] Peter Landers and Joann S. Lublin, "Under a Microscope: Merck's Big Bet on Research," *Wall Street Journal*, Nov 28, 2003, p. A1.

ようだ。危険をはらむ困難なこの時期にメルクの舵取りをするには、新しい考え方が必要だという認識が感じられる。しかし皮肉なことに、クラークは一九七二年に品質管理検査官として入社して以来、メルク一筋の生え抜きである。メルクの高いプライドをそぎ落とすのに、彼は適任なのだろうか。

モトローラ――――――――――

ポール・ガルビンは一三歳のとき、ポップコーンを売るという人生初のビジネスを始めた際、すでに起業家気質の片鱗を見せた。二〇年後の一九二八年、初期のラジオを家庭用電流で使えるようにするための変圧器をつくる、ガルビン・マニュファクチャリング社をシカゴに設立。そこから自然にカーラジオの開発へと進んでいく（後に世界中に知られるようになったモトローラという社名は、自動車のモーターと音を意味するオーラに由来する）。四〇年、アメリカ陸軍向けに初の送受信両用携帯無線機を開発した。

一九五六年、ポールの息子のロバートがCEOになった年、病院用通信システムの買収をきっかけに、同社初のポケベルを開発。七三年、モトローラはすでに携帯電話システムの構築を開始しており、九〇年代には六六個の衛星によるイリジウム通信システムを開発した。

要するにモトローラは、革新的――ときには革命的――な製品によって、他社を市場で打ち負かし、自らの力で名声を勝ち得てきた会社である。

一九九二年のウォール・ストリート・ジャーナル紙の特集記事は、モトローラを「機敏な巨人」

と表現し、他社は「製造の優位性と市場シェアの独占を取り戻す道」を見つけるために見習うべきだと言っている。モトローラはこの繁栄の時代、ジョージ・フィッシャー（ロバート・ガルビンの後継者）のもとで、携帯電話、ポケベル、トランシーバ、コンピュータ以外の装置で使われるマイクロチップの世界市場で、トップを走っていた。「八〇年代、モトローラは優れた製造技術によって、携帯電話とポケベルの両市場に進出しようとした日本企業を撃退した」と同紙は称賛している。この会社のすばらしい業績の一因として、「対立や反対意見を抑えるのではなく、むしろたきつけ、統計に基づく的確な目標を持つ何千という小さなチームから、情報と新しいアイデアが絶え間なく流れ出てくる」文化が挙げられている[18]。

ジョージ・フィッシャーは一九九三年、コダックの経営トップとなるべくモトローラを去り、COOのゲリー・トゥッカーがCEOに昇進。四年後の九七年一月一日、取締役会はトゥッカーの後任にポール・ガルビンの孫にあたるクリス・ガルビンを指名する。その頃には、もう誰も「機敏な巨人」の話はしていなかった。モトローラはデジタル技術への移行が遅れ、重要事業分野である携帯電話でエリクソンとノキアにスポットライト——と市場シェア——を奪われた形になっていた。世界的な称賛を得る代わりに、顧客からも取引企業からも「傲慢で狭量」と非難されていた。うちが製品をつくれば顧客は買うと思い込む、うぬぼれ屋症候群である。

新CEOは非難を聞くだけでなく、それを人にも伝えた。「最初にいきなり大成功を収めたときに限って、調子が悪くなるものだ」と、ガルビンはUSAトゥデイ紙に話している。「傲慢になるか、自分たちのビジネスモデルは長続きすると思い込む。そして長い間そのまま放置して修正しない」。ガルビンにとっては、かつて絶賛された「部門間が対立する組織文化」も、

[18] Christian G. Hill and Ken Yamada, "Taming the Monster," *Wall Street Journal*, Dec 9, 1992, p. A1.

もうたくさんだった。社員同士もパートナーとも「コラボレーション」が新しい合言葉だと宣言する。就任して一年、ガルビンはモトローラの栄光を回復しつつあるように見えた。ほかならぬジョージ・フィッシャーがこう言っている。「一〇年後か二〇年後、世界はクリス・ガルビンを、モトローラの歴史の中で最も偉大なリーダーと見なすだろう」[19]

だがそうはならなかった。二〇〇〇年の夏、SBCワイヤレスが、新しいモトローラの携帯電話を、超大作映画『ミッション：インポッシブル2』と一緒に宣伝する計画を立てた。すばらしいマーケティング効果を上げるはずだったが、モトローラはその電話を映画の封切に間に合わせることができなかった。SBCは販促策を取りやめ、注文もキャンセルしようとした。この話は、「最近のモトローラを端的に表している」とウォール・ストリート・ジャーナル紙は書いている。二〇〇〇年半ばから翌年半ばにかけてモトローラの株価は四分の三に下がり、〇一年第1四半期、モトローラは一六年ぶりの赤字を発表した。数年の間に、モトローラにとって決定的に重要な携帯電話市場で、同社の世界的なシェアが三三％から一四％に下落したのに対し、ノキアのシェアは二二％から三五％まで上昇した。

前述のとおり、モトローラのアナログからデジタルへの移行が遅かったことも、問題の一つである。だがベライゾン・ワイヤレスの重役、ジョン・ストラットンがウォール・ストリート・ジャーナル紙に語ったように、モトローラには相変わらず前と同じ欠点が表れていた。「傲慢」である。どの電話を店に在庫するか、どの電話を特典つきで売り込むか、それを決める電話会社こそが最も重要な顧客であることをモトローラは忘れていた。電話会社に対して無作法にも、どの電話を買うべきかだけでなく、どうやってそれを店にディスプレイするかまで

[19] Kevin Maney, "Motorola's Bold Changes," *USA TODAY*, Feb 24, 1998, p. B1.

常に指示していた。「モトローラにとって〈聞く〉とは、相手が話すのをやめるのを待つこと、自分たちが話せるようになるのを待つことなのだ」とストラットンは語った。それが「モトローラ特有の文化だった」[20]。傲慢なうえに無能——期限までに製品を届けられない、電話会社のカスタマイズ要求に応えられない——では、顧客はどんどん離れていく。だからこそ、SBCやオールテルやベライゾンなどの顧客は、ノキアのようなライバル会社のほうを向くようになったのだ。

二〇〇一年の第３四半期、モトローラは一四億ドルの赤字を出し、四六年ぶりに年間で赤字になる見通しだと発表した。株価は二〇〇〇年前半の六〇ドルから一七ドルまで落ち込み、三万九〇〇〇人が一時解雇された。二年後、ガルビンが退任する。「取締役会との意見の不一致」を理由に、創業者一族の御曹子は身を引き、元サン・マイクロシステムズ社長のエドワード・ザンダーが後継者として迎えられた。労働者階級の多いブルックリン出身の名セールスマンとして知られるザンダーは、ひょっとすると、モトローラの崩壊した関係を修復し、その運命を逆転させ、傲慢の文化を根本から変えることができるかもしれない。

[20] Andrea Petersen, "Softer Sell: Once-Mighty Motorola Stumbled When It Began Acting That Way," *Wall Street Journal*, May 18, 2001, p. A1.

傲慢症——主な症状

知らぬ間に定着する個人的習慣と同じように、自滅的な行動をとっていることを知らないのは――あるいは認めないのは――自分だけ、という場合がある。あなたの組織が傲慢になっているかどうかを知るために、以下の兆候を探してみよう。

1――話を聞かない

顧客、従業員、投資家、消費者団体、行政の言うことを聞かなくなる。外の世界に耳を傾けていない。人の話を無視する、笑い飛ばす。すべて知っていることだと思い込んでいる。

2――自らを誇示する

豪勢な社員旅行、快適なオフィス空間、気前のいい役得、贅沢な保養所。会社の専用ジェット機や美術品のコレクションを見せびらかしたがる。あるいは、タイコ社のデニス・コズルフルキーのように、妻のために二〇〇万ドルかけて、イタリアのサルディニア島で誕生パーティを開く——古代ローマの衣装で肌を露出したモデルを大勢呼んで。

3——人を威嚇する

従業員、顧客、投資家を脅すよう経営陣に奨励し、報奨まで出す。アナリストが会社に不利なレポートを出してきたら、その上司にかけ合って、叱責か懲戒処分を与えることを考える。まるでいじめっ子のような会社だ。

4——横暴になる

ガバナンスなどうちには関係ない、誰も我々の事業を規制はおろか問題視さえできないと思っているので、ルールや手順を守らない。あるいはGMのように、「わが社にとってよいことは国にとってよいこと」だから、政府の規制を無視したり、反対のロビー活動をしたりする。

5——同意ばかり求める

コンサルタントやアドバイザーを招いて、現状の正当性を確認し、自尊心をあおる。その一方で、供給業者や顧客だけでなく従業員でさえも、批判的な者は切り捨てる。広告代理店や調査会社の提案する戦略が気に入らない場合は、別の業者に切り替える。

6 自社開発主義（自前主義）症候群

現実否認の会社と同様、「自社開発でない」ものはよいわけがないと信じている。

傲慢症　治療法

傲慢は暗く閉め切った部屋で育つ。この習慣を断ち切るには、ドアと窓を開けて明るい光を採り入れることだ。リーダーは企業文化を、見て、聞いて、学ぶ文化、とくに社外の人々の経験から学ぶ文化に変えなくてはならない。新鮮な空気を入れ、新鮮なアイデアを呼び込もう。方法はいくつかある。

1

管理職に、定期的に新しい挑戦の機会を与える

管理職に、成功が保証されていない任務を与える。不慣れで条件の厳しい市場、リスクの高いイノベーションが盛りだくさんのプロジェクト、率先して行うべき新しい重要な仕事（たとえば規制に守られた会社で、規制が撤廃された事業）をさせる。ただし、もし本人が失敗してもそこから何かを学ぶのであれば、キャリアが終わるわけではないことを明確にしておく。ジャック・ウェルチは、経歴に少しばかり傷がある経営者が好きだと言っている。失敗は謙遜を教えてくれる[21]。

[21]『ジャック・ウェルチのGE革命　世界最強企業への選択』ノエル・M・ティシー、ストラトフォード・シャーマン著、小林規一訳、東洋経済新報社、1994年

2 従来とは違う後継者選びを実行する

後継者候補――おそらくCOOか副会長――より数段下の誰かを選んで、職種、部門、市場の枠を超えた出世コースに乗せてみたらどうだろうか。ワールプールではデービッド・ホイットワムが昇進したとき、この手法が見事に成功した。同じことがGEでも起こっている。企業文化を刷新するために、会社は三段階下のジャック・ウェルチを一気にトップに昇進させたのだ[22]。

3 人材プールを多様化する

もう一度言うが、偏狭は傲慢の温床だ。ワールプールは何年も、パデュー大学からの採用に限定していた。利点は優れた人脈と互恵関係。欠点は視野が狭くなること。ワールプールが高度な教育を受けたインド人技術者を採用するようになると、あっという間にパデューの人材のほとんどが追い出された。

私は「サラブレッドと雑種」のたとえが気に入っている。サラブレッドは一マイルを速く走ることはできるが、非常にデリケートだ。長距離走は得意でない。会社に必要なのは丈夫な遺伝子を持つ雑種である。遺伝子が混ざり合った雑種の会社のほうが、長い目で見ると強い会社になる。

もう一つの気の利いたたとえは、トウモロコシ栽培の話である。品質の均一性を高め、収穫高

[22] Vince Molinaro and David Weiss, "Closing the Leadership Gap," *Management*, August/September 2005.

を増やすために、科学者は品種の数を二五〇〇くらいから四〇に減らした。だがこれでは、たった一つの病気に作物すべてが感染してしまう。要は、「遺伝子の多様性」が企業の健全性にとって重要だということであり、それには「性別の多様性」も含まれる。

今日、私たちは世界中から技術や法律や会計に秀でた人材を獲得できる。もはやアメリカが一番ではない。そして優秀な企業はそのことを知っている。P&Gはインドで優秀な人材を採用し、世界中に配属している。ペプシも教訓を学んだ――とくにコカコーラに比べて。HSBC（急成長を遂げている、香港に本店をおく銀行）は、性別の多様性に取り組んでいる。もはや政治的な問題ではない。健康のため酸素を豊富に含んだ血液を全身に送る循環器と同じくらい、差し迫って必要なものなのだ。

4

外部の考え方を取り入れる

たとえば、GEの「ワークアウト」、ノール・ティシーの「アクション・ラーニング」、モトローラの参加型マネジメント・プロセス。社内に「誰もが挑戦することができる」文化を推進する。ここでも、目的は壁を打ち壊して傲慢の膿を出すことだ[23]。

5

リーダーを変える

もちろん、部外者を迎え入れることが一番思い切った対策だ。危機を救ってくれるかもしれ

[23]『リーダーシップ・サイクル　教育する組織をつくるリーダー』ノール・M・ティシー、ナンシー・カードウェル著、一條和生訳、東洋経済新報社、2004年

ない。だが注意が必要だ。保証は何もない。別の会社をうまく（そして謙虚に）経営した経験のある社外取締役を迎え入れるのが、賢明なアプローチだ。

イーライリリーのランドール・トビアスや、ＩＢＭのルイス・ガースナーなど、成功例もある。エドワード・ザンダーはモトローラを立て直すかもしれない。しかし、模範的なリーダーが招かれて失敗した例もある。絶頂期のモトローラを引っ張っていたジョージ・フィッシャーも、コダックでは企業文化を変えることができなかった。

＊＊＊

人も会社も、一晩では傲慢にならない。傲慢は何年もかかって形成される習慣であり、その根は企業精神の奥深くまで達しているかもしれない。その場合は、リーダーの交代も含めて、ここに挙げた五つの提案どれもが傲慢な企業文化を打破する保証はない。しかし、傲慢が目に見えるダメージ――商談を逃し、顧客を失い、利益を失う――を引き起こすようになってはじめて、改革の必要性に気づく。そのときは、ここで提案した改善策によって、企業のアイデンティティを徹底的に変えられるだろう。

治療法

1　管理職に定期的に新しい挑戦の機会を与える

管理職にチャレンジさせる。ただし失敗しても許す。失敗は謙遜を教えてくれる。

2　従来とは違う後継者選びを実行する

職種、部門、市場の枠を超えて候補者を昇進させることを考える。

3　さまざまな教育機関、国籍、人種から採用し、人材プールを多様化する

人材の遺伝子を多様化することで、強い会社にする。

4　外部の考え方を取り入れる

外部の考えを採用し、傲慢の壁を打ち壊す。

5　リーダーを変える

社外の人間を招くことを考える。

診断書2　傲慢症

発症のきっかけ

- □ 異例の業績が今日の現実に対する認識をゆがめる
- □ ダビデがゴリアテを倒す
- □ 誰もまねできない製品やサービスを開拓する
- □ 他の人より頭がいい

主な症状

□ **話を聞かない**

すべてわかっていると思い込み、顧客、従業員、投資家、消費者団体、行政の言うことに耳を傾けていない。

□ **自らを誇示する**

成功をやたらと見せびらかしたがる。

□ **人を威嚇する**

会社の内でも外でも、いじめっ子のような振る舞いをする。

□ **横暴になる**

誰も自分たちの事業を規制はおろか問題視さえできないと思っているので、ルールや手順を守らない。

□ **同意ばかり求める**

自分たちの考えを正当化する人たちをひいきにし、批判的な人間は排除する。

□ **自社開発主義（自前主義）症候群**

「自社開発でない」ものは、よいわけがないと信じている。

4

慢心症——成功は失敗のもと

「慢心」とは、過去の成功がいつまでも続くと確信することで抱いてしまう、安心感や油断である。未来は過去や現在と同じようなもので何も変わることはないと信じてしまう。変化を黙殺し、惰性で過ごし、現状を維持したがる。迅速な対応が嫌いで、ゆっくり慎重に熟考するのがよいと信じている。

慢心は大きい組織に定着しやすい。その規模の大きさが、動きの速い外の現実世界に対して、自然のよろいになっているからだ。慢心は「丈夫な遺伝子を持っている」という幻想、つまり「ここで悪いことが起こるはずがない」という思い込みによって培養される。

言い換えれば、慢心は三本の柱に支えられている。「過去の成功」「未来は予測可能だという確信」「規模が大きければ失敗しても大丈夫という思い込み」。地震が来ても、我々は倒れないだろう[1]。確かに、ある程度成功していなければ慢心には至らない。だがすべての成功が慢心につながるのか。

本章では、慢心につながりやすい四つの「成功」のシナリオを検証する。成功が最終的に失敗のもとになるシナリオだ。

また、この章で取り上げている話の中で、失敗がいかに隠蔽されがちであるかに注目してほしい。これらの事例には、垂直統合された大企業が多い。組織機能、事業領域、製品、顧客に関して内部で相互補助しあう構成となっており、ある事業領域や事業部門の失敗が、別の領域や部門の成功によって穴埋めされる。これは慢心文化の興味深い特質だ。

1 規制下の独占による成功

自由市場下での独占にまさるものは、政府規制下の独占だけである。要塞を築くのを政府が助けてくれる、つまり、会社の事業を保護して競合他社を食い止めてくれる場合、いともたやすく慢心に陥る。このシナリオの最たる例が、「マー・ベル（お母さんベル）」の愛称を持つこの会社だ。

[1] Michael L. Tushman and Charles A. O'Reilly III, "Ambidextrous Organizations: Managing Evolutionary and Revolutionary Change," *California Management Review*, Summer 1996, Vol. 38, No. 4, pp. 8-30.

AT&T

アレクサンダー・グラハム・ベルは一八七六年に電話を発明し、翌年、二人のパートナーとともにベル・テレフォンを設立した。一八八五年、セオドール・ヴェールによって、ベル社の長距離ネットワークを構築するためにアメリカン・テレフォン・アンド・テレグラフ（AT&T）が設立され、二〇世紀に入る直前に親会社となる。ヴェールは他の興味を追求するために会社を去ったが、一九〇七年に説得されてAT&Tに戻った。そして、一九一九年に引退するまでの一二年間に彼が築いた独占状態が、八〇年代半ばまで、アメリカの電話産業を支配することになる。

ヴェールはベル社の組織を再編しただけでなく、JPモルガンから財政的支援を受けて、ベルの特許が切れたために続々と現れた独立の電話会社を、次から次へと買収していく。一九一三年のキングズベリー協定によって、AT&Tはウェスタン・ユニオンの売却に同意するが、同時に自らの独占戦略を手直しして強化し、政府の認可をもらった。政府としては、ヴェールの「政策は一つ、システムも一つ、サービスはあまねく」という考えを支持したのだろう。従来と同じ電話サービスを供給することを条件に、AT&Tが競合他社を買収して市場シェアを独占することを許可した。一九二一〜三四年までの間に、州際通商委員会（ICC）はAT&Tによる企業買収申請二七四件のうち二七一件を認めている。そのおかげでAT&Tは、収益性が高い都市部市場への支配力を強化し、長距離通信の独占を確立した。三四年、大恐慌時代にルーズベルト大統領が実施したニューディール政策の一環として、ＡＴ＆Ｔは連邦通信委員会の管轄のもと、規制下の独占（「自然独占」）企業となる。

当時は理にかなった話だった。政府は、巨大な公益事業を統制することで雇用を創出する必要があると考えたのだ。ＡＴ＆Ｔにとっても非常においしい話だった。事実上、ＡＴ＆Ｔは五〇年にわたって業界の規制を牛耳っていた。さらに過去を振り返って、一八八二年にベル・テレフォンが電話機メーカーのウェスタン・エレクトリックの支配権をウェスタン・ユニオンからもぎ取ったこと、そして一九二五年には有名な研究開発部門のベル研究所を設立したことを思い返してほしい。その結果、ＡＴ＆Ｔは二〇世紀前半にすでに、垂直統合された最強チームをつくり上げていたのだ。研究開発の門はベル研究所、製造の門はウェスタン・エレクトリック、販売と流通の門は独占的地位の力がそれぞれ守っていた。まさに難攻不落の要塞である。

だが要塞での生活にもマイナス面がある。肥満体の怠け者になりやすいのだ。ウォール・ストリート・ジャーナル紙はＡＴ＆Ｔの長い歴史を振り返って、一九五〇～六〇年代にかけて、「安定成長」する収入と保護された市場のおかげで、この会社の「闘争の筋肉」が退化してしまったと指摘している。連邦政府および州政府がＡＴ＆Ｔの利益に上限を設けたため、「リスクを冒した新規事業開発の価値を認めなかった。……経営陣は生え抜きで、会社の信条を教え込まれていたため、〈ベルヘッド《石頭》〉と呼ばれていた。……それからのＡＴ＆Ｔの運命にとって、独占状態は諸刃の剣となる」[2]。

風向きが変わったのは、一九四九年、政府がＡＴ＆Ｔにウェスタン・エレクトリックの売却を強制しようとしたときのことだ。五六年の同意判決は、ＡＴ＆Ｔが電話機の製造を続ける

［2］ Cynthia Crossen and Deborah Solomon, "Lost Connection," *Wall Street Journal*, Oct 26, 2000, p. A1.

ことを認めたが、国際的な製造部門のスピンオフを強制した（今日、この部門はカナダのノーテル、ヨーロッパのITT、日本のNECとなっている）。こうして垂直ヒエラルキーの一部が崩されたが、AT&Tはサービスの独占を固守した。

同じ頃、AT&Tはジャック・ゴーケンがもたらした脅威に対処しようとしていた。これは少し詳しく説明する価値のある話だ。

ゴーケンのMCIは、無線機を主にトラック運転手に売る店として、イリノイ州ジョリエットで始まった。トラック運転手の間で無線機の評判は上々だったが、有効距離が二四キロしかないことが問題だった。ゴーケンは、セントルイスからシカゴまでの交通量の多い道路沿いに何本か中継塔を建てることができれば、無線機がもっとたくさん売れると考え、一九六三年、連邦通信委員会の認可を得るためにワシントンDCに出向いた（ここで注目してほしいことがある。ゴーケンの戦略は、内部で相互補助しあっている独占に対して、ライバル企業が仕かける典型的な攻撃である。彼は当然のことながら、セントルイスからシカゴという顧客が集中する市場をターゲットにした。まさに、AT&Tが利益の薄い事業領域を補填するために必要な市場だ。つまり、ゴーケンは「いいとこ取り」を企てたわけだ）。

聴聞会でAT&Tはこう主張する。MCIは価格を低く設定できるほど安価なコストでシステムを構築できないので、公共の利益にならない。したがってライセンスを認めるべきではない。相変わらずAT&Tは規制をほぼ牛耳っており、連邦通信委員会はAT&Tの言葉を信じた。

しかしゴーケンは連邦通信委員会で、AT&Tが社内向けに準備していたマイクロ波通信システムに関する機密資料のことを耳にした。その資料を見たいと思ったゴーケンは、何とかして手に入れようと、AT&Tの本社を目指してニューヨークに飛んだ。飛行機が着陸したとき、たまたまニューヨークは寒くて雪が降っていたが、彼はハートフォード空港にオーバーコートを忘れてきてしまう。彼がコートなしでAT&Tの本社に入っていくと、応対した受付嬢は彼のことをてっきり社員だと思い込み、彼が探している資料は資料室にあると教えた。経営史に詳しいジョン・スティール・ゴードンによると、ゴーケンが「〈資料室はどこか〉という意味で〈どこにあるの?〉と聞くと、彼女は資料の保管場所を聞いているのだと思い、正式な社内用の申請書に文書名と文書番号を記入した。事態がのみ込めたゴーケンは、賢明にもその後は口を閉じ、自分で資料室を探しあてた」。彼は資料を手に入れ、そこにAT&T自身が記しているコスト見積りが、連邦通信委員会に報告した金額よりはるかに安いことを知ったのだ。

スティールによると、「連邦通信委員会がMCIにライセンスを出すまでに、さらに六年かかった。しかしそれが実現したとき、布石は打たれた」[3]。

そして、司法省がとどめを刺した。連邦通信委員会はAT&Tの独占を永遠に保護しようとしたかもしれないが、法廷はそれほど従順ではなかった。実は、法律問題はAT&Tの要塞の中で、守りが固められていない門だったのだ。一九六八年にMCIを引き継いだ革新的経営者、ウィリアム・マクゴーワンが起こした裁判が、やがてAT&Tの独占を揺るがすことになる。どうやってあれほどの巨大企業を相手に戦うことができたのかと聞かれると、マクゴーワンは、「うちの研究開発部門は法務部門なのだ」と好んで答えたものだった。AT&Tが接続料を三倍にしてMCIをつぶそうとすると、MCIは訴訟を起こし、八〇年に損害賠償金を勝ち取る――「マー・ベル」終焉劇の幕開けだった。

独占の上にあぐらをかいていたおかげで、AT&Tは一九八四年に強制分割された後、

[3] John Steele Gordon, "The Death of a Monopoly," *American Heritage*, Apr 1997, pp. 16-17.

他社との競争に苦労した。信じがたいことに、この会社には七九年までマーケティング部門さえなかったのだ。その結果、分割されたAT&Tというブランドの知名度は決して高くなかった。消費者はもちろんベルのロゴはよく知っていたが、実は、一般人のうちAT&Tの名前を知っていたのは一割にも満たなかったうえ、半分はITT社と混同していた。そこでAT&Tはすぐさまブランドの確立に取りかかり、社名をABI（アメリカン・ベル・インターナショナル）にする計画を立てた。

しかし、分割を監督していたハロルド・グリーン判事は、この名前の使用を禁止する裁定を下す。分割された七つの地域電話会社、通称「ベビー・ベル」に、イエローページとベルという名前の独占的権利を与えたのだ。AT&Tがその名前を使えるのは、国の宝であるベル研究所に限定された（私は当時、マーケティング担当のランドール・トビアスにもらったネクタイをいまだに持っている。ABIという社名と、新しくデザインされたロゴがついている。トビアスはちゃんと取っておけと言った。「いつか価値が上がる」）。

結局、社名はAT&Tのままになった――ただし、頭文字だけの形で。言葉の意味はまったくなくなっていた。かつての電話電信の業務はなかったし、ビジネス環境がグローバル化するなかで、「アメリカン」は過去の遺物だった。AT&Tはこのブランドに一年で一〇億ドルを費やし、世の中に定着させた。

しかし、AT&Tに必要だったのはブランドだけではない。競争力も、未来を見通す力も、活力を与える経営陣も必要だった。どれも以前は重要でなかったが、今は不足していた。変革を推進するために、アーチ・マクギルが招聘される。彼は池の中に小石を投げ込んだように波紋を起こすことには成功したが、長続きしなかった。跡を継いだチャーリー・ブラウンは、分割の最終段階を見守ってから、ジム・オルセンに引き渡した。

オルセンの使命は、通信市場環境が急速に変化するなかで、この会社の進むべき方向を見つけることだった。だが不運なことに、オルセンは一九八八年、仕事中に突然死する。ここで会社は、オルセンに仕事を仕込まれていたランドール・トビアスを昇進させるべきだったのだが、正式な引継ぎ計画がなく、ロバート・アレンがトップの座に就いた。九年におよぶ彼の在職期間は上層部の混乱が目立ち、アレックス・マンドル、ジェリー・ステッド、ジョー・ナッキオ、ジョン・ウォルターなど、トップレベルの重役が大挙して離脱したことが大々的に報道された。

当然、その後は戦略が混迷する。とりわけ劇的だったのは、一九九一年、駆け込みでコンピュータ事業に参入しようとしていたNCRを、AT&Tが買収したことである。この買収は大失敗だったというのが大方の見方で、NCRを九七年に分離した。九三年、AT&Tはマッコー・セルラー・コミュニケーション株の三三％を取得して、携帯電話事業に参入する。マッコーは携帯電話市場の最大手で、アメリカの人口の四割、主要都市のほぼすべてをカバーするネットワークを擁していた。一一四億ドルという価格は、携帯電話の黎明期にAT&Tが犯した、機器の供給だけにとどまるという戦略上のミスを取り戻すための費用と考えられた。九六年には、残っていた機器製造事業をルーセント・テクノロジーとしてスピンオフする。

そして一九九七年、マイケル・アームストロングの登場である。AT&Tを「大胆な新しい路線」へ導くために、ヒューズ・エレクトロニクスから引き抜かれたのだ。AT&Tは強力なブランド知名度と技術的ノウハウ、巨大な規模を活かして、近距離・長距離・携帯電話、インターネットへのアクセス、テレビ放送からビデオに至るまで、さまざまなサービスをまとめて消費者に提供するこれまでにない会社になる、というのが彼の考えだった。

最初にアームストロングがやるべきことは、ケーブルテレビ（CATV）事業への参入だった。彼は一〇〇〇億ドルを投じて、テレ・コミュニケーションズ・インク（TCI）とメディアワン・グループを買収する。これでAT&Tは一気に、アメリカ最大のCATV会社となった。その一方でアームストロングは、地域のベビー・ベルの銅線ネットワークに接続する許可を当局に求めた。

これは優れた戦略だったが、やがて明らかになるように、アームストロングはCATV会社に投資しすぎた。しかも、サービス向上のためにさらに数十億ドルが必要だった。それと同時に、ベビー・ベルの反撃に遭う。AT&Tだろうがどこだろうが、自分たちのネットワークに接続して、近距離サービスの独占状態に挑戦することを許すまい、というわけだ。さらに悪いことに、通信バブルがはじけて長距離と携帯の通信料金が急落し、AT&TがCATV事業を買うために背負った巨額な負債の利払いに必要な利益が奪われた。

二〇〇一年一〇月、AT&Tとブリティッシュ・テレコムは、合弁会社であるコンサート社を解散した。この会社は、AT&Tとブリティッシュ・テレコムの法人顧客と厳選されたネットワーク資産を合わせて一つの事業体にすることで、最強の国際通信会社になるはずだった。アームストロングが率先する重要な取り組みの一つだったが、最初から資金が出て行くばかりだった。AT&Tは、この会社を解体するために五三億ドルの損金を発表した。同じ頃、AT&Tの高速インターネット・サービス・プロバイダ、エキサイト・アット・ホームが破産を申請する。アームストロングが織ったタペストリーに、また大きなかぎ裂きができてしまった。彼はこの会社の株式の三八％と取締役会の支配権に、六〇億ドルを注ぎ込んでいた。だが今や、会社の市場価値は一九〇〇万ドルにすぎなかった。

アームストロングは大急ぎで退却せざるをえなかった。壮大な計画を放棄し、会社の分割を発表する。現金をかき集めて負債を支払うために、携帯電話部門をスピンオフした。加えて、CATV部門を四六〇億ドルで買収するというコムキャストからの一方的な提案を受け入れるしかないほど、AT&Tは疲弊していた。これは、アームストロングが払った金額のおよそ半分だった。しかし、CATV事業とともにアームストロング自身もコムキャストに移ったのは、賢明だったかもしれない。「［マー・ベルにとっては］ひどい二〇年だった」と、アームストロングが去った後にワシントン・ポスト紙が書いている。「通信事業の独占企業から、急成長分野の落伍者へと落ちぶれてしまった。その戦略的な大失態は、今やビジネススクールの伝説と化している」[4]

だがアームストロングは、他の人たちには見えていなかったことが見えていたという功績をいまだに認められている——長距離電話は消える運命にあったのだ。彼は夢を実現する前に資金難に陥ったが、その失敗は後味の悪いものだったに違いない。実際、彼はAT&Tの消滅を業界で起こった不正行為のせいにしている。もしワールドコムのようなライバル会社が決算数字を粉飾していなければ、ウォール街はAT&Tにもっと好意的だったかもしれない、とアームストロングは言う。そうなれば、彼の戦略を成功させるだけの時間が与えられたかもしれない。

しかし、彼の買収熱のおかげでAT&Tには六五〇億ドルの負債が残り、しかも収入は

［4］ Steven Pearlstein, "Great Plan, Poor Execution at AT&T," *Washington Post*, Feb 20, 2004, p. E1.

減りつづけていた。これだけの損失はやはり致命的である、というのがアナリストの一致した意見だった。追い討ちをかけるように、もともとアームストロングは合併した会社の名前を〈AT&Tコムキャスト〉にすることを条件としていたにもかかわらず、最終的にAT&Tは外されてしまった[5]。

二〇〇二年、アームストロングは、二年前に自分が社長に指名したデービッド・ドーマンに会社を引き継ぐ。だがドーマンが受け継いだのは、ほとんど問題ばかりだった。就任して一年、会社の中核事業である長距離通信が衰退しつづけ、収入は激減していった。彼は何とかしてアームストロングの夢の一部を組み立てなおし、ブロードバンドサービスやインターネットベースの電話サービス、携帯電話の定額料金プランを提供することで、縮小する長距離通信事業の穴を埋めようとする。何千という人員削減も行った。しかし、彼の泳ぎは流れに逆らっていた。さらに、AT&Tはベビー・ベルのネットワークに接続するための「アクセス料」一一〇億ドルの支払いを要求され、問題はどうにも乗り越えられないレベルまで山積していた[6]。

終末は駆け足でやって来る。二〇〇四年、人員整理と債務削減への取り組みは、もはや再建戦略になかった。AT&Tは買ってくれる会社を求めて、精一杯おめかしをしていた。翌年、実に皮肉なことに、子供の一人が親をのみ込んだ。ベビー・ベルの一つであるSBCコミュニケーションズが、一六〇億ドルでAT&Tを買収するために、連邦政府の監督機関の認可を待っていることを発表したのだ。一〇年前、AT&Tの市場価値は七八〇億ドルだった。

こうして要塞の壁は崩れ落ちた。AT&Tの独占的地位が慢心の文化を醸成したことを、誰も疑わなかった。重大な局面を迎えたとき、慢心のせいで、競争が激化するハイテク業界の乱戦

[5] Rebecca Blumenstein and Peter Grant, "On the Hook," *Wall Street Journal*, May 26, 2004, p. A1.

[6] Ken Belson, "AT&T Chief Is Trying to Rejuvenate a Giant," *International Herald Tribune*, Jun 2, 2004, p. 18.

を生き抜けなかったことも。「一九七〇～八〇年代にかけて、通信市場が飢えてやせ細っていった時期に、AT&Tは肥満していき、慢心に陥った」とウォール・ストリート・ジャーナル紙は書いている[7]。もっと一般的に言えば、ジョン・スティール・ゴードンがアメリカン・ヘリテージ誌の記事に書いているように、「所有者が〈人民〉であれ株主であれ、すべての独占企業は肥満体になり、怠け者になり、創造力を失う」。

「現実には、一九九六年の通信法［ベビー・ベルの長距離電話市場参入を許可することで、電話産業独占の最後の名残を消し去ることが目的だった］成立から六年たっても、AT&Tは将来に向けた明確な戦略が何もないままだった」。こう書いたのは、法学と電気通信学の教授であり、司法省で反トラストの法律家を務めたこともあるフィリップ・ワイザーである。興味深いことに、SBCがAT&Tを買収することに意味があったのだろうか、とワイザーは続けている。「たとえこの合併が、業界を一変させた技術の進歩を象徴しているとしても、新しいゴリアテもまた、次のイノベーションの波にのみ込まれる犠牲者となるかもしれない」[8]

だが、一つ確かなことがある。SBCが要塞の壁を築くのに、政府の規制を利用することはない。

急降下する航空会社

老舗の航空会社もまた、規制によって保護され、結果的に慢心に陥った企業の好例である。今日の数字はとても信じがたい。株式の市場価値からすると、現在、業績が最もよいのは

［7］前掲書→［2］

［8］Philip J. Weiser, "The Behemoth Is Dead. Long Live the Behemoth," *Washington Post*, Feb 27, 2005, p. B3.

アメリカンとコンチネンタルだ。どちらも二〇〇五年の第2四半期（昔から書き入れ時の夏季）には利益を出し、株価は一〇ドルを超すあたり。この二社以外の会社は、どうもだめなようだ。〇五年末、デルタとノースウェストは、燃料の値上げや年金負担その他のコストに悩まされ、どちらも破産保護申請を行った。株主の利益はほとんど残っていない。〇六年初めに破産から三年ぶりに再起したユナイテッドは、一億ドルの弁護士費用など、さまざまな問題をいまだに抱えている。

何が起こったのか。同じ話だ。規制が要塞の壁を築き、一九七八年にその壁が取り払われると、それまで競争する必要がなかった老舗航空会社は途方に暮れた。協定が結ばれたのは三〇年代。政府が国土を分けて航空会社間に分配し、どの会社がどの都市に就航し、料金をいくらにするかまで指示した。政府が決めた料金は、航空会社の利益を保証できるくらい高かった。航空会社は、必要な場合は政府に頼って料金を値上げできるので、労働条件の譲歩を簡単に勝ち取れる組合労働者にとっても、おいしい話だった。ただし消費者にとっては、競争がないので料金が下がらないという面白くない話だった。

一九七八年、カーター政権の経済学者アルフレッド・カーンが、民間航空委員会の委員長として規制撤廃を推し進めると、航空会社は突如、どこへでも好きなところに就航し、料金競争もできるようになった。同時に、もちろん、新しい航空会社が市場参入を認められ、この機会に乗じる者が大勢いた。

業界の門戸が開かれて、ここでも例の「要塞」企業の根本的問題が浮上する――内部相互補助戦略だ。老舗航空会社はこの戦略に大きく依存していた。ビジネスクラスの乗客がエコノミークラスの乗客を援助する。黒字路線が赤字路線を補助する。実際、この問題は航空業界の黎明期からあった。郵便物を運ぶ仕事の収益で、一握りの乗客しかいない飛行機も運航していた。パンナムでは、収益性の高いパナグラ（南米路線）が大洋横断路線を支えていた。

この内部相互補助戦略は、壁が立っているかぎりはうまく機能するが、壁が崩れるとすぐにでも異邦人が侵入してくる。言うまでもなく、新興の競争相手は不採算事業には興味がない。一番おいしい高収益の部分をさらおうとするのは間違いない。これこそまさに、格安航空会社が参入してきた航空業界に起こったことなのだ。ハブ・アンド・スポーク方式に拘束されないサウスウェストなどの航空会社は、ポイント・トゥ・ポイント方式で運航し、どの空港に就航するかを選ぶにあたっては、上位一〇〇都市に的を絞った。

航空パイロット協会会長のデュアン・E・ヴェルトによると、「アメリカには定期航空便が運航している空港が四二九ある。サウスウェストが就航しているのは、そのうちの六〇港だけだ。テキサス州のワクサハチーには決して飛ばない。彼らのビジネスモデルにワクサハチーは当てはまらないのだ」[9]。

ロバート・ソーベルが『大企業の絶滅』で指摘しているように、航空規制は、空の旅の真の未来が誰にも見えていない業界の黎明期には理にかなっていた。新しい産業が成長するには、補助金や大口の航空郵便契約という形での政府の助けが必要だろう。だがその結果、民間航空管理局や民間航空委員会から供されるごちそうで航空会社は肥満し、慢心に陥った。ソーベルはこう書いている。

「一九五〇年代には、航空郵便契約なしでも損益分岐点をクリアし、利益を計上できた。規制

[9] Harry Levins, "Airline Deregulation Hits Hard 25 Years Later," *Knight Ridder Tribune Business News*, Nov 7, 2004, p. 1.

緩和の発想も、この時代に芽生えている。もし、規制緩和が二〇年後ではなくこの時代に実施されていたら、古い航空会社もビジネス環境の変化にうまく対応し、かつて栄華を誇ったパンナム、イースタン、TWAなども倒産の憂き目をみずにすんだかもしれない」[10]

当然のことながら、今日の航空業界の嘆かわしい苦境を規制緩和による自由化のせいにする人が大勢いる。しかし「自由化の父」、アルフレッド・カーンは後悔していない。二〇〇五年、コロラド大学法学部で行われた講演で、カーンは聴衆に「消費者は年間二〇〇億ドル相当の恩恵を受けている」と語った。自由企業体制の強力な擁護者であるカーンは、こう付け加えた。「競争がうまく行きそうなところから、政府はとっとと出て行くべきだ」

老舗航空会社は苦悩している。それでもカーンは、主要都市近郊の小さな空港に就航している航空会社が低価格競争を挑んでいることを喜んでいる。「私は格安航空会社の参入に満足している。私の考えが正しいことが立証された」。彼は、航空会社が9・11の影響を克服するのを政府が支援することに反対ではない。しかし、もう十分だろう。「誰が生き残るか、政府が決められないところまで来たのではないか」[11]

[10]『大企業の絶滅　経営責任者たちの敗北の歴史』ロバート・ソーベル著、鈴木主税訳、ピアソン・エデュケーション、2001年

[11] Kelly Yamanouchi, "Father of Airline Deregulation Stands Behind His Effort," *Knight Ridder Tribune Business News*, Feb 18, 2005, p. 1.

2 流通独占による成功

流通独占の典型的な事例は、米国郵便公社である。他の運送会社が郵便受けに配達することを法律で禁止されているのなら、それは流通独占である——間違いなく。この独占によって醸成された慢心のせいで、地上からUPSが、空からフェデックスが仕かけてきた競争に対して郵便局は弱かった。実際、郵便局員の無関心な態度は、フェデックスの広告キャンペーンで嘲笑の的になった。「この小包を信頼して郵便局に預けますか?」最近では、稼ぎ頭の第一種郵便が電子メール革命の激しい攻撃を受けている。これも興味深い話だが、ここでは流通独占を自らつくり上げた会社を詳細に見ていこう。

流通網の支配は、強力な事業戦略になりうる。たとえ他社が競争力のある製品をつくれたとしても、その製品を市場に出すことができない。「進入制限」のある高速道路をつくって、交通を規制するようなものだ。このシナリオの最たる例がデビアスである。この会社のダイヤモンド採掘およびマーケティングに対する一〇〇年にわたる覇権は、実業界の伝説となっている。

デビアス——

事実上の独占とはこういうことだ。二〇世紀のほとんどの期間、デビアスは世界中で採掘されるダイヤモンドの八五~九〇%を販売し、供給量を世界的な需要に合わせることで価格をコントロールしていた。この会社はどうやって、世界で最も独占的なサプライチェーンを構築したのだろうか[12]。

セシル・ローズが事業を始めたのは、二〇世紀に入る前のことだった。彼が南アフリカのダイヤモンド鉱山をまとめて設立した会社はデビアスと名づけられ、後にロンドンを本拠地とする最大手のダイヤモンド商一〇人によるカルテルを結成する。各ダイヤ商はデビアスの鉱山から産出されるダイヤの利益を保証される代わりに、需要と供給のバランスを取るために必要な市場データをデビアスに提供した。その一〇人のグループが時とともにおよそ一二五まで膨れ上がるが、カルテルの目的は変わらなかった。ダイヤモンド流通ルートを実質的に牛耳ることだ。

最近までダイヤの流通はこうだった。中央販売機構と呼ばれていたデビアスの販売部門が、デビアスの所有または共同所有するアフリカの一三の鉱山から産出されるダイヤモンドをすべて買い取る。世界で生産される約四四%を占める量である。さらに、中央販売機構がロシアとカナダの鉱山から買ってデビアスの流通ルートに流すダイヤが世界生産量の二五%を占め、合計すると七〇%近くを占めている。

すべてのダイヤモンドがロンドンにある中央販売機構の事務所に集められて分類され、「ボックス」と呼ばれる単位に分けられる。五週に一度、デビアスはボックスを「サイトホルダー」として知られている一二五のパートナーに分配する。各ボックスのダイヤの価格、量、品質は、デビアスが決める。交渉の余地はない。サイトホルダーはダイヤの原石を、アントワープ、テルアビブ、ニューヨーク、ボンベイ、ヨハネスブルグ、ロシアのスモレンスクにある自社の

[12] For the general outlines of the De Beers story, I am indebted to an excellent overview by Nicholas Stein: "The De Beers Story: A New Cut on an Old Monopoly," *Fortune*, Feb 19, 2001, pp. 186-199.

工場に持ち帰り、そこでカットと研磨を施し、最終的にサイトホルダーの顧客である全世界の卸業者や小売業者に販売していた。

ところが一九九〇年代、次々に起こった別々の出来事によって、デビアスの独占が少しずつ崩れはじめる。最初は九一年のソ連崩壊だった。三〇年前にシベリアで膨大なダイヤモンド鉱床が発見されて、ソ連が世界第二位の生産国になると、デビアスはすかさずソビエト政権と交渉し、シベリアのダイヤモンドがすべて中央販売機構に流れる仕組みをつくっていた。だがソ連崩壊でその取り決めが危うくなり、それ以来、デビアスの流通網の外で取引されるロシアのダイヤが増えていった。

ロシアにおけるデビアスの問題をもう少し詳しく見るために、かつてデビアスのサイトホルダーだったロシア生まれのユダヤ人、レヴ・レヴィヴの話を例にとろう。レヴィヴがイスラエルに最初のダイヤカット工場を開いたのは一九七七年、この国でダイヤモンド産業が急成長しはじめた頃のことである。すぐにレヴィヴは工場を一二まで増やし、八七年にデビアスのカルテルに誘われた。彼は同意したが、その頃にはイスラエルでも最大規模の研磨業者になっていて、カルテルのメンバーに対するデビアスの高飛車な態度にうんざりしていた。八九年、ロシアの国営ダイヤモンド採掘企業が、自前のカッティング工場を建設するにあたって協力を求めてきたとき、レヴィヴは喜んでその事業に一役買った。そしてデビアスを流通経路から事実上切り離す。九五年、デビアスはレヴィヴをカルテルから追放したが、それでも彼を止めることはできなかった。二〇〇三年時点で、彼は世界最大のダイヤのカット・研磨業者となり、原石販売の大手であるデビアスと直接競合するようになっていた[13]。

[13] Phyllis Berman and Lea Goldman, "Cracked De Beers," *Forbes*, Sep 15, 2003, p. 108.

一九九六年、デビアスの覇権に対する第二の衝撃が起こる。オーストラリアのアーガイル・ダイヤモンド鉱山が、デビアスとの契約を打ち切るという大胆な行動に出たのだ。中央販売機構に売る代わりに、アーガイルは他の販売業者だけでなく、デビアスのサイトホルダーにも直接販売することにした。デビアスの完全な価格統制に対する脅威である。アーガイルは品質より量で知られていて（生産量は世界中のどの鉱山より多い）、新しい体制は急成長しているローエンド市場でデビアスと直接競合している。

第三の問題は、同じ一九九〇年代、カナダがダイヤモンド生産の新勢力として浮上してきたことである。デビアスはあの手この手を使って、ノースウェスト準州で発見された三大鉱脈を支配しようとしてきたが、かつては生得権のように思われた支配的地位を確保することができていない。

そして最後の難題は、急成長するインドのダイヤモンド産業から降りかかってきた。「カットできないものをカットする」ことで知られるインドは、長年ダイヤカット産業の一大勢力だったが、今日では世界のダイヤの八〇％がこの国でカットされ、研磨されている。その一方で、インド人はダイヤのバリューチェーンを上流へとどんどん上り、より大きくて高価な石をカットするようになっただけでなく、ダイヤモンド貿易にも参入しはじめている。依然として世界のダイヤ貿易の中心地であるアントワープにインド人が押し寄せて、敬虔なハシド派ユダヤ教徒を業界から追い出しつつある。インド人貿易商は週に七日働き（ほとんどの正統派ユダヤ教徒は拒否する）、ダイヤを自国の研磨工場（労働力がはるかに安い）に送って、年間二六〇億ドルというアントワープのダイヤビジネスのおよそ六五％を手中に収めた。

この状況でも、インド人貿易商がカルテルから原石を買っているかぎりは、もちろんデビアスに直接の脅威はない。だが最近のインド国内の新しい取り組みは、確かにデビアスを脅かしている。インド政府と国内のダイヤモンド業界が、アフリカの鉱山から直接石を買う取引をしようとしているのだ。その計画では、インドの企業が鉱山のあるアフリカの国に生産工場を建設して、地元住民の雇用を増やし、原石を直接インドに送ってカットと研磨をすることになる。デビアスのダイヤモンド・トレーディング・コーポレーション（旧中央販売機構の現在の名称）の出る幕はない。最終的に、インドの業界は独自の小売販路を育成して、統合された流通体制をつくり上げるだろう。

それでもデビアスはさすがである。たとえ絶対的な流通独占で慢心していたとしても、その独占が少しずつ崩れてきたときに行動を起こした。デビアスが考案した新しい戦略とは、世界のダイヤモンドすべてを売ることができないのなら、売れるものから得られる利益を増やすことだ。競争が激化するダイヤ市場で、デビアスはもはや「力ずくのサプライヤー」ではいられない。新しいマーケティング・キャンペーンで謳っているとおり、「選ばれるサプライヤー」になるだろう。

つまり、デビアスはブランド競争に参入しつつあるのだ。新しい取り組みは二つ。一つは、「フォーエバーマーク」と呼ばれるもので、ダイヤモンドの内側に印《しる》された、品質を保証するサインのようなものだ。もう一つは、デビアスの名前そのものであり、小売まで手を広げる動きの一環として、その名前を売り込むことである。デビアスの直営店がすでにロンドンのボンド・ストリートと東京のショッピング街にオープンし、他でも準備中だ。

フォーチュン誌によれば、これは「ダイヤモンド産業の環境変化への見事な対応」と考えられる。ダイヤの生産と流通のすべてを掌握することが次第に難しくなっていることを知ったデビアスは、実際に掌握しているダイヤに自分たちの検印を押すだけで、その価値を上げるという手法を導入した。しかし一世紀の歴史を変えるのは難しい、とフォーチュン誌は指摘している。「実のところ、〈選ばれるサプライヤー〉戦略実行にあたって、植民地時代の鈍重な独占企業の文化を変えることこそが、デビアスにとって最大の難題かもしれない」[14]

3 政府の保護による成功

アメリカでは、公益事業や航空会社のような数少ない例外はあるにしても、自由市場経済下の活動に対する政府介入は最小限である。だが世界にはごく最近まで、レーニンが経済の「コマンディング・ハイツ（管制高地）」と呼んだ、経済全体を管理できる位置に政府が居座っていた地域もある。また、日本、韓国、一部の西欧諸国のように、政府が、企業を所有するまでには至っていないが、経済界とがっちり手を組み、特定の企業または企業グループを保護して成功に導く例もある。言うまでもなく、政府に「選ばれる」ことは慢心につながりやすい。そして最終的に、現実に引き戻されてショックを受けることが多い。いくつか事例を見てみよう。

[14] 前掲書→［12］

日本株式会社

第二次世界大戦前の日本の急速な工業化を特徴づけていたのは、いわゆる財閥勢力の台頭だ。財閥とは、一族を中心に組織され、政府によって経済成長の先頭に立つように選ばれた巨大なコングロマリットである。三井、三菱、住友、安田の四大財閥は、重要な産業すべてに関与し、資本を集める手段として、それぞれ独自の銀行を持っていた。

第二次世界大戦が終わったとき、GHQが財閥の解体を命じたが、そのシステムがすべて消え去ったわけではない。財閥に取って代わったいわゆる「系列」は、財閥より結びつきのゆるい銀行と産業会社の集団で、以前の経営陣のほとんどがそのまま残っていた。さらに重要だったのは、引きつづき政府と企業ががっちり手を組み、日本の戦後の復興を監督していたことである。その協力体制の中心にいたのが通商産業省であり、それを動かしていたのが国家経済の舵取りをする官僚の幹部である。通産省は戦後景気が続く間、日本の産業のほぼあらゆる局面を統制していた。価格と数量制限を設定し、免許と品質基準を発行し、国内での競争を管理し、外国企業の侵入を抑え、合併を取り仕切り、輸出によって経済成長を強力に支援した。

一九六〇～八〇年代にかけて、この体制は見事に機能し、反対を唱える者は少数派だった。通産省の局長だった内藤正久はその少数派の一人で、過剰に規制された経済特有の弱さを認識し、規制緩和支持をはっきり主張するようになる。彼は派閥争いに巻き込まれ一九九三年に罷免されたが、そのときすでに、差し迫った経済破綻を避けるには手遅れだった。

一九九〇年、とてつもなく巨大な投機的不動産バブルが弾けはじめ、それから二年の間に不動産の価値が急落するとともに、膨大な不動産担保融資を抱えていた日本の銀行も転落していく。この危機で、これまで政府による保護で慢心し、厳しい説明責任を逃れていた銀行業界の弱さに世間の注目が集まった。長年、銀行は通産省の「行政指導」によって、融資先企業の返済見込みにはほとんど注意を払わないまま、成長する産業分野に低金利の資金を用立てていた。不動産市場が暴落すると、突然、多額の不良債権が明らかになったが、それでも銀行は、規模も経済への影響も大きいので倒産させるわけにはいかないとされた。この銀行の破綻、そして抜本的な改革への日本の抵抗が、九〇年代後半、日本経済を後退させる[15]。

実際、二〇〇二年一〇月になっても、銀行業界は四二三〇億ドルの不良債権の重圧に苦しんでいて、首相の小泉純一郎は竹中平蔵を金融担当大臣に任命し、長期にわたる危機に終止符を打つという明確な使命を与えた。竹中は弱体化したいくつかの銀行を廃業させるだけでなく、公的資金を使って一部の銀行を再建することに賛成した。三年前、政府は不振にあえぐ業界に大幅な改革の要求もせず、その支援として七五〇億ドルを投じていた。その投資は無駄に終わり、一五年前の教訓が再確認された――活発な競争がないためにすでに弱っている産業は、政府から与えられる栄養では体力を回復できない[16]。

比較すると面白いのが、ホンダである。一九六〇年代、日本の自動車産業を国際競争に参入させようという、いかにも日本政府らしい取り組みの中で、通産省は規模の経済効果を確実にするために、参入企業の数を限定したいと考えた。その戦略の一環として、ホンダは自動車市場には参入せず、バイクに専念するよう説得された。しかしホンダは反抗し、独自に活動を始めて、通産省の指導も助けもなしに競争の海に飛び込んだ。今やトヨタと日産に次ぐ日本

[15]『市場対国家　世界を作り変える歴史的攻防』ダニエル・ヤーギン、ジョゼフ・スタニスロー著、山岡洋一訳、日本経済新聞社、1998年

[16] James Brooke, "Japan Names New Economy Czar to Tackle Banking Crisis," *New York Times*, Oct 1, 2002, p. A3.

第三位の自動車メーカーであり、世界有数の内燃エンジンメーカーとなったホンダは、完全に独力で成功したのである。どうやらこの会社は独力が好みなようだ。数年前に業界が合併熱に浮かされたときも、ホンダはあくまで独立を保つと公言していた。

フィアット

ヨーロッパでも戦後の復興を促進するために、同族経営の老舗企業は政府の庇護を受けた。日本の場合と同じように、こういう「チャンピオン」企業は、さまざまな主要産業へと多角化を図り、やがてはグローバル化することを奨励された。この手法はアジアと同様にヨーロッパでも成功したが、同じように、いったん「経済的奇跡」が起こった後には、市場の見地から見ると企業組織の弱さが露呈した。その最たる例がフィアットである。

一八九九年にジョヴァンニ・アニエッリが設立したフィアットは、第二次世界大戦前にすでにイタリア有数の自動車会社になっていた。戦後、フィアットは政府の賛同を得て、ジェット機、鉄道車両、トラクター、保険、建設、新聞など、さまざまな事業へと多角化を図る。今日でも、この五〇〇億ドル規模のコングロマリットは、イタリア最大の民間雇用主である。だが同時に深刻な問題を抱えている。

政府と企業の提携が、たとえ必要不可欠な状況から始まったにせよ、やがて不健全な共生関係に発展していく経緯を、フィアットの事例は十分に示している。政府が企業を保護し、企業がその保護の見返りを支払うのが、当たり前のようになる。実際に、自由競争が縁故主義と汚職によって妨げられる。それは慢心の温床となる文化だ。

イタリアで長年鬱積していた問題が一気に表面化したのは、一九九二年、ミラノの判事が老人ホーム建設に絡む賄賂について捜査を始めたときのことだ。一年もしないうちに「汚職一掃作戦」が国の大部分の政党を巻き込み、二一の都市で汚職裁判が行われた。大臣がぞろぞろと辞職し、国のトップ企業の役員にも逮捕者が出る。そのうちの二人がフィアットの役員だった。

フィアットにとって衝撃的な時代が迫っていた。自動車の国内市場シェアは、一九八〇年代初めの六〇%から、九〇年代初めには四五%に急落。九一～九二年にかけて売上高が二七%も落ちたため、取引銀行は緊急に二五億ドルの資本修正を迫られた。フィアットは新たな現実に直面していた。もはや「外国」車という区別はない。フィアットの車を「国産」というだけの理由で買ってくれる従属的な市場ではなく、もはや国内市場に安穏と依存できなくなっていたのだ。

一九九七年までに「汚職一掃作戦」はフィアットの徹底捜査を終えた。一年前にジョヴァンニ・アニエッリの跡を継いで会長に就任していたチェーザレ・ロミティは、会計の不正操作、脱税、政党への不正献金で有罪判決を受けた。フィアットの最高財務責任者も有罪となった。この二人に対する容疑の核心は、八〇～九二年まで、違法な政治献金のための裏金づくりに同意し、その支出を隠すために会計を不正操作していたことである（汚職は国中に深く浸透していた。有罪判決を受けた者の中には、元オリベッティ会長のカルロ・デ・ベネデッティや、ファッション界の大立者であるジョルジオ・アルマーニもいた。元イタリア首相で、この後再び首相となる――そして大物実業家でもある――シルヴィオ・ベルルスコーニも取調べを受けている）。

保護された市場はフィアットの支えだった。それなしでどうやって生きていけばよいか、フィアットは学んだことがなかった。二〇〇二年、危機が再びのしかかってくる。〇一年にフィアットオートは一三億ドルの赤字を出し、新たなリストラ策を推進中だった。一八の工場閉鎖とイタリア国外の六〇〇〇人の人員削減だ。国内市場シェアはこの一〇年でさらに一二％下がり、三二％まで落ちていた。人的資源管理に関する相談役として迎えられたジャック・ウェルチは、問題の原因は多層構造の経営体制と、業績の悪い者をかばう「合意の文化」にあると指摘する[17]。その意見は正しかった。それは、アニエッリがフィアットの国内市場を本当の競争から守るよう、政治家を説得できていた数十年間に形成され、深く根づいていた古い文化でもあった。

フィアットオートのCEO、パオロ・カンタレラが辞任し、依然として損失が累積していくなか、ビジネス・ウィーク誌がベルルスコーニ首相の苦境について考察している。自由市場の唱道者であるベルルスコーニは、「旧来の大がかりな政府による緊急援助」を提案できる立場になかったが、イタリアで最も敬愛されている象徴的な会社の凋落を見守るのも耐えがたかった。

ビジネス・ウィーク誌は、この自動車メーカーの根本的問題が過剰生産能力であることを指摘したうえで、徹底的なスリム化を図り、生産能力を市場に見合う生産量にすることを首相は奨励するべきだ、と賢明な提案をしている。「フィアットは、旧態依然としたイタリアの保護主義の危機の教訓となる実例だ。ベルルスコーニは、フィアットが自社の販売能力にふさわしい規模に縮小するのを助けることで、この自動車メーカーのトラブル続きの歴史に、エピローグではなく新たな一章を書き加えることになるだろう」[18]

[17] Gail Edmondson, "Running on Empty," *Business Week*, May 13, 2002, p. 58.

[18] Gail Edmondson, "Why Berlusconi Should Help Fiat Shrink," *Business Week*, Jun 24, 2002, p. 28.

二〇〇二年の秋、危機は深刻さを増した。フィアットは八〇〇〇人の一時解雇を発表する。売上は落ち込み、その年の赤字は二〇億ドルに近いと予測された。ベルルスコーニはフィアットの経営トップと私邸にこもり、緊急援助の可能性について検討した。あくる〇三年一月、ジョヴァンニ・アニエッリが死去する。長年この会社の長老だった創業者の孫の死によって、フィアットオートが抱える数々の問題からしばらく注意がそれたが、問題の解決にはならなかった。ロンドンのインディペンデント紙に載った長い死亡記事が指摘したとおり、フィアットの問題の主な原因は、この会社が「競争の激しいヨーロッパ市場の要求に応える新世代の車をつくれなかったことにある。……かつては信頼できないフィアット車にとても忠実だったイタリア人が、最近は品質を要求するようになっている」[19]。

二〇〇四年、ジョヴァンニの弟でフィアットの会長を務めていたウンベルトが突然この世を去ったことで、フィアットはいつになく決然と行動を起こす。再建のスペシャリスト、セルジオ・マルキオーネをグループの新CEOに迎えたのだ。彼はすぐさま改革に抵抗していた経営陣を解雇し、世界中から業界の有能な人材を集めはじめた。マルキオーネは翌年、フィアットオートのCEOも兼務することになる。これで一世紀ぶりに、同じ人物が親会社と自動車部門両方の責任者となった。彼はフィアットオートを救えるだろうか。救えるかもしれない。〇五年末、フィアットは自動車部門が四年と四半期ぶりに黒字に転じたと発表した。いずれにしても、会社を慢心から目覚めさせるには、差し迫る消滅の脅威が一番だ。

[19] Wolfgang Achtner, "Obituary: Giovanni Agnelli," *The Independent*, Jan 25, 2003, p. 20.

4 政府による経営

政府がただ企業に許可を与えるのではなく、実際に企業を経営するか所有している場合、慢心に陥るペースが上がる。ここで、アメリカの郵便局や、イギリスの鉄道、航空、空港、海港など、一般に税金で運営資金がまかなわれるインフラ産業のような公営事業を論じることもできる。しかし、ここではインドに目を向けてみよう。この国では、戦後の共産主義モデルへの心酔のせいで、国営企業がはるかに多く設立され、没落した。

世界の大半の地域が自由市場を支持して「混合経済」を捨てたのに対して、インドは逆の方向に進んだ。一九六〇～九〇年までに、国営企業が国内総生産（GDP）に占める割合は八%から二六%に拡大している。中央政府は、電気・ガス・水道、鉄道、航空会社のような伝統的な国営企業のほかに、およそ二四〇の企業を所有していた。これまで見てきた特別待遇の会社と同じように、このような国営企業は外の競争世界を気にもとめず、保護された市場で繁栄する。その結果、かつてないほどの非効率、無責任、そしてもちろん、慢心に陥るのだ。

ダニエル・ヤーギンは、「まさにぴったりの」例として、ヒンドスタン化学肥料会社を挙げている。この会社は一九九一年にインド経済が危機的局面を迎える一二年前に設立され、その一二年間、一二〇〇人の従業員は毎日規則正しくタイムレコーダーで就業時間を打刻していたが、工場は肥料を一袋も生産していなかった。多額の公的資金を費やして工場が建設され、輸出信用で資金調達ができるからという理由で購入された、ドイツ、チェコスロバキア、ポーランドその他数カ国の機械が使われているように見えた。だが「悲しいかな、各国の機械はうまく組み合わず、工場は稼動できなかった。誰もが稼動しているふりをしていただけ」とヤーギンは書いている[20]。

一九九一年にP・V・ナラシンハ・ラオが首相になってから、インドは改革の道を歩みはじめた。しかし、改革は決して容易ではない。競争を知らない国有企業を、自由市場という容赦ない競技場に押し出そうとするのはなおさら難しい。エアインディアの事例は、意欲的だが問題の多いインドの変革を如実に表している。

エアインディア

「マハラジャの航空会社」と呼ばれるようになったこの会社は、インドの傑出した財閥のJ・R・D・タタによって、一九三二年に設立された。タタは最初からこの航空会社を世界最高クラスにしようと考え、そのビジョンを実現するためには金に糸目をつけなかった。

最新で最高の航空機にこだわったエアインディアは、一九六二年、六機の707を擁する、世界初のすべてジェット機で運航する航空会社として名声を博す。タタの目標は、西洋の効率性と東洋のもてなしを合体させることだったので、卓越したサービスと独自の便利で快適なさまざまな設備を提供した。機内には優美な装飾が施され、おいしい食事（ベジタリアン食も含めて）が供され、客室乗務員はサリーをまとっていた。四六年には、特大の口ひげと縞模様のターバンが目を引くマスコットが初登場し、じきにエアインディアの優雅で洗練されたものすべてを

[20] 前掲書→［15］『市場対国家』

象徴するようになる。

エアインディアは一九五三年に国有化されたが、その後も二五年間、タタが会長としてとどまる。彼の地位と名声が絶大だったため、その在任期間の大半は、政府の介入からエアインディアを守ることができた。しかし、良いことには必ず終わりが来る。国際線の独占を認められていたエアインディアは、やがて非効率と肥大化に侵される。世紀の変わり目に政府が民営化計画の一環として売りに出す五年前から、赤字経営が続いていた。

どれだけ悪化していたのか。二〇〇〇年、この会社には従業員が一万七七〇〇人いた。航空機一機あたりの従業員数の世界平均が二五〇人なのに対して、七七〇人もいたのだ。それだけでなく、航空機の平均使用年数は、競争力の強いシンガポール航空で五年未満、三〇機を所有するインドの民間企業のジェット・エアウェイズではわずか三年なのに対し、エアインディアの二三機の平均は一四年だった。

ウォール・ストリート・ジャーナル紙の海外特派員は、エアインディアに「アジア最悪の航空会社」の称号を与え、「サービスの悪さで有名」で、飛行機は「ダクトテープで張り合わされているように見える」ことがあり、「従業員は自分の身分を一生の名誉職と思っているようだ」と評している。かつては尊敬に値したこの航空会社は、老朽化した数少ない飛行機で、就航を許可されている九〇の目的地のうち一九カ所にしか飛んでいない[21]。

政府は投資回収計画の一環として、エアインディア株の四〇％を売却し、四〇％を保有し、残りの二〇％を従業員と金融機関で分ける計画を提案した。タタ・グループ（オーナーはエアインディア創立者と同じ一族）とシンガポール航空が手を組んで買収交渉に入るかと思われたが、

[21] Henny Sender, "India's Airline Sale to Test Reform Moves," *Wall Street Journal*, Aug 1, 2000, p. A18; also see Hugo Restall, "Privatizing Air India," *Wall Street Journal*, Jul 11, 2001, p. 7.

シンガポール航空は手を引いた。この取引に対して、インド国内の社会的・政治的反発が強すぎるからというのだ。タタはパートナーとして別の航空会社を探し回ったが、二〇〇一年九月一一日のテロが業界を揺るがし、大手航空会社はどこも拡張ムードではなかった。結局、タタも交渉から身を引いた。

その後、インドの経済成長と世界的な航空旅客需要の回復により、いまだに国有のエアインディアにもいくらか希望が戻ったのかもしれない。二〇〇五年四月、ボーイングから五〇機の新しいジェット機を六九億ドルで購入すると発表した——一五年ぶりの保有機拡充である。さらに、サンフランシスコ便とヒューストン便を新たに加えて、アメリカへの便数を増やすことも発表した。

もっと前途有望な動きとして、エアインディアは現在、国内線の国有会社であるインディアン航空と合併する計画を立てている。この場合、一＋一は二より大きくなる。合併した会社は、それぞれ独自には実現できなかった、国内のどの空港からの便にも国際線を接続させることができるからだ。

これらの動きによって、低迷するエアインディアは再び飛ぶことができるだろうか。おそらくできるだろう。だが克服すべき大きな問題がある。エアインディアとインディアン航空が合併した会社は、凝り固まった二つの政府組織を融合させなくてはならない。全社を顧客サービス志向にしなくてはならない。そしてこの事実が残っている——一九九〇年、エアインディアはインド発着の国際便の四〇％を占めていたが、二〇〇五年にはそのシェアが一八％まで落ちた。かなりのシェアをヨーロッパや他のアジアの航空会社に奪われたのだ。そして国内便に関しても、つい一九九二年にできたばかりのジェット・エアウェイズが今ではナンバー・ワンである。ジェット・エアウェイズは、まずは国有会社のインディアン航空から国内線の顧客を奪い、今では国際線にも手を広げている。欧米の新興企業と同じように、ジェット・エアウェイズも政府の規制に縛られず、儲かる路線を「いいとこ取り」して、優れたサービスと快適な設備で顧客を勝ち取っている。五〇年前のエアインディアと同じように。

慢心症——主な症状

品質について言われていることと似ているが、慢心も見ればわかる。見分けのつく症状をいくつか挙げよう。

1——意思決定を急がない

サイクルタイムが長くて、のんびりしている。ベビー・ベルがそのいい例だ。ブロードバンド事業とインターネット事業への参入を決定するのに何年もかかった。企業文化全体が動きの遅いギアに入っている。急ぐのは性に合わない。あらゆる行動やアイデアが、二重、三重にチェックされる。GMはこの症状が極端だった。新型車のコンセプト構築から市場導入まで五年もかかったのだ。ホンダは三年のサイクルタイムで業界を動揺させ、トヨタはホンダの範に従った。

2 ── 意思決定プロセスがひどく官僚的である

非政府組織（NGO）や大きなボランティア組織によく見られるように、意思決定が委員会の横暴によって妨げられている。委員会のメンバー一人ひとりが拒否権を持っていて、それぞれの考え方の違いによって意見が調和しがたい。

たとえば、財務、マーケティング、販売、生産、購買などから代表者が集まる委員会で、メンバーがそれぞれ自部門の考えを話し合いに持ち込む。この点については、第8章「テリトリー欲求症」でもう一度触れる。ここでは、エンジニアと営業マンと経理担当者の考え方の違いは、ドイツ人とフランス人とイギリス人の違いより大きい、とだけ言っておこう。

これは官僚主義の問題であり、官僚主義の壁を打ち壊すのはリーダーの責任だ。リーダーはこの問題に取り組みながら、慢心して「急がない」組織に顕著な他の障害──企業文化、業務プロセス、システム、組織体制、規程──も取り除かなくてはならない。

3 ボトムアップ、分権、合意の文化である

全員を経営に参画させる必要がある、有名な日本式の「コンセンサス・マネジメント（合意にもとづく経営）」のような文化である。このスタイルは数年前に流行ったが、変化が激しい今日のビジネス環境下では、非生産的である。

このやり方では、グローバルな舞台で変化を起こすのが非常に難しい。たとえば、どんな「調査」も丸一年かけている非営利団体や大学をいまだに見かける。なぜ三カ月でできないのか。新しい会長や学長が就任すると、「合意を得る」のにまた一年費やすのだ。それもよいだろう――世界が予測可能なままであるならば。

ボトムアップでやってはいけないことが三つある。

■**ビジョンを決める**……ビジョンは人によって違うものだ。合意は決して得られず、論争は永遠に続く。あなたがリーダーなら、会社がどこに向かうべきかを決めるのは、あなたの仕事だ。全員がついて来なくとも、進んでゆけばよい。フィアットで新リーダーのマルキオーネがやろうとしているように。

■**ITインフラの設計**……試すことさえしてはいけない。さまざまなソリューションがありすぎるし、ハードウェアもソフトウェアも選択肢がありすぎる。企業の合併・買収における最大の悪夢は、互いのITシステムに互換性がないことだ。

■**ブランド構築**……ブランド構築を合意のもとに行おうとすると、収拾がつかなくなる。

会社のブランドを決めるのはリーダーだ。

4　高コスト構造になっている

非常にコストがかかるやり方をしている。何も責任を負わない金食い虫の「お飾り」は、会社のコア・コンピタンスを低下させる。保護された環境にいると、何をやるにもぜいたくになる。パンナムが典型的な例だ。パンナムのラウンジは、国王と皇帝が使うことを想定してつくられたようだった。「クラス最高」という理想に駆り立てられている。経費はべらぼうにかかるが、要塞の中での内部相互補助が問題を覆い隠してくれる。

ＡＴ＆Ｔの独占体制が崩壊した時点で、その教育研修の総予算はＭＩＴ（マサチューセッツ工科大学）の予算の五倍だった。一九八〇年の数字で、一〇億ドル対二億ドルだ。このような、必要以上に量を追求する強迫観念は、慢心の文化に特徴的である（ただし、コスト管理に問題があるのは慢心している企業だけではない。「拡大強迫観念症」という自滅的習慣については、第７章で取り上げる）。

5　完全な垂直統合の企業構造である

すべてを社内でまかなっている。ＡＴ＆Ｔの民生品部門担当役員の友人に、インディアナポリスにあるウェスタン・エレクトリックの工場を案内してもらったことがある。巨大な美しい設備は業界随一であった。友人は溶鉱炉を見せて、会社が所有する炭鉱で産出された石炭から、特別な炭をつくるのに使っているのだと説明した。それだけでなく、この会社は炭鉱から石炭を積んで工場に運ぶ専用のトラック便も持っているという。これらはすべて、AT&Tの電話機用の炭を供給するためである。

すべてを社内でまかなうというのは、こういうことだ。もちろん、炭は市場で四分の一、五分の一のコストで買うことができるが、この場合も、垂直統合による内部相互補助のしくみのせいで、コストを抑えようという意識が働かない。より垂直統合されているほど、旧態依然とした企業、ひいては慢心企業になる可能性が高いことは、事実としてはっきり示されている。GMや電話機製造のルーセントについて考えてほしい。そして、シスコが従来とは異なるやり方、いわゆる「仮想統合」――すべての業務を掌握するのではなく、すべての業務を調整するシステム――によって競合他社を圧倒したことも（第7章の「垂直統合から「仮想統合」へ」を参照）。

6 機能、製品、市場、顧客の相互補助がさかん

社内では、平均コストと平均価格が指標の主流である。コストを総計にして見かけをよくしようとするが、数字は当てにならない。結局、自社の事業の一番儲かる分野から利益をかすめ取っているだけだ。その一方で、競合他社からの攻撃に弱くなる。思い起こしてほしい。ベビー・ベルは全国のレストランのトイレの横に電話を設置した。これは儲けにならなかった。空港、刑務所、ショッピングセンターに設置した電話のほうがはるかに儲かった。攻撃されるのはこういったところだ。ライバルはガソリンスタンドの電話ボックスには興味を示さず、

利益の高い分野を探した。そして周知のとおり、携帯電話が公衆電話をほぼ一掃してしまった。慢心している企業には、このメッセージの真意は決してわからない——明日の世界は昨日の世界とは違う。

慢心症——治療法

前述のとおり、慢心は古くからある老舗企業でとくにはびこりやすい。そして、応急処置では根絶やしにできない慢性症状になるおそれもある。いくつかの改善提案がある。

1 リエンジニアリング

これはマイケル・ハマーが『リエンジニアリング革命』に書いているアドバイスだ。長年続いた慢心のせいで、業務プロセス設計が貧弱で、非効率なシステムが組織に組み込まれている。業務サイクルが緩慢で、製品の品質が低下している。それがわかったら、リエンジニアリングを実行するべきときである[22]。

[22]『リエンジニアリング革命　企業を根本から変える業務革新』マイケル・ハマー、ジェイムズ・チャンピー著、野中郁次郎監訳、日本経済新聞社、1993年

モトローラにはいろいろ問題があるが、シックス・シグマを開発した功績は大きい。高品質を実現し、無駄を省き、非効率を抑制するための、リエンジニアリング手法である。製品不良がいかに高くつくかに気づいたモトローラでは、CEOのボブ・ガルヴィンとエンジニアのビル・スミスが、製造される部品一〇〇万個あたりの不良を三・四個まで減らすことを目指して、今ではよく知られているこの手法を取り入れた。DMAIC[★1]のプロセスで改善を図るこの方法論は、GEをはじめとする大手企業で採用されている。実はこの非常に有名な品質管理手法は、昔から「能率」「ジャスト・イン・タイム生産」「不良品ゼロ体制」などの達人だった日本企業に由来している。

2 組織改革

一般的には、管理、効率、経済性の強化の名のもとに、中央集権化に向かう。ヒューレット・パッカード（HP）を考えてみよう。この会社は世界中の子会社からなる分権組織で、各子会社が担当市場ですべてのHP製品を売るという独特な経営体制をとっていた。かなり最近まで、このモデルは政治的理由から理にかなっていた。だがカーリー・フィオリーナが気づいたように、グローバル経済では意味をなさない。そこで彼女は世界規模で製品の管理責任を負う体制へと改革した。プリンタの責任者であれば、一国の市場ではなく世界市場に責任を持つ。このように組織を再編成すると、内部相互補助も明るみに出るため、うやむやにするのが難しくなる。

★1 define:定義、mesure:測定、analyze:分析、improve:改善、control:管理

3　ノン・コア事業を切り捨てる

これについてはゼネラル・エレクトリック（GE）が先を行っている。第7章で触れるように、レジナルド・ジョーンズが率先してスリム化を開始したとき、GEには何百という事業があった。ジャック・ウェルチは取り組みを継続し、その数を約一四まで減らす。彼のモットーは有名になった。「ナンバー・ワンかナンバー・ツーでないのなら、整理するか、売るか、やめる」。彼は消費者向け電気機器事業さえも整理した――ナンバー・ワンだったが、ナンバー・ワンのままでいられないと気づいたから。

周知のとおり、数年前には多角化が大流行だった。エネルギー会社が夢中になって、さまざまな非エネルギー事業に手を広げたが、その後撤退せざるをえなくなった。前の章で説明したように、ゼロックスもコア事業から離れて事業を拡大したが、結局は縮小した。最近まで、ベアトリス・フーズは実に不可解なほど、さまざまな会社を所有していたが、これはまったく理にかなっていなかった。ヨーロッパでも、フィリップス・グループ、シェル・グループ、ティッセンクルップなどの大手持ち株会社が気づいているように、同族経営の多角化されたコングロマリットという旧式のモデルはもはや通用しない。

現在の環境では、コア事業に立ち返って、それをグローバルに展開するほうが得策だ。そうすれば慢心することなく真の競争力をつけざるをえないし、黒字事業を利用して弱い事業を隠すこともできない。

4 ノン・コア業務をアウトソースする

アウトソーシングが今日これほど物議を醸しているのは、多くの企業がそれを実行しているからだ。それほど多くの企業がアウトソーシングをしているのは、それが非常に理にかなっているからだ。コアとなる業務でないなら、インドでも、アイルランドでも、自国に近い別の会社にでも、下請けに出すのがいい。保管や配送ばかりか製造でさえも、アウトソースが業界標準になりつつある。

慢心企業の特徴である肥大化、惰性、非効率にとって、これはすばらしい解決策だ。コンピュータをつくる会社だからといって、カスタマーセンターに配置する要員を何千人も雇う必要はない。飛行機を運航させているからといって、自ら予約の電話を取る必要はない。ビジネス・プロセス・アウトソーシング（ＢＰＯ）の時代であり、競合他社もそのメリットを活かすようになるだろう。第７章で説明するが、アウトソーシングはコスト抑制にも役立つ手法だ。

5 会社に新しい活力を吹き込む

会社の文化を改革するのに必要なのは、常にチャンスをうかがっている積極的で強く新しいリーダーではないだろうか。うまく行く可能性はある。ゴードン・ベスーンはコンチネンタル航空を目覚めさせた（そして『大逆転！――コンチネンタル航空　奇跡の復活』という本を書いた）。

ＩＢＭは、ルイス・ガースナーがＲＪレイノルズから来るまでは、肥大化した巨大なモンスターだった。３Ｍでは、ジム・マキナニーがＩＢＭから迎え入れられるまで、長い成功の歴史が慢心を誘発しているように見えた。ホーム・デポの場合、創業者のバーニー・マーカスとアーサー・ブランクが育てた文化はのんびりしすぎていて、ロウズから仕かけられた競争に対応できなかった。この問題を解決したのが、ボブ・ナルデリである。

＊＊＊

それにしても、なぜ、自滅的習慣が末期的症状に至るまで何もしないのか。なぜ、肺がんになるまでタバコをやめないのか。心臓発作に襲われるまでダイエットしないのか。慢心を防ぐ最善策は、過去ではなく未来を見ること、将来は予測できないという真実をしっかり肝に銘じること、そして「何をしたか」ではなく「何をすべきか」に意識を集中することだ。

治療法

1　リエンジニアリング

高品質を実現し、無駄を省き、非効率を抑制する。

2　組織改革

製品または地理などを基準に事業部門を再編成することで、利益と損失を分散管理する。

3　ノン・コア事業を切り捨てる

競争力のない事業はやめる。

4　ノン・コア業務をアウトソースする

コアとなる業務でないのなら、アウトソースする。

5　会社に新しい活力を吹き込む

会社の文化を改革するのに必要なのは、常にチャンスをうかがっている積極的で強く新しいリーダーである。

診断書3　慢心症

発症のきっかけ

- □ 過去の成功が規制下の独占によるものだった
- □ 過去の成功が流通独占の上に成り立っていた
- □ 成功するべく政府から「選ばれる」
- □ 政府が企業を所有している、または経営している

主な症状

□ **意思決定を急がない**

企業文化全体が動きの遅いギアに入っている。急ぐのは性に合わない。

□ **意思決定プロセスがひどく官僚的である**

意思決定が委員会参加者の横暴によって妨げられている。

□ **ボトムアップ、分権、合意の文化である**

意思決定に、全員を参画させる必要がある。

□ **高コスト構造になっている**

コストのかかるやり方をしている。

□ **完全な垂直統合の企業構造である**

すべて社内でまかなっている。

□ **機能、製品、市場、顧客の相互補助がさかん**

社内では平均コストと平均価格が指標の主流になっていて、利益を得られていない部門が把握できていない。

5 コア・コンピタンス依存症
——諸刃の剣

ほとんどの企業は、コア・コンピタンスに頼って成功しようとする。だが、そのために視野が狭くなり、他の機会が見えなくなってしまうと、「コア・コンピタンス依存」が自滅的習慣になる。コア・コンピタンス依存症の企業は井の中の蛙に似ている。空は、井戸のてっぺんの広さしかないと思っている。もし地表に出てきたら、まったく違う光景が見えるだろう。

コア・コンピタンスが時代遅れになったら、他社との競争優位がなくなったら、あなたの会社はどうするか。他社が（たとえば海外の企業が）もっといい仕事をしていて、顧客がみんな離れていったら、いったいどうするのか。皆目、見当がつかない、身動きがとれないと思う場合は、コア・コンピタンス依存症になっている。

業界トップの会社は、とくにこの自滅的習慣に用心する必要がある。自分がナンバー・ワンのときに変化を起こすのは難しい。コア・コンピタンスは企業文化に深く根ざしている。会社そのもの、会社を代表しているもの、ロゴが象徴するものである。GMならシェビー。コカ・コーラならコーク。これを変えるのは難しい。たとえ会社を象徴する製品の市場が衰退しても、なかなか変えられない。DECといえばミニコンだった——業界トップの座が災いして会社が崩壊するまでは。

コア・コンピタンス依存になると、これまでの強みが弱みになる。まるで環境が変わって絶滅した恐竜のようだ。突然、他の選択肢がないように思えてくる。ここで二つの事例を見てみよう。

シンガーミシン

ベビーブーマー世代（一九四六〜六四年生まれ）の人なら、母親がミシンを持っていた可能性が高いし、それと同じくらい、自分や配偶者がミシンを持っていない可能性も高い。ベビーブーマーより若い世代の人は、ミシンを見たことがないかもしれない。

一五〇年前、I・M・シンガーが自分の考案したミシンをボストンで売りはじめたとき、それはすばらしいアイデアだった。実際、一九一三年までに三〇〇万台も売ったほどである。シンガーは、自分のミシンを最も必要としている田舎の貧しい人々が購入できるように、分割払い方式まで考案した。

だが一九七〇年までに、縫い物をする人はほとんどいなくなった。なぜか。既製服がどこでも安く買えるのに、誰がわざわざ裁縫するだろうか。少なくともアメリカでは、ミシンの市場は消滅した。実は、シンガーは自己改革を試みた。七五年にゼロックスから引き抜かれたジョセフ・フラヴィンは、防衛技術に活路を見出す。一〇年後、ミシン部門をシンガー・ソーイング・マシン・カンパニー（SSMC）としてスピンオフし、シンガー本体は航空宇宙電子機器のメーカーとなった。

一九八九年、当時イタリアと台湾とブラジルのミシン工場に二万四〇〇〇人の従業員を抱えていたSSMCは、上海生まれの起業家、ジェームズ・ティンのセミテック・マイクロエレクトロニクスに買収された。ティンは広く知られているその名前を活かそうと、社名をシンガー・N・Vとし、本社をオランダ領アンティル諸島に移して、家電製品のコングロマリット構築に取りかかった。

しかし一九九〇年代後半、かなり無理をしていたティンを、アジアの金融危機が襲う。会社は九七年に二億三八〇〇万ドルの赤字を出し、九八年にさらに二億八〇〇万ドルを失い、九九年に破産を申請した。破産時に会社に残されていた現金が二五〇〇万ドル、負債が一二億五〇〇〇万ドル。偉大なアメリカのミシン会社はとうとう消え去った。

では、一九八六年にミシン部門をスピンオフして残ったシンガー本体はどうなったのだろうか。こちらもうまく行かなかった。八七年にジョセフ・フラヴィンが急逝して数カ月後、シンガーは、ポール・ビルゼリアンというフロリダの乗っ取り屋による敵対的買収の標的となった。フラヴィンは会社の将来を考えていたかもしれないが、ビルゼリアンが考えていたのは金だけだったようだ。社名をバイコスタルに変更し、すぐに一二部門のうち八部門を売却したが、これが原因で、従業員による訴訟など裁判沙汰の嵐が起こる。八八年六月、ビルゼリアンは九件の証券詐欺などで有罪となり、禁固四年と罰金一五〇万ドルを科された。八九年、バイコスタルは破産の申し立てを行った。

エンサイクロペディア・ブリタニカ

シンガーミシンを現代の消費者に売るのが難しいなら、全三二巻で重さが約七〇キロもある百科事典はどうだろうか。世界最高の百科事典であるエンサイクロペディア・ブリタニカは、スコットランドで一七六八～七一年の間に、全三巻で出版されたのが最初である。初期の寄稿者の中には、ベンジャミン・フランクリンやジョン・ロックもいた。一世紀後に第九版が出る頃には、トーマス・ハクスリーやジェームズ・クラーク・マクスウェルも専門記事を寄稿していた。さらに一世紀後、ブリタニカ百科事典の内容は依然としてすばらしかったが、その体裁が深刻な問題に直面する。

デジタル化が進む時代の中で、おかしなことが起こった。一九七〇年代半ば、ブリタニカはライバルのコンプトン百科事典を吸収合併した。八九年、コンプトンは業界初のＣＤ-ＲＯＭのマルチメディア百科事典を発売。だがＣＤ-ＲＯＭ市場はまだ揺籃期にあり、先見の明がなかったブリタニカは、九三年、コンプトンのニューメディア部門をシカゴのトリビューン社に売却してしまう。しかもブリタニカは非競争契約の中で、二年間はマルチメディア形式の百科事典を出版しないことにも同意した。相変わらず製本形式の百科事典に賭けていたのだ——そして賭けに負けた。

市場が消えていくとはこういうことだ。一九九一年、ブリタニカは世界中で四〇万セットを販売した。ところが九〇年代末までに、その数は二万五〇〇〇まで減少する。九八年、最後まで残っていたブリタニカの七〇人の訪問販売員の解雇によって、一つの時代が幕を閉じた。

翌年、猛烈な巻き返し競争の中で、百科事典をまるごとオンラインで提供するブリタニカ・ドットコムが設立される。同社はサイトの広告からかなりの収入が得られると期待して、閲覧を無料にした。だが、その計画は二〇〇一年に頓挫する。広告収入が実現せず、コストばかりが上がりつづけたからだ。新しいプランでは、顧客にサイトへのアクセス料を請求することになった。その一方で、資金繰りに苦しむブリタニカは、四〇年前から所有しているミリアム・ウェブスターも売りに出した。

痛手を負ったブリタニカ・ドットコムがエンサイクロペディア・ブリタニカの傘下に戻ったのは、この会社の後退の兆しである。二〇〇二年、いかにもコア・コンピタンス依存症の企業らしいことだが、ブリタニカはハードカバーで二〇〇〇ページのブリタニカ・コンサイス百科事典を発行した。

＊＊＊

一般的に、企業のコア・コンピタンスはその会社の核となる部門、その会社を動かしている部門から生まれる。ハイテク企業ではエンジニアリング部門、ホテル業界ではオペレーティング部門だろう。エイボンではセールス部門、ナイキではマーケティング部門。前章で触れたように、部門間の文化の隔たりは広く、それを埋めることは非常に困難なため、特定の部門が支配的になるのも驚くことではない。

重要なのは、この支配がコア・コンピタンス依存を引き起こす可能性があることだ。全部門がもっとうまく統合されていて協力的なら、自然に視野が広がり、選択肢も広がる。営業チームは、新製品の勢いがなくなってきていることを研究開発チームに伝えることができる。代替案を検討し、新しい戦略を練ることもできる。だが部門文化が敵対していると、その争いに勝った部門が会社に偏見を持たせてしまう。支配的な部門が会社を駆り立てる——たとえ行き先に越えがたい壁があっても、おかまいなしだ。

ここで、四つの異なるシナリオ（研究開発、デザイン、販売、サービス）を見て、部門の偏見が会社をコア・コンピタンス依存に陥らせる経緯について検討しよう。

1 研究開発への依存

製薬

製薬業界は、研究開発をコア・コンピタンスとする業界の最たる例だ。アメリカでは、コア・コンピタンス依存のせいで危機にさらされている業界でもある。その理由はアメリカの高い研究開発コストにあり、インドと中国に製薬産業が出現したおかげで、大幅な削減を迫られている。インドの調査によると、アメリカでは一つの大型新薬の開発にまつわるコストが九億ドル近いのに対して、インドの製薬会社は同じ薬を約二〇〇〇万ドルでつくることができるという。インドはすでに世界最大のジェネリック医薬品生産国となっている。処方箋にジェネリック薬を指定すると、薬のラベルにはほぼ間違いなくインドのメーカーが記されている。

さらに、研究開発力の強い会社が、マーケティングや販売など、他の基本機能をなおざりにしている場合、市場のない製品を開発する危険がある。『イノベーションのジレンマ』でクレイトン・クリステンセンは、イーライリリーの「純度一〇〇％」のインシュリンの開発に言及している。主に何十年にわたるイーライリリーの粘り強い努力のおかげで、インシュリンの不純物濃度は一九二五年の五万ｐｐｍから八〇年には一〇ｐｐｍまで下がった。しかし、この劇的な改善にもかかわらず、動物から抽出したインシュリンが人間のインシュリンとわずかでも違うということは、ごく一部の患者の免疫系に抵抗が生じることになる。イーライリリーは、この問題の解決に一〇億ドルの研究開発費を投じてバイオ企業のジェネンテックと提携し、人間のインシュリンタンパク質と構造的に同等、つまり純度一〇〇％のインシュリンタンパク質を生産できる、遺伝子組み換えバクテリアをつくり出した。

このプロジェクトは技術的に成功し、イーライリリーはヒューマリンというブランドのインシュリンを、動物から抽出されたインシュリンより二五％高い価格で発売した。問題は、買い手がいなかったことだ。イーライリリーの研究者がクリステンセンに語ったように、「今にして思えば、市場はブタのインシュリンにそれほど不満ではなかった。それどころか、十分満足していたわけだ」。純粋なインシュリンの開発は、研究開発部門にとっては偉業だったが、何の役にも立たなかった。クリステンセンが言うように、「市場ニーズを超えた過剰な製品の純度に、イーライリリーは莫大な資金と組織のエネルギーを費やしたのだ」[1]。

研究開発に頼って生きる者は、研究開発によって死ぬ。他社の研究開発がつくり出した製品によって市場からたたき出されたら、あなたの会社はどうするだろうか。別の自滅的習慣——現実否認症——に陥り、そんなことは起こっていないと目をつぶる、というのも一つの反応だ。あるいは、優秀な研究者と十分な資金があれば、再び研究に取りかかり、次世代製品を開発するだろう。研究開発文化にどっぷりはまっている場合、何よりも難しいのは、コア・コンピタンス依存の習慣を断ち切ることだ。詳しくは、人工甘味料業界で起こった事例を見てみよう。

砂糖つぼの中の大嵐

ベンジャミン・アイゼンシュタットと息子のマーヴィンは、一九五七年にスイートンローを発明し、その後ずっと、同族経営のカンバーランド・パッキング社を通じて販売している。このサッカリンベースの甘味料と本物の砂糖の味の違いは誰にでもわかるが、世の中には他に低カロリーの砂糖代用品がなかった。二〇年後、実験用ラットでサッカリンと膀胱がんの関連性が指摘されて、政府はこの甘味料を禁止しようとしたが、食品医薬品局は、スイートンローの小さなピンク色の包みに警告ラベルを貼ることで妥協する。それでも競合製品がなかったため、スイートンローの売れ行きは順調だった。

[1]『イノベーションのジレンマ　技術革新が巨大企業を滅ぼすとき』クレイトン・クリステンセン著、伊豆原弓訳、翔泳社、2001年

ところが一九八一年、アスパルテームの出現で状況が一変する。背景を簡単に説明すると、アスパルテームは実は六五年にG・D・サール社の研究者によって発見されていたのだが、これもまた規制の網に引っかかっていた。八一年、レーガン大統領が指名した新しい食品医薬品局長がようやく、この製品を卓上甘味料および食品添加物として認可したのだ。その年、サールはアスパルテームの製法をモンサント社に売り、同社はニュートラスイート・ブランドを発売した。二年後にアスパルテームのソフトドリンクへの使用が認められると、低カロリー甘味料としてのサッカリンの勢力が衰えはじめる。

まず、コカ・コーラとペプシが、ダイエット飲料の甘みにサッカリンとアスパルテームの混合物を使うようになった。一九八四年、ペプシはすべてアスパルテームにする道を選ぶ。アスパルテームのほうが値段は高かったが、ペプシの調査では、消費者が圧倒的にアスパルテームを好んだのだ。しかも、警告ラベルをはずして、「サッカリンは入っていません」と宣伝できる。コカ・コーラもすぐ後に続いた。同時に、ニュートラスイート・ブランドのイコールが、卓上甘味料ナンバー・ワンの地位をスイートンローから奪い取る。

一九九二年までに、イコールが売上金額で市場の五四%を占めるまでになった。一〇年前には、スイートンローの独壇場だった市場である。だが、ちょうどそのタイミングで、ニュートラスイートの特許が切れた。すると急に、スイートンローの二~三倍というニュートラスイートの価格が問題になった。コストを下げるため、会社は人員を一五%削減する。その一方で、主要顧客をがっちりつかむために、ペプシともコカ・コーラとも、製品価格を引き下げる新たな契約を結んだ。

さらに興味深いことに、コア・コンピタンス依存の明らかな症状だが、ニュートラスイートもスイートンローも、すぐに自分自身の尻尾を食べはじめた。スイートンロー陣営はアスパルテームベースのナトラテーストでイコールを追撃。価格はイコールのおよそ半分だ。これに対抗してニュートラスイート陣営は、スイートメートという低価格のアスパルテーム甘味料を量産する。価格に敏感なスイートンローのユーザーを誘惑するためだ。ニュートラスイートの重役がウォール・ストリート・ジャーナル紙に語ったように、スイートメートは「スイートンローによく似ているが、味の特性が違って、しかもサッカリンや警告ラベルとは無縁だ」。ここで疑問がでてくる。スイートンローのユーザーはより低価格のナトラテーストに、イコールのユーザーはより低価格のスイートメートに、それぞれ乗り換えてしまわないか。業界のアナリストに言わせれば、おそらく乗り換えるのだ。ある市場コンサルタントが同紙に話したように、「結局両社とも、自らのオリジナル製品の共食いを招いている」[2]。

それでも一九九〇年代の間は、二つのブランドが市場を支配していた。資金の豊富なニュートラスイート（依然としてモンサントの一部門）は、低価格のスイートンローに対する攻撃の手を緩めず、シェール、ローレン・ハットン、トニー・ベネット、ジェミー・リー・カーティスなど、一連のセレブによる宣伝活動を目玉にした。彼らはしばしば、ピンクの包みでなくブルーの包みを選ぶところを目撃されるわけだ。それでもスイートンローはしぶとく生き残り、サッカリン禁止への反対を続けるように議会に働きかけたとして、社長のマーヴィン・アインシュタットが詐欺容疑をかけられたことも、終焉の前兆とはならなかった。そしてアスパルテーム登場から二〇年後、状況は再び大きく変化する。

[2] Suein L. Hwang, "Marketscan: Artificial-Sweetener Makers Start Slugging," *Wall Street Journal*, Nov. 5, 1992, p. B10.

二〇〇〇年九月、スプレンダというノンカロリーの新しい甘味料が商品化された。ロンドンに本社を置くテイト・アンド・ライルが開発し、ジョンソン・エンド・ジョンソンの傘下にあるマクニール・ニュートリショナルズが販売している。二年半後、人口甘味料製品のトップに躍り出て、市場の販売金額シェア三三%を獲得。さらに一年もたたないうちに、スプレンダは卓上甘味料市場の四八%を占めるようになり、かつてトップだったイコールを急落させた。実際、イコールの下落があまりに急激だったので、二〇〇〇年にモンサントからイコールを買い取ったメリサント・ワールドワイドは、立て直しを図るためにサラ・リー社からポール・ブロックを迎え入れた。

スクラロースからつくられるスプレンダは、今のところ思いどおりに進んでいるようだ。テイト・アンド・ライルの研究開発チームは、アスパルテームより二倍も保存期間が長く、しかもアスパルテームと違って熱に反応しないため、パンやケーキ作りに向いている製品をつくり出したのだ。

「砂糖から作られているから砂糖みたいな味がする」という宣伝文句にだまされたかどうかは別にして、ちょうど国全体が肥満の蔓延をひどく気にするようになっていた時期に登場したので、消費者は喜んで受け入れた。「サウス・ビーチ・ダイエット」の料理本を何百万部も売っているアーサー・アガットソン博士が、スプレンダを推薦していることも幸いした。黄色い包みのほうがブルーやピンクの包みよりかなり多く売れているだけでなく、スクラロースを使った新製品の発売も急増しており、その数は二〇〇三年の約六〇〇から翌年には倍以上になっている。実際、〇四年末時点でスプレンダが抱える唯一の問題は、一つの製造工場では増えつづける需要に対応できないことだった。

既存製品はどれだけ打撃をこうむったのか。二〇〇三〜〇四年の間に、スプレンダのシェアが三七％から四八％に上昇したのに対し、イコールは二四％から一九％へ、スイートンローは一八％から一五％に下落し、その傾向は続いている。〇五年、スプレンダの小売売上高は、イコールとスイートンローを合わせた金額をはるかに上回った。

研究開発のコア・コンピタンスが脅かされたとき、ニュートラスイートは、次世代製品の開発の道を選んだ。この会社は再び研究に取りかかり、今はネオテームという新製品を推進している。競合製品のどれよりも甘く、スクラロースのおよそ半分の値段だという。スイートンローは、どうやら現実否認を選んだようだ。変化する市場でシェアが落ちていることを無視し、世界中の食卓に置かれているピンクの小さい包みの数を数え上げて、いまだにナンバー・ワンだと宣言し、そんなことを気にかけそうもない大衆に向けて、そのメッセージを送る広告キャンペーンに多額の資金を費やしている。

2 デザインへの依存

企業文化を決定するほどの力を持つ、もう一つのコア・コンピタンスがデザインだ。ファッション業界がすぐ頭に浮かぶ。何だかんだ言って、ファッションはデザインがすべてであり、高級品はなおさらだ。製造部門は取るに足りない。販売は宣伝文句と「名声」の力で伸びる。

コア・コンピタンス依存の見本である。ファッション業界の人たちは、自分のスタイルがはやらなくなって、名声が廃れていったら、いったいどうするのだろう。有名デザイナーのトミー・ヒルフィガーは昨日どこにいたのか。明日はどこにいるだろうか。別に彼のことを心配しているわけではない。おそらく地中海でヨットに乗っているだろう。しかし、移り気な流行に対応しなければならない場合、コア・コンピタンス依存はまさに自滅的習慣である。

消費者の選択が、製品の品質（製造）や先進性（技術）ではなく、「グッド・デザイン」と呼ばれる造形と機能の組み合わせで決まる業界は、他にもたくさんある。自動車業界は明らかにその部類だ。デザインの分野におけるデトロイトの「コア・コンピタンス」、つまり箱型のセダンが永遠に自動車デザインの理想でありつづけるという自信は、アメリカの自動車メーカーが市場シェアを失ったことにかなりの責任がある。

玩具業界も興味深い実例である。北欧にこんな話がある。

レゴ

この有名な「組み立てブロック」の会社は、一九三二年、デンマークのビルンで大工のオーレ・キアー・クリスチャンセンが、木の玩具をつくるようになったときから始まった。二年後、クリスチャンセンは社名を決めるために従業員の間でコンテストを行い、レゴ（デンマーク語の「leg」と「godt」を組み合わせて「よく遊べ」を意味する）が勝利に輝いた。木の代わりにプラスチックが使われるようになったのは、第二次世界大戦後、「オートマティック・バインディング・

ブロック（自動結合ブロック）」を商品化した頃のことだ。

だが売上が飛躍的に伸びて、レゴがヨーロッパでもとくに人気の玩具になったのは、一九五〇年代後半、画期的な「突起（表面）と空洞（裏面）」でかみ合う組み立てブロックのセットを初めて売り出してからのことだ。六一年、サムソナイト・ラゲージ社との独占ライセンス契約によって、レゴはアメリカに進出する。一二年後、サムソナイトにライセンスの更新を断られて、コネチカット州に製造販売の拠点を設け、アメリカでの事業に乗り出した。レゴは組み立てブロックが儲けになることを実感したに違いない。世界屈指の高収益企業となり、誰も真似できないユニークな製品を提供した。フォーチュン誌で、レゴは「二〇世紀を代表する玩具」と評されたこともある。

しかし一九九〇年代に入ると、歯車が狂いはじめる。たとえば九四年、売上が二〇年ぶりに減少した。レゴはこの売上減の原因は、クリスマス商戦の時期にまがい物がどっと市場に流れ込んだことにあると主張した（レゴブロックの特許は八〇年代初めに切れていたが、レゴのデザイン仕様がやっかいだったために、コピー商品はなかなか出回らなかった）。だが当時の業界紙によると、忠誠心がきわめて強いレゴの従業員たちは売上の減少にも動じず、会社は人員削減ではなく勤務時間の短縮を行い、十分な利益を維持した。

一九九六年、景気が元どおりになり、レゴはレゴランドと呼ばれるテーマパークの第二号をロンドン郊外にオープンさせ、三年おきに合計一四のレゴランドを世界各地に開業するという、意欲的な計画を発表した。しかし九八年、同社は三〇年代の世界恐慌以降初めて赤字決算を報告する。世界規模での経営刷新計画とともに、「忠実な」従業員が一〇％削減（一万人から九〇〇〇人に）された。この赤字の原因の一端は、玩具業界が組み立てブロックからコンピュータやビデオゲームへと大きく転換したことにあるとされたが、広報担当者はウォール・ストリート・ジャーナル紙に、会社にも責任があると語った。「我々はコスト管理があまりうまくなかった。考えもなしに拡大して、二度手間のことをずいぶんたくさんやっていた」。リストラで一億五〇〇〇万ドルのコスト削減が期待され、レゴは九九年に黒字に回復した[3]。

注目すべきは、一九九八年の業績悪化によって創業者の孫であるケル・キアク・クリスチャンセンが退き、再建のスペシャリストであるポール・プラウマンが跡を継いだことである。この会社のトップにクリスチャンセン家以外の人間が就くのは初めてのことだった。プラウマンは年一〇％の売上増を約束し、エレクトロニクス関連製品と高額のライセンス契約を推進することで、実際に売上を急増させた。それでも利益は低迷し、二〇〇〇年には一億五〇〇〇万ドルの赤字が発表される。新しいリーダーのもとでレゴは道に迷ったのだろうか。アナリストたちはそう危ぶんだ。

二〇〇二年、レゴは過去最大の赤字を出し、その年が終わる前にプラウマンは解雇された。プラウマンが率先した取り組みは結局失敗に終わり、クリスチャンセンがトップの座に戻った。彼がハリー・ポッターやスター・ウォーズといったキャラクター商品事業のスピンオフなど、プラウMITのレゴラーニング研究所で語ったように、「我々はいろいろな分野に手を広げすぎ、いろいろな製品をつくりすぎた。それが何なのかよく知りもせず、自分たちのブランドが何を象徴しているか意識もせずに」。基本に立ち返り、レゴブランドの栄光を取り戻すべきときだった[4]。

まだそれは実現していない。二〇〇三年にも赤字は続き、その額は一億七〇〇〇万ドルに達した。〇四年の赤字はさらに増えると予測して、クリスチャンセンは年末に退陣し、後任に会社内

[3] Robert Frank, "Lego Will Try Demolition, Reconstruction," *Asian Wall Street Journal*, Jan 22, 1999, p. 25.

[4] Brian Hutchinson, "A Giraffe, a CEO, and a Pile of Plastic Bricks," *National Post*, Feb 23, 2002, p. 1.

部のユーゲン・ヴィー・クヌドストープ上席副社長を指名する。そしてレゴランド（現在デンマーク、ドイツ、イギリス、サンディエゴの四カ所）が、借金返済のために売りに出された。電子玩具メーカーからのプレッシャーが強まりつづけるなかで、〇六年にはスイス工場が閉鎖に追い込まれ、さらに特筆すべきことに、原点であるビルンの生産施設でもかなりの人員削減が行われた。

私にとって、これは偉大な製品にまつわる悲しい物語である――そしてコア・コンピタンス依存の典型例でもある。この会社の文化は、創業者があの初期の組み立てブロックをデザインしたときの苦労と技を中心に形成され、その一つの製品のデザインが、ずっとこの会社の唯一の強みだった。一九八〇～九〇年代にかけてあらゆるものが変貌し、子供たちが余暇に求めるものも完全に様変わりした。それでもレゴは変わらなかったのだ。

3 販売への依存

もちろん、どの会社もセールスに頼っている。とはいえ、すべての会社がコア・コンピタンスになるような販売のアプローチやテクニックを開発するわけではない。製品によっては、流行の波に乗って「自然に売れる」。自動車のように、単純に必要とされるものも多い。会社によって販売努力の積極性に差があるにしても、販売部門が会社の文化を決定する要因になるとは思えない。

しかし、他に類がないほど販売重視の会社もある。いわゆる「訪問販売業」では、販売員が一番の資産だ。掃除機、百科事典、生命保険などを売り歩く会社のおかげで、「セールスマン」はアメリカのビジネスの原型となり、「誰かが誰かに何かを売るまでは何も起こらない」という表現が真実味を帯びた。

アメリカの戦後の好況期、中流階級が拡大し、消費者がそれまで買ったことのなかったものをたくさん買うようになった時期に、訪問販売は活況を呈した。だがそれは、アメリカが、もっと純粋で希望に満ちていた時代でもあった。ゲートつきの住宅地ではなく、オープンな近所づきあいの時代であり、人々が玄関のドアを開けて、ちょっとの間、熱心な訪問販売員のセールストークを聞いてもいいと考える時代だった。

そんな企業が現代を生き残れるだろうか。百科事典のブリタニカがどうなったかはすでに見たが、ここで別の会社を見てみよう。明らかに販売手法がコア・コンピタンスになっている企業だ。

エイボン

エイボンの最初の「訪問販売員」は、創業者のデービッド・マコーネルである。そもそもの始まりは本の訪問販売だった。彼はセールストークを聞いてくれるニューヨークの主婦たちの機嫌をとるために、香水の小瓶をプレゼントしていたが、やがて香水のほうが本より人気があることに気づいた。一八八六年、彼はカリフォルニア・パフューム・カンパニーを設立し、さらなる洞察にもとづいて販売員を雇いはじめる。女性は女性からのほうが香水を買いやすいだろうという考えだ。一九三九年、イギリスを旅してストラットフォード・オン・エイボンの美しさのとりこになったマコーネルは、旅から戻ると、この有名な川にちなんで社名を変更した。

第二次世界大戦中、出征している夫の代わりに外で働いていた主婦の多くが、戦後、炊事や洗濯ではもう満足できなくなっていた。彼女たちは仕事を続けて、小遣い稼ぎをしたいと考えた。エイボンはこの望みを実現する道を何千人という女性に提供し、彼女たちがエイボン製品を訪問販売したおかげで、エイボンは世界最大の化粧品会社となる。

しかし、家庭の主婦を解放したことでエイボンがトップに上り詰めることができたのだとしたら、同じ現象がこの会社を凋落させたとも言える。一九七〇年代半ば、「エイボン・レディ」になることの魅力は色あせていく。若い女性たちは大学に進んで「本物の」キャリアを目指すようになり、復学する主婦も増えた。さらに、中年女性の自己イメージが変化するにつれ、エイボン製品のターゲット市場が縮小していく。その結果、それから一〇年の間に、エイボンのコア事業、つまり化粧品の訪問販売は着実に衰退していき、それに合わせて株価も下落していった。七〇年代初めの一株一四〇ドルから、八五年までに二〇ドルまで落ち込む。

だが、一九八五年にエイボンの株を二〇ドルで買った人は賢明だった。当時エイボンは、すでに気づいていた。アメリカの販売基盤は決して回復しないが、他国の女性たちは、五〇～六〇年代のアメリカ女性の購買層と同じだろう、と。つまり海外でなら、エイボンは「天職」を続けることができるのだ。だからといって、会社の苦戦が終わったわけではない。エイボンは会社のスタッフを二〇〇〇人近く減らしたにもかかわらず、八八年には四億ドルの赤字を出した。九〇年代前半、アメリカでの売上は減りつづけたが、国際ビジネスの着実な成長のおかげで、九三年には再び利益を上げる。

ラテンアメリカのエイボンをもう少し詳しく見てみよう。メキシコ・中米部門を指揮するレフナンド・レザマによると、この地域にはエイボンの「気取らない訪問販売戦術が、ぴったりはまっている」という。レザマが指摘するところでは、そもそも、メキシコの世帯人数の平均は五・二人とアメリカの二倍なので、家には常に誰かドアを開ける人がいる。メキシコの辺鄙な町や村には実質的に他の小売業者がいないので、ほとんどの人はエイボンのセールストークしか耳にしない。だからこそ、エイボンは化粧品だけでなくアパレルや家庭用品の売上も伸ばしているのだ。さらに、四〇年前のアメリカでそうだったように、エイボンは数少ない女性の就職先の一つであり、とくに農村部では貴重な存在である。

一九九五年、メキシコのペソが五〇%切り下げられたとき、エイボンは売上の激減で打撃をこうむる立場にあった。だが、通貨切り下げが男性労働者の解雇につながったため、エイボンの販売員になる女性が増え、販売数量は一〇%増加した。「購買力低下を埋め合わせる方法が一つある」とレザマは説明する。「需要が落ちるなら、販売員を増やして、もっとたくさんの顧客のところに出向くのだ」。一〇年前、エイボンの全世界の売上四〇億ドルのうち、ラテンアメリカの売上はすでに一二億ドルを占めていた[5]。

五年後、エイボンの全世界の売上が六〇億ドルに達したのは、アンドレア・ユングのCEO（およびその後の会長）への昇進によるところが大きい。彼女の昇進によって、一一五年の歴史で初めて女性が会社のトップの座に就いたのだ。海外市場で従来の訪問販売手法が成功を続けていたにもかかわらず、ユングはコア・コンピタンス依存の潜在的な危険をはっきり見てとって

[5] Irene Zutell, "Avon Calling, Despite Peso," *Crain's New York Business*, Apr 10, 1995, Sec. 1, p. 15.

いた。彼女の戦略は、会社の他の部門を強化することだった。

マーケティングでは、昔ながらの「ピンポーン……エイボンです！」のCMソングを捨てて、現代的な響きの「レッツ・トーク」キャンペーンに切り替えた。デザインについても、ランコムやエスティローダーのように、もっとゴージャスに見える製品パッケージを目指して、徹底して見直すように指示する。研究開発については、二年以内に「画期的な」新製品をという彼女の要求に、研究所は「レトロアクティブ」で応えた。このアンチエイジングのスキンクリームは大ヒットを飛ばす。アナリストは、売上の成長率が年に一・五％から六％に上昇したのを、彼女が率先した新しい取り組みの功績と認めた[6]。

とはいえ、ユングも十分承知していたとおり、エイボンの成長の原動力は、やはり海外市場だった。二〇〇五年時点でエイボンが販売を行っている国は、カザフスタンやベトナムも含めて一四三カ国に達した。エイボンは、ハンガリー、ポーランド、ロシア、スロバキアで市場をリードしている。海外市場での売上は年に一五％の伸びを示し、現在では七〇億ドルある全世界の売上のおよそ三分の二を占める。そして何よりも、さらに中国が手招きしているのだ。

マルチ商法などの不正を恐れて、中国の中央政府が一九九八年に訪問販売を禁止したため、中国におけるエイボンの活動は、化粧品専門店とデパートのカウンターでの小売に限られていた。それでも売上は驚異的で、二〇〇三年の一億五七〇〇万ドルから〇四年には二億二〇〇〇万ドルに増大した。

だがエイボンにしてみれば、他の開発途上国で絶大な効果を示したモデル、つまり大勢のエイボン・レディが地方の農村を歩き回り、他にブランドが存在しない場所でエイボンを売り込む

[6] Katrina Brooker, "It Took a Lady to Save Avon," *Fortune*, Oct 15, 2001, pp. 202-205.

手法ほど、店舗での小売は利益が上がらず、市場シェア獲得にもつながらない。二〇〇五年四月、エイボンは知らせを受けた。「試験的に」禁止が解かれ、エイボンは北京市と天津市と広東省で訪問販売活動を始めることができるというのだ。「準備は万端」とユングは投資家に語った[7]。

4 サービスへの依存

ガソリンスタンドに立ち寄ると、店員が出てきてガソリンを満タンに入れ、オイルのチェックをしてくれたのは、一体いつの話だろうか。近所の自営のスタンドが店じまいする前のことだろう。かつてはサービス産業と考えられていたものに、今、おかしなことが起きている。そこには誰もいない。それどころか、サービスという言葉には必ず現代風の修飾語がついている――「セルフ」だ。事例を一つ見てみよう。

旅行代理店

最近まで、旅行代理店は一流のサービス産業の一角を占めていた。旅行の手配は誰でも自分でできる（「バハマに行きたいなあ。商工会議所に手紙を書けば、きっとホテルのリストが手に入るだろう……」）。でも、なぜわざわざ？　旅行代理店はそのためにあるのだ。旅行代理店は役に立つし、

[7] Shobhana, Chandra, "Moving into China," *Houston Chronicle*, Jan 2, 2005.

サービスがいいだけではない。ホテルや航空会社から委託手数料が支払われるので、顧客へのサービスは無料だった。

現在、旅行代理店のサービスは、廃れてはいないにしても昔ほど魅力的ではない。周知のとおりインターネットがある。すでにオンラインでのショッピングや支払いに慣れている人たちは、エクスペディアやトラベロシティのようなオンライン・プロバイダを利用して、たいがい旅行の手配も自分でやる。この分野は急成長をとげている。オンラインによる旅行の売上は、二〇〇四年に五四〇億ドルに達した――業界の全予約の四分の一である。そのうち二四〇億ドルは、航空会社やホテルのウェブサイトではなく、インターネット上の代理店のものだ。オンライン代理店の売上は、〇九年までにさらに五〇％伸びると予想されている。

もっと言えば、従来の旅行代理店――以前あなたも電話をかけていただろう――のサービスは、もはや無料ではない。航空会社が旅行代理店に委託手数料を払わなくなったので、代理店は今では、二五ドル程度のサービス料を顧客から先取りする。

「著しい変化が起こっている」と、旅行代理店協会の副会長を務めるウィリアム・マロニーが、ニューヨーク・タイムズ紙に語っている。「旅行代理店は長い間、二つのものを独占していた。一つは情報。我々は航空会社のコンピュータとつながっていた。もう一つは書類。人はチケットがほしければ、旅行代理店に出向いていた」。二つの独占は、もはや存在しない。当然のことながら協会の会員は確実に減りつづけていて、三年間で四分の三になったとマロニーは付け加えている。

自営の旅行代理業者には、二つの選択肢があるように思える。一つは、あきらめて商売をたたむことだ。その道を選んだ者は多い。業界アナリストの予測によると、一九九〇年代半ばには三万二〇〇〇に達していた旅行代理業者の数は、最終的に淘汰が終われば一万五〇〇〇まで減るという。

もう一つの選択肢は、矛盾しているように思われるかもしれないが、より特別なサービスを提供することだ。その第一歩が、「旅行代理業者」から「バケーション・プランニング・コンサルタント」へ、呼び名をグレードアップすることかもしれない。要は、インターネットでは真似できないことをやっているのだと、顧客に知らせることである[8]。

得意客の予定に合わせられるように商談の場を自宅に移し、サービスの範囲を広げる業者が増えている。その一人であるデービッド・スローワーはボストン・グローブ紙に、「〈二四時間いつでも〉サービスする態勢が、顧客にとって大きなメリットだ」と語っている。彼は喜んで顧客の自宅で打ち合わせをするし、必要であれば、空港までチケットを持って行く。「お得意様のためなら、可能なかぎりどこへでも行くよ」とスローワーは言う。この業界は、「〈言われたことしかしない注文取りから、パーソナルサービスを提供する旅行のプロに〉変貌したのだ」と別の業者が同紙に語っている[9]。

これはコア・コンピタンス依存の複雑な事例である。サービスへの需要が減っている旧来の旅行代理業者にとって、生き残りへの道は、より多くのサービスを提供することだ。しかし、過剰なサービスは、コストの増加による収益性低下に苦しむことになるので注意が必要だ。

[8] Barry Estabrook, "Agents' Survival Strategies," *New York Times*, Nov 24, 2002, p. 5.6.

[9] Davis Bushnell, "Home Economics for Travel Agents," *Boston Globe*, Aug 8, 2004, p. G1.

コア・コンピタンス依存症──主な症状

コア・コンピタンス依存の症状は、どういうものなのだろうか。強みが弱みに変わり、業界トップの座が災いするようになったとき、それを見分けるのは難しくない。ポイントをいくつか挙げてみよう。

1──会社を変える努力が実っていない

リエンジニアリングや組織改革を試みたが、問題がそのまま残っている。アドバイザーを迎えて、業務プロセスと業務機能を再編成するように助言されたが、相変わらず、どうにもならない。コストを削ったが、まだ抜き差しならない状況だ。嵐が終わったことを告げる虹を見つけられない。

2──わくわく感が消えた

会社の内部に、倦怠感、無力感、どうしようもないという感覚がある。会社が不治の病にかかっているように思える。すでに末期の肺がんにかかっている喫煙者が「なぜ今さら禁煙するの？」と言っているようだ。社員は意気消沈して幻滅しているが、この失意からどうやって抜け出せばいいのかわからない（もちろん、引っぱり出すのはリーダーの仕事だ）。

3 ステークホルダー（利害関係者）が逃げ出している

会社への忠誠心が消えた。最初に去るのは投資家だ。他社に賭けるべき時だと気づく。二番目に去るのは取引業者だ。どこかよそで仕事をする必要があることに気づく。最後に去るのは顧客だ。ブランドに忠実だったが、最後には、やはり理解する。

アメリカ南東部の繊維産業がいい例だ。より具体的に説明するために、ジョージア州の老舗企業、ウェストポイント・スティーヴンスについて考えよう。全米第二位のこの寝具・タオルメーカーは、この二〇年、自分たちのコア・コンピタンス（繊維製品の製造）が輸入品によって次第に脅かされるのを目の当たりにした。一九九二年の破産から立ち直ったウェストポイントでは、投資家のホルコム・グリーンが経営権を握る。アトランタ・ジャーナル・コンスティチューション紙によると、一九九七〜二〇〇一年の間に、グリーンは工場を期待どおりの水準に上げるためにおよそ六億ドルを費やした。さらに、競争力を維持するために、工場をいくつか閉鎖し、何百人という従業員を解雇した。

しかし、すべてが無駄だった。二〇〇三年六月、二〇億ドルの負債に埋もれて、ウェストポイントは再び破産する。投資家が大急ぎで逃げ去ったため、株価は三セントまで下落した。

グリーンは退任し、社長兼ＣＯＯのチップ・フォンテノットが指揮を執ったが、問題はそのままだった。あるアナリストがアトランタの新聞に話したように、ウェストポイントに必要だったのは債務免除だけではなかった。最大の顧客であるＫマートが破産したのも災いしたが、一番の問題は、やはり輸入品との競合だった[10]。とても解決しそうにない問題である。会社の強みが弱みになっていたのだ。

二〇〇五年六月、ウェストポイントは全従業員の五分の一強にあたる二五〇〇人を解雇した。そこに投資家のカール・アイカーンが介入し、七億ドルでこの会社を買収する。債権者への返済に五億ドル以上を充て、会社の借金をゼロにする取引だ。アイカーンは、マーテックスなど依然人気が高いウェストポイントのブランドに、価値を認めていたに違いない。会社が地域社会に対して負っている歴史的な責任など無視して、残っている製造業務を海外に移して収益性を回復させ、それから売り払うつもりなのだろう。

それでうまく行くかもしれない――アイカーンにとっては。だがウェストポイントにとっては、南東部の繊維産業全般と同じように、終わりが来たのである。

[10] David McNaughton, "WestPoint Files for Chapter 11," *Atlanta Journal-Constitution*, Jun 3, 2003, p. D1.

コア・コンピタンス依存症治療法

これまで見てきた事例の中には、コア・コンピタンス依存が、自滅的習慣から死に至る病に変わったケースもある。しかし必ずしもそうなるわけではない。この悪習を断ち切るために、次の五つの対策のいずれかを試してほしい。

1 新しい用途を見つける

同じコア・コンピタンスから、これまでにない価値が生まれるような、新しい用途を見つけることで、コア・コンピタンスの罠から抜け出す[11]。

典型的な事例として、チャーチ・アンド・ドワイト社のアーム・アンド・ハンマーというブランドのベーキング・ソーダ（重曹）について見てみよう。オースティン・チャーチ博士が一八四六年、パン作りに使う重炭酸ソーダを生産するために設立したこの会社は、一〇〇年間、パンを膨らませることが大切な使命だった。だがこの半世紀、家庭でのパン作りは市販のパンに負け、収益率の高い顧客だった主婦がこの製品を必要としなくなってしまった。

パン作りの材料としてはもう必要ない、ということだ。実はこの会社では、一九二〇年代

[11] Jagdish N. Sheth, *Winning Back Your Market: The Inside Stories of the Companies That Did It* (New York: Wiley, 1985).

からすでに製品の別の使い道を研究するようになっていたが、第二次世界大戦後にこの取り組みがより強化された。重曹の洗浄性と発泡性は歯みがきに理想的だったことから、まず重曹を歯みがき粉として商品化する。クレストやコルゲートのような現代的な製品によってその市場から追い出されると、今度は洗濯洗剤として新しい活路を見出す。環境に優しく、従来の洗剤にアレルギーがある人も安心して使える「天然」（無リン）の商品として売り込むこともできた。実際、アーム・アンド・ハンマーの洗浄剤としての効果は、一九八六年、自由の女神像の一〇〇周年記念祭の準備で、その内壁の清掃に使われたときに華々しく披露された。

次の用途開発は、この製品の消臭効果に目をつけた。もちろん、物知りの消費者はずっと前から、重曹の箱の口を開けて冷蔵庫に入れていた。会社はただ、この使い方を商品化しただけだ。消臭剤は冷蔵庫やトイレなど市場規模が大きいだけでなく、従来よりも大きいサイズの（そして値段が高い）箱が標準サイズになった。

ごく最近では、健康面でのメリットが脚光を浴びている。チャーチ・アンド・ドワイト社は腎臓透析で使う医療用の重炭酸ナトリウムを製造している。スポーツ医学の研究では、スプーン一杯の重曹を水かジュースに溶かして飲むと、エネルギーを高められることが報告されている。ちなみに、創業一六〇年のこの会社は引きつづき順調だ。

ナイロンもまた、その用途の幅広さによって、コア・コンピタンス依存から脱却できた製品である。中国からのシルクの供給が共産党の革命によって途絶えたとき、デュポンの研究者は速やかに合成繊維の研究を開始した。一九四〇年、初のナイロン・ストッキングを発売。一、三年後、製造部門が軍需物資の生産に取り組むと、それまでストッキングをつくっていた工場がナイロン製パラシュートの生産を始めた。戦後、ポリエステルをはじめとする他の素材に靴下類の市場を奪われると、ナイロンはインテリア用品の布地として新しい用途を見つけた。その後、敷き詰めカーペットに新たな巨大市場を見出し、その次は人工芝、そして何よりも意外な用途だったのが人工スキー場だ。現在ナイロンは、心臓弁や人工股関節など、人工器官の業界で金属に取って代わりつつある。

重曹もナイロンも、「同じ製品」で「新しい用途」を開発した好例である。だがときには、生き残るために、まったく違う製品や製品分野に会社のコア・コンピタンスを合わせ直す必要がある。前向きなモンサントを見てみよう。

人工甘味料市場の成長を予見して、ジョン・クイーニーは一九〇一年にサッカリンを製造するモンサント・ケミカル・ワークスを設立した。実験用ラットでサッカリンの摂取が、がんと関連づけられるずっと前から、この会社はすでに繊維化学や合成繊維の分野に進出していた。そして繊維産業がアジアに移る前に農業薬品分野に参入し、とくによく知られている除草剤のラッソ（六九年）とラウンドアップ（七三年）を発売。ちなみに、モンサントは、七二年にサッカリンの製造から手を引いている。

ラウンドアップへの耐性がありながら虫にも強い種の開発に着目したモンサントは、再び照準を定め直す。今回は大豆やトウモロコシ、綿、カノーラ（菜種の一種）といった農作物の遺伝子組み換えだ。遺伝子組み換え作物に対する一般の抵抗をよそに、モンサントは世界的飢餓の軽減の必要性に将来を賭けている。この会社のコア・コンピタンスは化学である。バイオテクノロジーとゲノミクスによって作物の収穫高を増やすことに、「最新の用途」を見出したのだ。

2 新しい市場を見つける

コア・コンピタンス依存を断ち切る二つ目の方法は、コア・コンピタンスの価値がそのまま通用する、新しい市場を見つけること。そういう市場は海外にありそうだ。とくにインド、中国、ASEAN諸国、ロシア、東欧圏など、新興経済国が有望である。エイボンはこの戦略を推進して大成功を収めた。これらの新興国は、かつてのアメリカと購買層がよく似ている、という考えに賭けたのだ。

直販業者のアムウェイもエイボンの範に従い、化粧品のアーティストリーとビタミン剤のニュートリライトを世界中の市場に売り込んでいる。一九七四年、ディストリビューターと呼ばれる個人契約販売員の制度をアジアで初めて香港に導入し、この地域への足がかりをつくってから、決して後ろを振り返らなかった。今日、北米以外の売上が大半を占め、その三分の二をアジアが占めている。日本、韓国、タイでも順調に事業を展開しているが、最も重要な市場は中国である。エイボンと違ってアムウェイは、九八年に中国が訪問販売を禁止しても行き詰まることはなかった。ディストリビューターが営業マンとして中国に入ることを許されていたからだ。その結果、今や中国はアムウェイにとって最大の市場である。二〇〇四年だけでも中国での売上は二〇〇億ドルに達し、〇五年には台湾の台北と高雄に主力店舗をオープンさせた。

国際的な人材派遣会社も、中国やインドなどアジア経済が急成長するにつれ、急拡大するこの市場にコア・コンピタンスを合わせることで活路を見出している。たとえばパリに本社を置くエコーは、一九八〇年代半ばにアジアに進出し、東京、シンガポール、香港にオフィスを構えた。アジアには人材派遣サービスへの膨大な需要があるとわかっただけでなく、既存企業の事業拡大と新興企業の出現のおかげで、経営幹部の斡旋でも成功している。

別の人材派遣大手でトロントに本社があるドレイク・インターナショナルは、八八年に環太平洋諸国に進出して以来、経営幹部のリクルートで高収益なビジネスを拡大してきた。経営幹部スカウトで世界トップクラスのコーン・フェリーは、一〇年前に二番目のオフィスをインドに開いた際、アジア事業の急成長を報告していた。九九年の「アジア危機」で減速したものの、その後事業は再び上り調子である。

実際、アジアの人材派遣ビジネスがあまりにも好調なので、新たな市場の開拓が必要ないように思える企業も、アジアに引き寄せられている。たとえば、一九九六年にオークランドで設立された、ＤＳＳソフトウェアというハイテク人材派遣会社がある。創業者のアトゥル・パリクは、高度な技術力を持つＩＴ専門家への需要が増大することを予見するとともに、インドには非常に層の厚い人材プールがあることも見抜いて、すぐにインドに支社を設けた。その成長が爆発的（二〇〇〇年時点で三五〇％成長）だったため、この会社は二〇〇二年、あっという間にダイバーシネット社に買収された。

インド生まれの起業家、ランジャン・マルワの話もある。彼は一九六九年に父親を訪ねて香港を訪れたが、二度と故国に戻らなかった。さまざまな事業に手を出した後、彼はヘッドハンターが天職と知る。八八年にエグゼクティブ・アクセスを設立し、アジア屈指の幹部スカウト会社に育て上げた。

3 バリューチェーンの上流、下流へ進出する

コア・コンピタンスの罠から逃れるための三番目の手段は、バリューチェーンの上流か下流に進出することによって、コア・コンピタンスの幅を広げることだ。

最もよい例は、首尾よく両方向に動いたＩＢＭだろう。大型メインフレーム事業が限界に達したとき、ＩＢＭはその専門知識の大部分が他の用途に活用できることに気づいた。この戦略によってＩＢＭは、サーバやチップやソフトウェアを、デルやＨＰなど他のコンピュータメーカーに外販する供給業者として最前線に躍り出る。この上流への進出は企業買収（一九九五年のロータス、九七年のチボリなど）によって強化され、今日ＩＢＭのソフトウェア売上は、マイクロソフトに次いで世界第二位である。さらに「源流」までさかのぼると、ＩＢＭは依然としてナノテクノロジーやセルプロセッサ（半導体）などハイテク分野の最先端に位置し、開発した技術を日立やソニーなどグローバル企業に提供している。

一方、ＩＢＭはサービス事業を開拓することで下流にも動いた。今ではこの事業が売上の半分近くを占めている。この方向に進んだのは、主にルイス・ガースナーの功績だ。一九九三年に社外から招聘されたガースナーは、販売が終わったからといって流れを干上がらせなくてもよいことを理解していた。製品の管理や保守でも利益を上げることができる。ＩＢＭは、サービス部門をハイエンドなコンサルティング事業へと広げるために、プライスウォーターハウスクーパースを大枚三五億ドルで買収する一方で、ローエンドではインド最大手のコール

センター会社、ダクシュ・イーサービセズを買収した。そしてこの下流への進出を、大々的な広告がサポートした。「ＩＢＭのグローバル・サービス」と「ｅビジネス・ソリューション」のテレビコマーシャルは、高い認知効果をもたらした。

たいていの場合、下流への動きは大規模な製造企業、たとえばＧＥ、ＡＢＢ、ウェスティングハウス、シーメンス、ルーセント、アルカテル、ノーテルなどにとって、実行可能な選択肢である。ＧＥがよい例だ。この会社はもう発電機をつくっていないが、原子力発電所を含めた既存の発電所の保守で巨額の利益を上げている。同じように、ジェットエンジンの有名メーカーでもあるＧＥは、エンジンの製造から得られるのと同じくらいの収入を、保守と修理で上げている。

その一方でＧＥは、主要製品の販売時に顧客に融資するＧＥキャピタルを設立した。従来、発電所や航空機エンジンの資金調達は輸出入銀行が牛耳っていたが、ＧＥはついに、この収入源に手を出した。その結果意外なことに、ＧＥは今や世界最大の航空機のリース会社である。ボーイングやエアバスのような大手メーカーは航空機をＧＥに売り、ＧＥはそれを航空会社にリースしている。このシステムは、予算の厳しい顧客にとっては、完全な買い取りよりも手が出しやすい。たとえば、軍の予算は非常に厳しく精査されるので、ペンタゴンは一〇〇〇億ドルを一括で払うより、五〇億ドルずつ何年間も払うほうを選ぶだろう。

興味深いことに、ＧＥキャピタルがあまりにも巨大に成長したので、ジャック・ウェルチの後継者であるジェフ・イメルトは、二〇〇二年に同社を四部門に分割した。ＧＥコマーシャル・ファイナンス、ＧＥコンシューマー・ファイナンス、ＧＥエクイップメント・マネジメント、

ＧＥインシュアランスである。ＧＥコマーシャル・ファイナンスだけでも、この会社の総売上の一五％を占めている。

4 新しいコア・コンピタンスを開発する

コア・コンピタンス依存の習慣を断ち切るもっと思い切った手段は、新しいコア・コンピタンスを育成し、その事業を伸ばすことだ。この戦略では、新規事業への投資によって既存事業が縮小されるといった、過渡期の不安定は避けられそうにない。自滅的習慣を断ち切るのは、とくにそれが長い間に染みついている場合、決して容易なことではないのだ。

たとえば、コダックが現在抱えている問題を考えてみよう。周知のとおり、同社のコア・コンピタンスは長年にわたって写真用フィルムの製造であり、コダックは今でも世界ナンバー・ワンのフィルムメーカーである。だが誰が診断しても、そのコア・コンピタンスへの依存が不治の病になることは明白である。今この会社は、デジタル写真のリーディングカンパニーへと、苦しみながら変容をとげている最中だ。代償は高かった。新しい技術への三〇億ドルの投資を発表したが、その資金の大部分は、従来のフィルムとカメラを引きつづき中国やインド、東ヨーロッパ、ラテンアメリカなどの新興市場に売る、つまり旧来のコア・コンピタンスを搾り上げることで工面したものである。しかもコダックは資金を集めるために、株式配当を七割カットせざるをえなかった。

新しい戦略は、従業員にとっても厳しいものだ。二〇〇五年七月、コダックは一年前に発表した一万二〇〇〇～一万五〇〇〇人の削減予定に加えて、さらに一万人を一時解雇すると発表した。当初のリストラ計画の見積もりは甘かったようだ。

それでもコダックに選択の余地は残されていない。新しいコア・コンピタンスの育成は必須であり、そのために積極果敢に行動している。コダック製品のユーザーがパソコンで写真の編集、印刷、送信ができるように、インテルおよびアドビシステムズと契約を交わした。HPとの合弁事業で、デジタル画像を写真に仕上げる装置を生産する予定だ。欧米の携帯電話会社と契約し、カメラ付き携帯電話市場にも参入した。さらに提携と買収を重ねて、医療画像処理にも進出している。そこに確実な将来性を見てのことだ。今は多くの痛みを抱えているが、コダックほど業界トップの座が災いした会社は多くない。

対照的な例は、インドに本社を置くウィプロ・リミテッドである。この会社は、依存症になる前に新しいコア・コンピタンスを開発することで、コダックのような混乱を回避した。創業者のハシャム・プレムジは、ビルマで精米事業を営んでいた。一九四六年にインドに戻り、植物性ショートニングを販売する会社（ウェスタン・インディアン・ベジタブル・プロダクツ、つまりウィプロ）を始める。インドでは動物性の脂、つまりラードは使われないので、植物性ショートニングには広大な市場があり、プレムジは中間業者を省くことで商売の道を開いた。大量に仕入れ、小分けにして包装し直し、ブランドを付けて、露店商人に直接売ったのだ。言い換えると、流通が彼のコア・コンピタンスになった。

プレムジは一九六六年に心臓発作で亡くなる前にすでに、ショートニングの製造を手がけることで上流へと移っていた。製造を始めたプレムジは他の用途も探し、浴用石けんや油圧油に多角化する。プレムジが急逝すると、息子のアジムがスタンフォード大学での工学の勉強を切り上げ、インドに戻って会社を継いだ。エンジニアとしてコンピュータに精通していたので、彼はウィプロの流通ルートにエプソンのプリンタを加える。

一九七七年にＩＢＭが投資と知的財産権にまつわる論争の末にインドから撤退するよう求められたとき、アジムはコンピュータの販売を始める好機と見た。しかし、インドは当時まだ閉鎖経済で関税が非常に高かったので、メーカーはウィプロにインドでコンピュータを組み立てさせるほうを選んだ。アジムに単に部品を売ることで、重い税を逃れようというわけだ。ウィプロのコンピュータは、またたく間にインド有数のブランドになった。

一九八〇年代初めにソフトウェア事業に進出し、八〇年代終わりには、今日のウィプロ成長の原動力となっているコア・コンピタンスを開発した――ソフトウェアサービスである。八九年にＧＥと提携して設立したウィプロ・ＧＥ・メディカル・システムズは、ＡＴ＆Ｔ、ルーセント、シスコ、日立、アルカテルなど、グローバル企業を続々と引きつけた。今では、ウィプロの収入の七五％以上をソフトウェアサービスが占めており、この分野におけるＩＢＭとの競争で優位に立っている。最近の企業買収により、ウィプロはビジネス・プロセス・アウトソーシング（ＢＰＯ）でも世界的なリーダーとなり、提供するサービスの幅がさらに広がった。

ウィプロはよくやっているが、コダックの経験が示しているように、新しいコア・コンピタンスの開発は戦略として難しい場合もある。それに、単なる多角化と混同してもいけない。一九七〇～八〇年代にかけて、アメリカ実業界にとりついていた多角化熱は治まったが、深手を負った企業がたくさんある。ベアトリス、コカ・コーラ、ゼロックス、アルコア、シアーズ、アメリカの三大テレビネットワーク、その他多くのアメリカを象徴するような企業が、多角化によって救われたのではなく、痛い目に遭っている。

大切なのは、手広く多角化するのではなく、たった一つの新しいコア・コンピタンスを特定し、育て上げることなのだ。理想を言えば、新しいコア・コンピタンスの候補は、会社のこれまでの成功と企業文化と提供価値から自然に生まれてくるべきだろう。

5 経営資源投入の選択と集中

その一方で、新たなコア・コンピタンスが必要ない場合もある。労力と経営資源の投入先を、成長して収益を稼ぐ可能性が高い分野に変えればいいだけかもしれない。

ここでは、ベルサウスが示唆に富む事例になるだろう。この会社は、携帯電話革命の波に乗って、アルゼンチン、ニュージーランド、ドイツ、イスラエル、中国など、世界各地に進出した末に、海外事業は南米に絞る決断を下す。この戦略を推進して、ベルサウスはニカラグア、エクアドル、ペルー、ベネズエラの通信業界の主要な株を買い、ヨーロッパとイスラエルからは手を引いた。最終的にベルサウスは、ラテンアメリカの一〇カ国で株式を保有したが、その後、再び別の事業領域にフォーカスすることを決め、ラテンアメリカ・グループを巨大なスペイン企業のテレフォニカに売却した。

ベルサウスの新しい戦略は、本来のお膝元である米国の九つの州に再び的を絞るというもので、これは適切な考えである。この会社は、地元のサービスエリアへの長距離電話サービスを許可された初めてのベビー・ベルであり、それ自体は悪いことではない。しかし、固定電話への需要が減っていくなかで、ベルサウスは顧客に通信サービス全般の提供を計画した。

SBCと組んでシンギュラー・ワイヤレスを設立し、その後AT&Tワイヤレスを買収したことで、ベルサウスは全米ナンバー・ワンの携帯電話会社となった。サービスを統合し、一枚の請求書で済む利便性を顧客に提供するために、ディレクTVとまで提携した。それと並行して、デルと協力してDSLモデム装備のパソコンを供給し、法人顧客向けにIP電話事業を始めている。

実のところ、固定回線ビジネスが縮小する運命にあったので、ベルサウスは、六五〇〇万人の長距離電話の顧客を含めた固定回線事業からの収入をすべて、携帯電話事業に投資したわけだ。この場合も、コア・コンピタンスの変化というより経営資源の再配分である。実際、急速に変化する通信業界にあわせ、ベルサウスは非常にうまくコア・コンピタンスを新しい形に変えて拡張したため、大変魅力的な結婚相手となった。求婚者は誰か。ほかならぬAT&Tである。通信業界以外の人にとっては、紛らわしい話かもしれない。もちろん、第4章で指摘したように、今ではマー・ベルは存在しない。このAT&Tとは実はSBC、親をのみ込んだ子供である（ただし、よく知られている親の名前は残したのだ）。

＊＊＊

コア・コンピタンス依存は陥りやすい悪習である。何だかんだ言って、コア・コンピタンスがある――何かをうまくできる――のは快感だ。業界トップの座に就いているとき、つまり、誰よりもうまくできている場合、とくにその傾向が強い。その快感が気に入って病みつきになる。

外には広い世界があることを忘れてはいけない。能力が十分に活かされていない部門に、会社にとっての大きな可能性があるかもしれない。技術者がマーケティング部門からのちょっとしたフィードバックを受け入れたら、あるいは、製造部門が下流のサービス領域に進出したら、何が起こるかは誰にもわからない。本章で見てきたように、あなたの会社がつくっている製品には新たな用途があるかもしれない。グローバル経済の中で、新たな市場が見つかるかもしれない。

澄んだ幅広い視野は、可能性を広げる。そういう視野を持つことが、コア・コンピタンス依存の習慣を断ち切るための第一歩だ。早晩、変化を受け入れるべきときが来るだろう。

治療法

1　**新しい用途を見つける**

同じコア・コンピタンスから新しい価値が生まれるような、新しい用途を見つける。

2　**新しい市場を見つける**

同じコア・コンピタンスの価値がそのまま生きる、新しい市場を見つける。

3　**バリューチェーンの上流、下流へ進出する**

バリューチェーンの上流か下流に進出することで、コア・コンピタンスの幅を広げる。

4　**新しいコア・コンピタンスを開発する**

新しいコア・コンピタンスを育成し、その事業を伸ばす。

5　**経営資源投入の選択と集中**

労力と経営資源の投入先を、成長し高収益が得られる可能性が高い分野に変える。

診断書４　コア・コンピタンス依存症

発症のきっかけ

- □　研究開発への依存
- □　デザインへの依存
- □　販売への依存
- □　サービスへの依存

主な症状

□　**会社を変える努力が実っていない**

リエンジニアリングや組織改革を試みたが、何も変化が起こっていない。

□　**わくわく感が消えた**

会社が意気消沈しているようだ。

□　**ステークホルダー（利害関係者）が逃げ出している**

投資家、取引業者、顧客の忠誠心が消えた。

6 競合近視眼症——忍び寄る伏兵

「競合」をごく狭い範囲に限定するという間違いを犯している会社、直接挑戦してくる目前の敵しか認識していない会社は、「競合近視眼」にかかっている。視野が狭いため、目立たない挑戦者を認識できない。何らかの理由でまだレーダーには表示されていないが、新たな挑戦者の脅威は確かに存在するし、非常に危険だ。

この自滅的習慣に陥っているグローバル企業の例は、驚くほど簡単に思いつく。コカ・コーラはペプシを、キャタピラーはコマツを、警戒している。ボンバルディアとエンブラエルが側面攻撃の作戦を練っているのに、ボーイングはエアバスのことを思い悩んでいる。GMとフォードとクライスラーが競い合っている間に、日本車が侵入してきて市場を征服したことは有名だ。実はこの問題は、国家間の争いにも見られる。四〇年間、アメリカはソ連との軍事的・経済的闘争に明け暮れていた。そしてこの大国が崩壊してからようやく、中東に迫る不安定と大動乱の脅威の中に、何年も前から静かに高まっていた国家の危険を認識したのだ。

遅かれ早かれ、ほぼあらゆる企業が競合近視眼に陥る。この習慣は、なぜこれほど蔓延しているのか。その理由を示す四つのシナリオを見てみよう。

1 産業の自然な進化

一般に、産業の黎明期には競合企業が雨後のタケノコのように生まれる。このことは、自動車産業の揺籃期に五〇〇もの企業が参入したことにも如実に表れている。その一世紀後のドットコム・ブームも好例だ。競合企業はハエのように群がり、大半がすぐに死んでいく。マラソンにたとえると理解しやすい。スタートの合図が鳴るとき、何千人というランナーは同じ場所にいる。その時点では、誰が本当の競争相手かわからない。やがて集団が拡散していくと、自分が誰と競い合っているのかがわかり、並走している人や前方を走っている人に意識を集中し、それ以外の人のことはおそらく目に入らなくなる。しかし、下馬評にも出てこなかったランナーが後ろからこっそり近づいてくるのだ。

やがて産業が進化するにつれ、ほんの一握りの企業だけが生き残る。各産業は一般的に大手三社が支配するというのが私の持論だが（拙著『3の法則』を参照）[1]、業界の支配企業が、二社であれ四社であれ、トップグループの企業は、そのグループ内に競争相手を見つける。ニッチ企業や新参者のことなど気にかけない。フォードがおろかにもゼネラル・モーターズを気にかけなかったように、それが後に業界を統合再編するような企業であっても、最初は無視する傾向がある。ライバルだと気づいたときはもう遅い。要するに、競合近視眼が進行しているのだ。

このパターンを見事に表しているのが、アメリカの三大タイヤメーカーの一つだった、ファイアストンの事例だ。

ファイアストン

アメリカのタイヤ産業が淘汰されて残ったのは、グッドイヤー、ファイアストン、ＢＦグッドリッチの大手三社だった。三社とも完全な垂直統合体制で、原料、製造、流通を支配していた。グッドイヤーがナンバー・ワンで、ナンバー・ツーのファイアストンは生意気な挑戦者であり、トップの座を奪取する気満々だった。グッドイヤーのことばかり気にして、ナンバー・スリーのＢＦグッドリッチなどほとんど眼中になかった。さらに重大なことには、そしてきわめて典型的なことだが、三社とも大西洋の向こうで吹いている風の変化に気づいていなかった。ミシュランが新しいラジアルタイヤを武器にヨーロッパの覇者となり、アメリカ市場への

[1]『3の法則　すべての企業を支配するビジネス黄金律』ジャグディシュ・シース、ラジェンドラ・シソーディア著、橋本恵訳、講談社、2002年

足がかりを探していることに、まったく注意を払っていなかったのだ。

無理もないことだ。アメリカの自動車産業と同じように、彼らも流通網をがっちり押さえていた。ミシュランなど門前払いだ。これで一件落着。だが彼らが軽視していた事実が一つある。タイヤ、バッテリー、アクセサリーも扱う、巨大小売業者のシアーズが、実質的にはアメリカ最大のタイヤ販売業者となっていて、市場のおよそ二五％を支配していたのだ。大手三社がこの事実に知らん顔を決めこんでいられたのは、三社ともシアーズとの取引を拒否していたからだ。シアーズはプライベートブランドとして売るので、自社ブランドと競合してしまうためである。それでもシアーズは献身的な供給業者を抱えていたので、大量にタイヤを販売していた。

しかしラジアルタイヤを販売していなかったので、シアーズはフランスのメーカーであるミシュランと喜んで商談を行い、実りある話し合いとなった。ミシュラン・ブランドはアメリカでは知られていなかったし、シアーズはヨーロッパに出店していなかったので、ミシュランにとってシアーズのプライベートブランドとして販売されることは何の問題もなかった。実際、それは完璧な縁組みであり、シアーズはミシュランにとってアメリカにおける「市場開拓者」となる。やがてシアーズは、プライベートブランドとミシュラン・ブランド両方のラジアルタイヤを売るようになった。このシアーズの二ブランド戦略により、長年アメリカのメーカーが築いてきた定説――タイヤと言えばバイアスタイヤ――が崩れはじめる。突如としてラジアルタイヤが優勢になり、アメリカのメーカーは遅れをとってしまった。

ファイアストンは難しい問題に直面した。一九〇〇年に設立され、創業者のハーヴェイ・ファイアストンとヘンリー・フォードの間に熱い友情が育まれていたこの老舗企業は、ラジアル技術への移行で大きくつまずく。そもそもアメリカのタイヤ業界にとって、ラジアルは問題が多かった。生産工程の設備一新に莫大な費用が伴うばかりか、ラジアルタイヤは耐久性が高いため交換サイクルが長くなり、メーカーは痛手をこうむる。

ファイアストンは、急ぎすぎるあまりに欠陥製品のラジアル・ファイアストン500を発売してしまう。この過ちは破滅的な結果を招いた。一九八〇年、アメリカの高速道路交通安全局はファイアストンに対し、一九七三〜七四年に製造した四〇万本のタイヤについて、欠陥を知りながらリコールしなかったとして、当時の最高記録となる五〇万ドルの罰金を科した。一方で、七八年から行われていた高速道路交通安全局の調査の結果、ファイアストンはさらに一四〇〇万本のタイヤのリコールに同意する。史上最大規模のタイヤのリコールである。ファイアストンはこの大失敗をカバーするために、二億三四〇〇万ドルを捻出しなくてはならなかった。

一九七九年、ファイアストンは再建のスペシャリスト、ジョン・ネヴィンを迎え入れる。ゼニス社で鉈《なた》の振るい方に熟達した男だ。一年もたたないうちに、彼は七つのアメリカの工場を閉鎖し、八〇〇〇人近くを解雇する。しかし、タイヤメーカーとしてのファイアストンの栄光を取り戻すには遅きに失しており、ネヴィンも気づいていた。そこで、製造ではなく自動車修理と小売事業を推進すると同時に、結婚相手を探し回った。

一九八八年三月、イタリアのピレリ社が電話をかけてきて、三〇ドル台半ばで取引されていたファイアストン株に五八ドルの値をつける。それを聞きつけるやいなや、日本のタイヤ業界を率いるブリヂストンが動いた。何としてもアメリカ市場に食い込みたかったものの、恥ずかしそうに傍観していたブリヂストンが、一株八〇ドルで花嫁をさらっていったのだ。これでネヴィンの仕事は完了した。

アメリカの三大タイヤ会社はすべて競合近視眼に陥っていたが、ファイアストン売却の時点で、グッドイヤーの重役は大局的に見ていた。「我々の競合相手は、もはやアメリカ企業ではない」と、デニス・リッチはロサンゼルス・タイムズ紙に語っている。「今やライバル企業はすべて、外国企業だ。急速に成長しており、非常に有能である」[2]

やがて、ファイアストンは理想的な配偶者でなかったことが明らかになる。まず、買収の発表から数週間後、GMが取引を打ち切ったため、会社は売上の一割をあっという間に失う。二年後、ブリヂストン／ファイアストンは三〇億ドルの負債を抱えていた。ブリヂストンにとって、この買い物は高すぎたことが明白になっていく。そして一〇年後、フォード・エクスプローラーの大惨事が襲った。始まりは、タイヤの接地面の亀裂が原因で起こった衝突事故に関するメディアのレポートだった。二〇〇〇年後半までに、ブリヂストン／ファイアストンは六五〇万本のタイヤをリコールしたが、そのほとんどがフォードのものだった。翌年、フォードが先手を打ってさらに一三〇〇万本のブリヂストン／ファイアストンのタイヤをリコールしたため、ブリヂストン／ファイアストンはフォードとの取引を打ち切り、一〇〇年続いたファイアストンとフォードの協力関係に不幸な終止符が打たれた。二〇〇一年末、ブリヂストン／ファイアストンは欠陥タイヤが原因と思われる何百件という事故による訴訟を回避するため、五〇州それぞれに五〇万ドルを支払うことに合意した。

ブリヂストンの海崎洋一郎社長は、今後は「アメリカでブリヂストン・ブランドの販売に、

[2] Jonathan Peterson and James Risen, "Firestone Wasn't Pushed Out of Tires–It Jumped," *Los Angeles Times*, Mar 19, 1988, p. 4.1.

より重心を移すことになる」[3]と示唆した。こうしてまた、アメリカの老舗ブランドが静かに終焉を迎えた。

ちなみに、タイヤ産業にはひどく皮肉な話がある。ラジアル技術を開発したのはＢＦグッドリッチだった。ドイツ系アメリカ企業の研究開発モデルにありがちだが、グッドリッチはこの新しい発明から「いいとこ取り」で利益を得たいと考え、まず利幅が最も大きい顧客に売り込んだ。航空宇宙業界である。乗用車向けタイヤは日用品化しており、価格競争が厳しくて利幅が薄いため、この技術を応用するのは気が進まなかったのだ。よって、グッドリッチはラジアルタイヤを製造するための工場設備を一新する代わりに、ラジアル技術のライセンス供与を行う。ミシュランはそのライセンスに投資したのだ。ミシュランにとって非常に幸運なことに、ラジアルタイヤのほうが安全であることが実証され、法令によってヨーロッパのタイヤが完全にラジアルへ切り替わったとき、そのライセンスは切れていなかった。結局、一九八九年、ＢＦグッドリッチのタイヤ生産部門（ユニロイヤル・グッドリッチ社）は、ミシュランによって一五億ドルで買収された。

天頂《ゼニス》からどん底へ

フランス企業がアメリカのタイヤ産業に対して行ったことを、日本企業がアメリカのテレビ産業に行った。状況は驚くほど似ている。ＢＦグッドリッチがラジアル技術のライセンスをミシュランに供与したように、競争相手はゼニスとマグナヴォックスとＧＥだと考えていた

[3] Todd Zaun, "Bridgestone Slashes 2000 Profit Forecast," *Wall Street Journal*, Dec. 15, 2000, p. A14.

RCAは、テレビの技術ライセンスを日本企業に供与した。実際、RCAの伝説的リーダーであるデービッド・サーノフは、一九六〇年に日本の産業界と政府のリーダーを訪問したとき、日本のエレクトロニクス産業に対する貢献を認められて、旭日大綬賞を受賞している。

サーノフが息子のボブに会社の手綱を渡してから、RCAは坂道を転げ落ちるように凋落していく。RCAが中心となって開拓し、完全に支配していたカラーテレビ市場のシェアが、一九七四年には二〇％まで落ち込んだ。松下電器をはじめとする日本企業が二〇％程度のシェアを占め、ゼニスが二四％でアメリカのトップに立った。やがてRCAは市場から身を引き、他社が製造したテレビをRCAブランドで売ることになる。ロバート・ソーベルが『大企業の絶滅』に書いているように、「RCAが松下電器からライセンスを受けるようになったことは、屈辱的な事態を象徴する出来事だった」[4]。

一九七五年、RCAの取締役会はボブ・サーノフをお払い箱にしたが、その頃にはすでに、多角化しすぎて焦点を失ったこの会社の問題は手に負えなくなっていた。八〇年代前半、CEOのソーントン・ブラッドショーは数多くの事業を売却して、RCAの借金を清算。八六年、彼は会社を六三億ドルでGEに売却する。こうしてRCA製のテレビはアメリカ家庭のリビングから消え去ったが、これで話は終わりではない。GEのジャック・ウェルチは即座に方向転換して、八七年にRCAとGEのテレビ・ブランドをフランスのトムソン社に売却する。それ以前にオランダのフィリップス・エレクトロニクスがマグナヴォックスとシルヴァニアを買収していたので、アメリカのテレビメーカーとして最後にゼニスだけが残った。

ゼニスは一九七二〜七八年まで、カラーテレビの売上で市場をリードしていた。非常に順調

[4]『大企業の絶滅　経営責任者たちの敗北の歴史』ロバート・ソーベル著、鈴木主税訳、ピアソン・エデュケーション、2001年

だった七四年、ゼニスの指揮官はこう語っている。「我々は基本的にアメリカの企業であり、これからもそうあるだろう」[5]。それはそれでかまわないが、アメリカではなくアジアの競合他社からの攻撃を、ゼニスは予見していなかった。安価な輸入品によって値下げを余儀なくされたゼニスは、八四年までにまったく利益を出せなくなってしまった。次の一〇年間、ジェリー・パールマンの指揮のもとで人員を削減し、生産をメキシコに移して抵抗を試みた。九五年には、三億五一〇〇万ドルの資金注入のために、株式の五八％を売却する。買い手はどこか。韓国のLGグループ（元財閥のラッキー金星グループ）だ。

それでも助けとならなかった。一九九七年、ゼニスは三億ドルという記録的な赤字を出し、同じ年に従業員を二五％削減。九八年には最後のアメリカの生産施設を閉鎖する。イリノイ州メルローズ・パークの有名なカラーブラウン管工場だ。翌年、ゼニスは会社更生手続きに入る。その手続きの一環で、LGグループが一〇〇％の所有権と引き換えに、二億ドルの借金を帳消しにした。ゼニスはメキシコのレイノサのテレビ工場をはじめ、残っていた製造拠点も売却し、完全にマーケティングと販売の事業体に移行した。したがって、ゼニスはもはやアメリカ企業でないばかりか、テレビメーカーでもないのだ。

テレビ産業の場合、そしてもっと広く家電産業の場合、競合近視眼の影響は実に途方もなく大きかった。ロバート・ソーベルが言うように、「今日、アメリカで販売されているテレビは、アメリカのメーカーやアメリカに本拠地をおくメーカーが製造したものではない。日本のメーカーの成功といえば、自動車産業を思い浮かべるが、家電製品で日本メーカーが収めた成功は、それを上回るスケールであり、完璧かつ驚くべきことだった」[6]。

［5］『ビジョナリーカンパニー　時代を超える生存の原則』ジェームズ・C・コリンズ、ジェリー・I・ポラス著、山岡洋一訳、日経BP出版センター、1995年

［6］前掲書→［4］『大企業の絶滅』

2 クラスター（産業集積）現象

特定の産業の企業が一カ所に群がるのは自然な現象だ。昔は、単純に天然資源が手に入りやすいかどうかの問題だった。ピッツバーグが鉄鋼の町になったのは、その地域に石炭と鉄鉱石が豊富に埋蔵されていたからだ。製綿工場は綿花が栽培される南部に次々と建てられた。製紙工場も、白色染料となるカロリンが豊富な南部に位置していた。原材料を遠くの工場に運ぶと、たいてい採取の費用より高いコストがかかるため、経済的合理性によって産業は原料が豊富にある場所で発達したのだ。

産業集積には、天然資源の効率的な利用以外にもメリットがある。競合企業が互いに近い場所に陣取るのは理にかなっている。その地域には、すでにサプライチェーンが確立されているうえ、資質も意欲もある人材を採用できる可能性が高い。アイデアや情報の共有による相乗効果があり、一社の進歩が他社のさらなるイノベーションを刺激する。競争が産業を前進させる。そういう競争は健全だ――あるレベルまでは。

多くの偉大なアメリカの産業が、そのレベルを超えている。デトロイトに集積した自動車産業は、今や衰退している。アクロンのタイヤ産業も、ピッツバーグの鉄鋼業も同じだ。ロサンゼルスの防衛産業（ヒューズ、ボーイング）も引き合いに出せるだろう。シリコンバレーのハイテク産業が繁栄するか凋落するかは、まだわからない。

重要なのは、どんなメリットがあるにしろ、産業集積は競合近視眼を引き起こすことだ。

集積しているとどうしても、すぐそばの競争相手に意識が集中しがちになる。競合企業の重役同士が同じクラブの会員で、その子供たちが同じ学校に通っているのでは、それもやむをえないだろう。誰も隣人に市場シェアを奪われたくはない。産業集積によって閉鎖社会が生まれ、視野があまりにも狭くなる[7]。

もちろん、問題からチャンスが生まれる。近くの競争相手との戦いを続けることで成長もできる。だが何とかして周囲の雑音を消し、囲いの向こうに目を向けることができれば、自社のとてつもないグローバルな強みに気づくかもしれない。

3 業界ナンバー・ワン、かつパイオニア

自ら開拓した業界のトップにいる会社は、注意しなくてはならない。市場シェアを奪って王座を狙おうと後ろから迫ってきている一、二社にばかり注意を払っていると、競合近視眼に陥りやすい。一例としてマクドナルドを見てみよう。

バーガー戦争

マクドナルドがつくりだしたもの——ファストフード——に対する国民の食欲は非常に旺盛

[7] Harry G. Barkema, Joel A. Baum, and Elizabeth A. Mannix, "Management Challenges in a New Time," *Academy of Management Journal*, October 2002, Vol. 45, Issue 5, pp. 916-930.

であったため、参入する企業が一社にとどまるわけがなかった。競合企業が次から次へと生まれた。地元限定の店もあれば、一地方に広がった店もあり、全国規模で展開された店もある。全滅した会社も多い。淘汰の後、マクドナルドはバーガーキングと、多少規模は劣るがウェンディーズのことばかり気にするようになった。マクドナルドが正しく経営を行ったことはまず認めよう。この会社は垂直統合を芸術の域にまで高めたので、その経営管理プロセスは実に美しい。「品質、サービス、清潔さ、価値」という基本哲学にあくまでこだわっていることが、大勢の顧客を魅了しつづけ、業界ナンバー・ワンの地位を不動のものにしている。ピーターズとウォータマンはマクドナルドを「模範的」企業の一つに挙げ、「なかでもマクドナルドは、とくに基本に忠実である」[8]と述べている。

さらに、マクドナルドがバーガーキングを警戒するのには、それ相応の理由があったことも事実だ。マクドナルドが、フランチャイジーの力が強くなりすぎないよう、出店可能な店舗数をごく少なく限定し厳格に管理していることに、バーガーキングは気づいていた。一九五九年にフランチャイズ展開を始めたバーガーキングは、正反対の道を選んだ。フランチャイジーに広大な区域を担当させ、ときには州をまるごと任せたおかげで、急速に拡大が進んだ。バーガーキングはマクドナルドに狙いを定めて、「すべてあなたのお好みどおりに」キャンペーンを考案し、七四年にスタートさせる。「私たちは特別注文にも、うろたえません」と断言し、マクドナルドのハンバーガーの画一的なメニューをこき下ろしたのだ。八二年までに、バーガーキングはナンバー・ツーの地位を確立し、マクドナルドの注意を引くことになる。

しかし、目前の挑戦者にばかり気を取られていたマクドナルドは、業界の周辺部にいる新進

[8]『エクセレント・カンパニー』トム・ピーターズ、ロバート・ウォータマン著、大前研一訳、英治出版、2003年

の競合企業を見過ごしていた。もっと具体的に言うと、ファストフードはハンバーガーだけではないことに気づかなかった。ファストフード業界に突然、フライドチキン店、タコ・ベル、ピザ屋が群がってきた。そして、チック・フィレ社だ。[★1] 訴求力のある「もっとチキンを食べよう」のコマーシャルを流しているチック・フィレは、これまでにないタイプの挑戦者である。以前はビーフばかりだった業界に突然現れて、ビーフが頭打ちになっているところに、もっと現代的で健康的なメニューを提供している。そして大手企業とまともにやり合うこともいとわない。そのうえ、大学の食堂やショッピングセンターやオフィスビルなど、他社がまだ入り込んでいない場所に、機転をきかせてうまく展開している。

ここで指摘しておくべきことがある。マクドナルドは、常に自社で不動産を所有し、それをフランチャイズ店に貸すことを信条としてきた。同じ地域にさらに商業を誘致できる可能性が高いため、自治体から特別に底値で土地を取得することも多かった。最近まで、マクドナルドは最大の商業用不動産所有者だった。チック・フィレ社のようなニッチ企業は、そんな手法を真似できないため、空港やショッピングセンターなど、他人の不動産を借りている。歩行者が多い場所では、それが強みにもなる。自動車文化と強く結びついているマクドナルドにとって、不動産の自社所有は諸刃の剣になったのだ。

正直なところ、およそ一二〇〇店舗のチック・フィレだけでは、一〇〇カ国に三万一〇〇〇店舗を構えるマクドナルドの直接的な脅威にはならない。しかし、他の真剣な「非バーガー系」の競争相手、たとえばケンタッキー・フライド・チキン、タコ・ベル、ピザハットを合わせれば、確かに脅威になる。そしてこの三大ブランドの統合こそ、まさに一九九七年にペプシ

★1 Chick-fil-A

がファストフードの会社を買収し、トライコン（「三つの象徴的ブランド」）社としてスピンオフしたときに実現したことなのだ。

五年後の二〇〇二年、トライコン社はロング・ジョン・シルバーとA&Wレストランをグループに加えて、ヤム・ブランズに社名を変更した。この時点で、マクドナルドは気づいたようだ。なにしろ世界中に三万三〇〇〇店舗を擁するヤムは、ファストフード店の総数で今や第一位なのだ。さらに、マクドナルドがいわゆる「胃袋シェア現象」にピンチを感じているのに対し、ヤムは客に選択肢を与えようと積極的に投資している。その新戦略は「マルチブランド・ユニット」。一カ所で数軒のヤム・ブランズのレストランを利用できるようにすることだ。そのような場所はすでに三〇〇〇カ所近くオープンし、客の反応はすこぶるよい。今やまさにファストフードのバイキングとも言える状況の中、バーガーキングの脅威にのみ注意を向けているマクドナルドは、重症の競合近視眼である。

マクドナルドが周辺の挑戦者によって痛手を受けているもう一つの理由は、ハンバーガーの利益の薄さにある。マクドナルドのメニューの中で本当に利益率が高いのは、コカ・コーラ類だけなのだ。ソフトドリンク一杯分の総費用は約一セントなのに、マクドナルドは一ドル近く取る（しかも氷がたっぷり入っている）。飲み物とは比べものにならないが、フライドポテトも比較的利益が高い。だからこそ、飲み物もポテトもセットになっている「バリューセット」に力を入れているのだ。これは使い捨てカメラの戦略と同じだ。客にとっては、あらかじめフィルムが装填されている格安のカメラが魅力だが、利益はフィルムの現像にある。

一方、ニッチ企業はメインの食べ物から利益を上げようとしている。一番うまくやっているのがピザ屋だ。一〇ドルのピザの総費用は（材料費と調理費を含めて）、およそ一ドル半。ピザ屋は他にもさまざまな方法でコストを下げている。出前だけにして、テーブルや椅子を置くスペースの賃料をカットしている店もある。そして、出前の仕事はアルバイトの若者にやらせる。彼らは自分の車を使い、給料よりチップに頼っている（そういうわけで、ピザ業界には一店舗だけの自営業者が——とくに大学の町に——しぶとく残っている）。

さらに、マクドナルドがバーガー中心のライバルばかりに気を取られている間に、消費者の味覚が変わりはじめた。健康を気にする世代が新鮮なサラダや直火焼きのチキンを求めるようになり、高炭水化物の白パンを使った脂っこいハンバーガーは人気がなくなってきた。他の産業で見てきた巨大企業と同様、マクドナルドもこの動向に対する反応が遅く、サブウェイや、常に革新的なウェンディーズなどのニッチ企業に、好機を与えることになった。

競争に対する近視眼的な見方が、二〇〇〇年のマクドナルド減速の原因になったことは間違いない。３四半期連続で減益となり、〇一年、同社は七〇〇人の社員を削減してサービス地域を再編するという、大がかりなリストラを発表した。だが、効果は上がらなかった。さらに六〇〇人減らし、不採算店舗を一七五店閉鎖したにもかかわらず、マクドナルドは〇二年末、初めて四半期の赤字を報告した。

混乱の真っ最中に、マクドナルドは宿敵バーガーキングとの熾烈な価格競争に巻き込まれた。二〇〇二年初め、バーガーキングは一一品に九九セントの価格をつけた特別メニューを導入した。マクドナルドは独自の一ドルメニューで応戦する。この皮肉な状況をビジネス紙は認識していた。「アメリカでハンバーガー戦争が勃発した」とナイト・リダー・トリビューン紙が伝えている。「だが最初の犠牲者は、ファストフード・チェーン自身のようだ。熾烈な価格競争にもかかわらず、消費者はバーガーキングやマクドナルドのようなジャンクフード店で食べる気をなくしたらしい。両社とも今年の売上は低迷している」[9]

けれども、マクドナルドもようやくハンバーガー以外に目を向けるようになったようだ。上質のサラダを用意し、トランス脂肪酸を含む調理油を使用しないと約束するなど、より健康的な食事で客を取り戻そうとしている。風刺映画『スーパーサイズ・ミー』に刺激されたのか、特大サイズのフライドポテトはメニューから消えた。エスプレッソ飲料のテスト販売も行い、マックカフェのコンセプトを再導入する計画を立て、プレミアムコーヒーの全国展開に取り組んでいる。市場の変化に対応し、「ビーフ一本槍」の考え方から脱皮しようという、この努力は実を結んでいるようだ。二〇〇三年に業績は回復に転じ、〇四年には既存店売上高が一四％上昇した。上昇傾向は続き、〇五年第1四半期の業績を発表したときに、既存店売上の二四カ月連続アップに言及している。これはマクドナルドにとって二五年間ぶりの快挙だ。〇五年の第4四半期の利益は五三％も上昇し、同年の収入は八％増えた。

ファストフード競争の激しさ、多様性を考えると、これはかなりの業績だ。ひょっとするとマクドナルドは、もう近眼ではないのかもしれない。

[9] Meera Selvey and James Daley, "Price Competition, Low Demand Hit Burger King, McDonald's," *Knight Ridder Tribune Business News*, Nov 24, 2002, p. 1.

4 反対のシナリオ――二番手がトップを追いかける場合

おそらくこれが最も競合近視眼になりやすいパターンだろう。業界第二位の会社が伸びつづけているケースだ。トップが射程圏内の場合や、唯一生き残る挑戦者と見られている場合、競争エネルギーをすべて業界トップと競うことに向けてしまい、他社が眼中に入らないのは、ごく自然なことである。

もっと努力する――

ハーツは誰もが認めるレンタカーのパイオニアであり、長年にわたって業界のリーダーだった。一九一八年に創業したハーツは、二六年にはすでにレンタカー用のクレジットカードを発行し、三二年にはシカゴのミッドウェー空港に拠点を開業。翌年には初めて「乗り捨て」プランを開始した。三〇年後に登場したエイビスは、「もっと努力する」以外に何ができただろうか。

ナンバー・ツーであることを美徳としているようなスローガン、「二番手だからこそ、もっと努力します」を中心にしたキャンペーンは四〇年来続いている。エイビスの親会社であるセンダント・カー・レンタル・グループのロバート・サレルノ現ＣＥＯが二〇年前にエイビスに入社したとき、このキャンペーンはすでに始まっていた。「ありとあらゆるルールを破り、一九六三年の急速な利益改善に貢献したとされるキャンペーンに対し、いまだに畏敬の念を抱いている」と彼は言う。サレルノによると、このキャンペーンがうまく行ったのは、「我々は二番手であることを言明しているので、その正直さが、負け犬の気分を味わったことのあるあらゆる顧客や事業主と共鳴したからだ」[10]。

エイビスは業界トップのハーツに追いつこうと努力し、両社は飛行機で出張する会社役員相手のビジネスで競い合っていたが、エイビスもハーツも、バジェットの出現をあまり気にしなかった。バジェットは「もっと努力する」のではなく、違うことをやってみた。レンタカーの新しい市場を見つけたのだ——休暇を楽しむ家族連れ、あるいは、車であちこち回りたい旅行者である。この市場を開拓するためにバジェットが考えた新しいコンセプト、それが「走行距離無制限」である。出張中の会社役員は空港で車を受け取り、中心街まで運転して会議に出席し、また空港で車を返す。彼らにとって走行距離は問題ではない。だがバジェットは、とくにフロリダやカリフォルニアのような観光地に集まる行楽客の「レジャー市場」のほうが、ビジネス市場より大きいのではないかと考え、そちらを推進した。

現在センダントの傘下にあるバジェットは、アメリカ国内の営業所数および年間収入という点で、エイビスとほぼ互角である。だがここで妙な話になる——この二社は業界二番手として互角なのではない。さらに驚くべきことに、ハーツは、もはやトップではないのだ。バジェットのおかげで、他の大手レンタカー会社もレジャー市場の存在に気づいたが、どの会社にも見えていなかった別の市場、しかもさらに大きな市場があった。フォーチュン誌の説明によると、ハーツとエイビスとバジェットが「出張者や旅行客の市場シェアを一ポイントでも多く獲得し

[10] Robert Salerno, "'We Try Harder': An Ad Creates a Brand" *Brandweek*, Sep 8, 2003, p. 32.

ようと空港で熾烈な戦いを繰り広げている間に、エンタープライズはまったく違う戦略で後背地に侵入した」という。実際それは非常に賢明な戦略だったので、四〇年あまりの間に、エンタープライズは他社をすべて吹き飛ばした。

その戦略とは、家庭に代車を提供することだった。車が故障したり、何日か修理工場に預けたり、定期保守点検のためにディーラーに預けたりするとき、エンタープライズの出番だ。二、三〇年前なら、妻が送り迎えをしただろう。だが今では妻も働いていて、夫の運転手を務めることはできない。これが「お迎えにあがります」キャンペーンの肝心なところなのだ。ハーツとエイビスとバジェットは互いのことばかり気にして、従来の市場しか見ていなかったために、この大きく口をあけていたチャンスを逃してしまった。

最近エンタープライズは空港市場のシェアにも目を向けているが、同社のイノベーションは、あらゆる場所に展開できる。エンタープライズは主要な空港に保有車両を集中させるのではなく、アメリカ全土の小規模なショッピングセンターに小さな営業所を開いた。現CEOで創業者の息子であるアンディ・テイラーは、「アメリカ人の九割はエンタープライズの営業所から一五分以内のところに住んでいる」と自慢する。

エンタープライズのスタッフは、デスクにいないときは地元の修理工場のオーナーや、レッカー車の運転手、あるいは車のディーラーと親しくなるために外出している。その結果、口コミ商売が主力になっている。テイラーとしては、この会社の景気が悪くなるとは考えられない。なぜなら、自分の車が調子よく走っていても、エンタープライズで車を借りる人が増えているのだ。顧客を迎えに行くためマイカーより高級な車を必要とする個人事業主や、自家用車を当てにできない、あるいは単に使いたくない人たちがいる。そういう人にエンタープライズが「仮の車」を提供するのだとテイラーは語っている[11]。

驚異的な数字である。二〇〇五年時点で、エンタープライズの全保有車両数は六〇万台を超えてハーツのほぼ二倍に達し、総収入もかなり上回っている。二〇〇〇年以来毎年、年に四〇〇カ所以上の営業所を開業させている。これが続けば、エンタープライズの市場シェアが落ちることはなさそうだ。

エイビスに関して言えば、確かに「もっと努力」したのかもしれないが、競合近視眼をわずらったことは明らかだ。競争のことばかり気にするのではなく、革新的な戦略を産み出すことに注力した異端者が、トップクラスの企業を敗走させる例は、他の多くの業界でも見られるだろう。

競合近視眼症——主な症状

どうすれば、近視眼になったとわかるだろうか。これほど陥りやすい習慣には、当然、注意すべき症状がいくつかある。

[11] Brian O'Reilly, "The Rent-a-Car Jocks Who Made Enterprise #1," *Fortune*, Oct 28, 1996, pp. 125-127.

1 小さなニッチ企業の共存を許している

大手のことばかり気にしていて、ニッチ企業を脅威と見ていない。これは傲慢や現実否認の問題ではなく、単純に、そうした企業は生き残らないと考えているのだ。あまりにも小さく、能力や経営資源に乏しく、同じ土俵にさえ乗っていない。ライバルどころか共存するほうが得策な相手だという認識である。その事例がシアーズとリミテッドである。

シアーズは今後の戦略について検討した際、自動車と高速道路が鍵だと考え、高速道路沿いに主力となるショッピングセンターを建設する計画を立てた。見事なビジョンだったが、ショッピングセンターのインフラを維持するのにはコストがかかる。そこでシアーズは、固定費を抑えるために、たとえば、アパレル専門のリミテッドのような専門店を誘致することにした。シアーズの競争相手は大手百貨店であり、リミテッドを脅威と見なしていなかった。

さて、今度はリミテッドが将来を考える番だ。一九六三年、レスリー・ウェクスナーがオハイオ州コロンバスにリミテッド一号店を開いたとき、彼の野心は、店の名前のとおり限定《リミテッド》されていた。彼が売りたかった製品ラインは――若い女性向けの手ごろな値段の流行服だった。七六年までに、(主に郊外のショッピングセンター内に)一〇〇店舗を擁していた。その間に、彼が開拓した顧客基盤、つまり働く若い女性が急速に増え、購買層が拡大したことで、リミテッドは優位に立つ。一方、シアーズの婦人服のターゲット市場、つまり従来の中流家庭の主婦層は、働く女性の増加とともに縮小していた。シアーズはこの動向に気づくのが遅かった。

「限定」というコンセプトは成功した。このチェーン店が狙ったのは一八〜三〇歳の女性であり、大卒または大学生の女性、仕事に着ていくおしゃれな服を必要としている女性、「夫が外で稼いで妻は家を守る」という型にはまらない、広い人生観を持った女性だった。リミテッドはそのコンセプトを推し進めるために、顧客と同じ、若くておしゃれで、いかにもワーキングウーマンらしい女性店員を雇った。さらには販売するサイズさえも限定した。

次にリミテッドは、ブランドの買収や新規開発によって、市場の境界を押し広げていく。一九八〇年、ティーンエージャー向けにエクスプレスを立ち上げる。八二年には、サイズの大きい女性向けにレーン・ブライアントを買収。八五年、予算を気にする女性向けにラーナー・ストアズを買収。八八年には女の子向けのリミテッド・トゥーを開始。ランジェリー部門をカバーするために、通販会社のビクトリアズ・シークレットを買収し、店舗販売を始めた。この時点までにリミテッドは影響力を大幅に強めていたので、ショッピングセンター内に出店する各ブランドを互いに近い場所に集めるよう、指図できるようになっていた。もはや女性が百貨店で服を買う理由はない。シカゴにあるショッピングセンターの重役がクレインズ・シカゴ・ビジネス紙に話したように、「レス・ウェクスナーは店を開くたびに一つずつ、かつて百貨店の商売だったものを定義し直している」[12]。

一九九〇年代半ばにはリミテッドの大躍進も衰えを見せ、その戦略は拡大から縮小へと変わった。いくつかのブランド（ビクトリアズ・シークレット、リミテッド・トゥー）をスピンオフしたり、売却（アバクロンビー・アンド・フィッチ、レーン・ブライアント、ラーナー）したり、いくつかの店舗をたたんだ。しかし、専門小売業の革命はすでに完了していた。シアーズは、婦人服という売り場をリミテッドによって失ったのである。

[12] Lisa Collins, "Limited Charges Chicago," *Crain's Chicago Business*, Aug 27, 1990, Sec. 1, p. 1.

さらに他の製品カテゴリーでも、ニッチ企業をショッピングセンターに出店させたことで、シアーズは痛手をこうむっている。その事例として最適なのは靴である。というのも、この話には予想外の皮肉な展開があるのだ。郊外のショッピングセンター現象でシアーズが成長したのに対し、かつてはライバルだったウールワースは凋落した。昔ながらの安物雑貨店が、さびれた駅近くの斜陽化する繁華街という立地にしばられて消滅していくのを見て、シアーズは忍び笑いをしたに違いない。だがウールワースはまだ完全に終わりではなかった。第5章に示している施策を採用して、コア・コンピタンスを関連ビジネスに転換したのだ。それが専門小売業である。ウールワース・ブランドを利用して、利益を靴ビジネスに投資した。まずはキニーを買収し、それから華々しくフット・ロッカーを立ち上げる。そして今では巨大になったスポーツシューズ市場の育成に尽力した。

では、百貨店モデルにはまり込んでいるシアーズはどうなっているだろうか。シアーズの中には家族向けの靴売り場がある。男性用、女性用、正装用、カジュアルシューズ、サンダルやスニーカーなど、多彩な品ぞろえだ。スポーツシューズは取扱商品のごく一部なので、シアーズはフット・ロッカーのことなど気にかけていない。しかしその後、世界中の誰もが日常用にスポーツタイプの靴を買うようになり、フット・ロッカーはレディ・フット・ロッカーとキッズ・フット・ロッカーに手を広げた。もはや、スポーツタイプの靴をシアーズで買う人はいない。また別の売り場が専門店チェーンによって奪われたのだ。

同じことがトイザらスの出現で玩具にも起こっている。彼らはショッピングセンター内ではなく、ショッピングセンターの敷地内に現れたのだ。これで百貨店は、もう一つ、売り場を失った（現状では、巨大な店舗を単独で維持するというウォルマートの戦略は、非常に理にかなっている。ウォルマートが販売する製品と同じものを扱う専門小売業者が、同じ敷地内に出店することは決してないだろう）。

2 供給業者の忠誠心を、新進の競争相手に奪われている

供給業者が競争相手になりうることに気づかないのも、競合近視眼の兆候だ。たとえば、直接的な競争相手にばかり気を取られ、優位に立つために供給業者に値引きを要求したとする。こちらは大口顧客なのだから、それがまかり通ると考える。だが供給業者の忠誠心を当然のことと思っていると、供給業者にこう言われる。「ちょっと待ってくれ。おたくの仕打ちは気に入らない。うちの供給力はよそに売るよ」。突如として、供給業者が競争相手になるのだ（名著『競争の戦略』の中でマイケル・ポーターは、大手企業間の直接競合は、あらゆる産業を動かす五つの「競争要因」の一つにすぎないという重要な指摘をしている。他の要因は、供給業者の交渉力、買い手の交渉力、新規参入企業の脅威、代替製品・サービスの脅威である）[13]。

繰り返しになるが、競争に対して広い周辺視野を持たなくてはならない。小売業の場合、供給業者が小売を始めるわけではないが、供給業者の交渉力が「競争要因」であり、自社を脅かす存在になることを意識する必要がある。事例として、供給業者であるプロクター・アンド・ギャンブル（P&G）と、この会社にとって昔から最大の顧客だったスーパーマーケットとの間に起こったことを見てみよう。

その関係に何があったのかを一言で言うなら、ウォルマートである。スーパーはウォルマー

[13]『競争の戦略』M・E・ポーター著、土岐坤ほか訳、ダイヤモンド社、1995年

トが台頭してくるとは思っていなかった。布地と服とインテリア用品を売る衣料雑貨店として認識しており、ウォルマートが品ぞろえを拡大することを予見できなかった。自分たちのお気に入りの供給業者と世界一の小売業者との間で、協力関係が強まっていることにも気づかなかった。スーパーには、「量販店」が競争相手になることがわからなかった。しかし、事態は起こった――本格的に。一九九〇年、ウォルマートとP&Gの取引高は五億ドルだったが、一五年後、その額は年間一〇〇億ドルを超える。P&G製品のなんと一八%が、アーカンソー州ベントンヴィルから来た巨大企業に納められたのだ。

一九九二年には、すでにスーパーはこの「競争要因」を感じていたはずだ。P&Gはウォルマートに回す供給比率を増やすことができたおかげで、顧客であるスーパーに「毎日お買い得価格」で販売することを強制できた。同時に、かつての口説き文句だった、「値引き率」を引き下げた。スーパーにとっては面白くない話だ。P&G製品を安くすれば、利益率の高いプライベートブランドの売上に響くし、仕入れの値引きがなくなるのは大打撃だ。だが、何ができただろうか。ウォルマートがそばにいては、P&Gの製品を取り扱わないという脅しもむなしかったし、いずれにしても無理なことだった。当時の業界の数字によると、P&Gは食料雑貨店に四四種類の製品を供給しており、そのうちの三二種類はP&Gブランドが売上一位か二位を占めていたのだ。皮肉なことに、P&Gは「毎日お買い得価格」をウォルマートから教わった。ウォルマートは守るべきプライベートブランドを持っていなかったし、大手供給業者のP&Gに値引きを要求することもなかった。その代わり、ウォルマートは量で勝負していた[14]。

一九九七年、P&Gは破損品や製造中止品をスーパーから引き取るという、長年の方針を

[14] Eben Shapiro, "Grocery Industry Faces Swing to Low Price Strategy," *Journal Record* (Oklahoma City), Apr 30, 1992.

やめた。「返品無用」の代わりに、四半期ごとに、破損品の費用を補填するようになった。この変更は、発注と流通のプロセスにウォルマートのような効率性を持ち込むためのものと思われた。この支払い方法は、業務の流れが非常にスムーズな小売業者にとっては有利であり、発注管理システムがずさんな業者にとっては打撃だった。いずれにせよ肝心なのは、供給業者であるP&Gがスーパーに対して条件を指示する立場にあったという点だ。

ここで付け加えておくが、スーパーはP&Gのような「供給業者の交渉力」によって上から締めつけられているだけでなく、業界に参入してきた新進の競争相手からの不意打ちも食らっている。二〇〇三年初め、ウォルマートがカリフォルニアに食料品のスーパーセンター一号店を開き、五年以内に州内にさらに三九店舗を建設する計画を発表した。カリフォルニア最大手の食料品店チェーンのラルフズ、ボンズ、アルバートサンズにとって、胸躍るニュースではなかった。何しろウォルマートはそれまでの一〇年に、一二の全国的なスーパーマーケットチェーンを破産に追い込んだ実績があった。食料品店ビジネスに手を伸ばしてからわずか数年で、巨人ウォルマートはすでにその分野のトップに上り詰め、全国の食料品売上の一九%を手中に収めた。全国に一〇〇〇カ所の新たなスーパーセンターを開くという五カ年計画を固守すれば、国内の食品市場シェアは一九%から三五%まで上昇するという業界予測が出された[15]。

話を元に戻すと、スーパーはP&Gの忠誠心を引き止めておくために、何かができたのだろうか。P&Gブランドを支援するために、やれることがいろいろあったかもしれないが、自社のプライベートブランドに巨額の投資をしていたので、実行は困難だったろう。陳列棚スペースの料金を下げることもできたかもしれないが、貪欲な新規参入企業のウォルマートは、

[15] Steven Greenhouse, "Wal-Mart Driving Workers and Supermarkets Crazy," *New York Times*, Oct 19, 2003, p. 4.3.

さらに低く設定することも、いとわなかったに違いない。つまり、スーパーが競争の舞台の広さをきちんと認識したときには、まともな選択肢はあまり残っていなかったのだ。

家電メーカーが自社の供給能力を、シアーズやＪＣペニーのような百貨店からホーム・デポやロウズに移しはじめたときにも、同じような現象が起こった。競合に対する百貨店の狭い考え方からすると、ホーム・デポやロウズのような店は「合板屋」であり、大きくなりすぎた建材店にすぎなかったため、そうした店の新規参入には注目しなかった——そして気づいたときには、その脅威はあまりにも決定的になっていた。

この兆候は小売業でとくに顕著だが、製造業にも事例がある。たとえばＩＢＭは、マイクロソフトとインテルという二大供給業者を開発し、その供給能力はすべてＩＢＭに向かって流れつづけると思い込み、ＨＰやコンパックのような目前の競争相手のことだけを考えていた。ところが突然、若き起業家のマイケル・デルが現れる。デルはコンピュータビジネスに新たなパラダイムをつくり上げ、武器商人と同じくらい忠実だったマイクロソフトとインテルが、供給能力をデルに回したのだ。その結果デルが業界トップに躍り出る。この場合も、ＩＢＭにとって競争における真の脅威は、供給業者が能力をよそに回す可能性だったのだ。

3 顧客の戦略が「買う」から「作る」へ転換する

ここでは、競争の原因は供給業者ではなく顧客なのだが、ただ顧客の忠誠心が他へ移るというのではない。次のシナリオからわかるように、真の危険は顧客が上流に進出して、製品を作るようになることだ。

その典型例が、権威あるクレジットカードとトラベラーズチェックの会社だったアメリカン・エキスプレスだ（ところで、アメリカン・エキスプレスのトラベラーズチェック事業は、好循環が続いていた間はすばらしい商売だった。考えてみてほしい。まずあなたが私にお金を預ける。私はあなたに約束手形を渡す。それをあなたは換金する場合もしない場合もある。一方、私はあなたから預かったお金を貸し付ける。貸す相手はあなた！　あなたのクレジットカードに！　これがいわゆる高度に相乗的なビジネスだ）。

アメリカン・エキスプレスはダイナースクラブとカルテ・ブランシュによる旧来のカードビジネスを打ち壊すという、あっぱれな仕事をやってのけた。まず、メインフレームに巨額を投資し、膨大なデータを蓄積した。その動き一つで、アメリカン・エキスプレスは従来の企業をおおむね追い越した。次に、会社役員（昔からあるカード会社すべてのターゲット）は、食事だけでなく航空券やホテルにも金を使うことがわかると、これらの利用を推し進める。そしてそれでも足りないと言わんばかりに、記憶に残る非常に効果的な広告キャンペーン（「ドゥ・ユー・ノウ・ミー？」や「出かけるときは忘れずに」など）も多彩に展開した。

だが忘れてはいけないのは、アメリカン・エキスプレスの本当の顧客は銀行だったということだ。トラベラーズチェックは銀行を通じて販売され、カードの処理も、カード払いを引き受ける商店主から始まって、すべて銀行を通して行われる。実際、自動車販売やレストランや専門店など、中小企業は、銀行にとって巨大な顧客グループである。

銀行がついにクレジットカード事業に参入することを決めたのは、おそらく必然だったのだろう。まず西海岸で、バンク・オブ・アメリカからビザが出現し、他の銀行に提携の勧誘を行った。東海岸ではシティバンクがマスターカードを始め、こちらも他行が加わった。やがて参加企業のネットワークが大きく広がったため、今やどちらのカードもほぼ全世界で通用する。会社役員である顧客は、かつてアメリカン・エキスプレスのカード利用者として威信と影響力を体現していたが、今日では他にも魅力的な選択肢がいくらでもあるし、アメリカン・エキスプレスの高い会費を払いたくはない。

こうしてアメリカン・エキスプレスの顧客だった銀行が上流に進出し、直接競争の舞台に上がってきた。アメリカン・エキスプレスはコーポレートカードを世に送り出すことで応戦し、ある程度成功を収めた。もちろんこの戦略の狙いは、カードを企業の従業員全員に持たせることであり、アメリカン・エキスプレスはカード利用のすべてに関する管理・分析を提案して、コーポレートカード導入の魅力を高めた。これはまさに付加価値サービスであり、アメリカン・エキスプレスにはこれを実行するためのコンピュータシステムがあったのだ。

次にこの会社は、資金管理も提供するようになる。つまり、顧客の手持ち資金をすべて管理するということだ。言うまでもなく、カードサービスだけでなく銀行サービスも提供することによって反撃に出たわけだ。銀行がクレジットカード事業で競争できるのであれば、アメリカン・エキスプレスも同じやり方で応戦できる。

ビザとマスターカードは、カード払いを引き受ける加盟店に安い手数料を提案することで、アメリカン・エキスプレスの急所を突いた。これで、アメリカン・エキスプレスが使えない施設――とくに中小規模の店――が急増したことの説明がつく。経営者は、高い手数料を払いたくない（ビザは、この状況に乗じて、挑戦的な広告を打った）。

ビザとマスターカードは、さらに、カード利用者のために、アメリカン・エキスプレスのように未払い額を全額清算するのではなく、「毎月の最低額」を支払えばよい方式（リボルビング方式）を導入。一見消費者にとって便利そうなこのシステムは、実は利息でカード会社に巨額の利益をもたらすのだが、クレジット好きの中流階級のカード人気をあおった。競争に踏みとどまるために、アメリカン・エキスプレスは一九八七年、初めてのリボ払い式クレジットカード、オプティマを市場導入した。

熾烈な競争でクレジットカード事業の利益は薄くなったが、アメリカン・エキスプレスは、状況に適応し、事業を多角化することで生き残っている。総合金融機関のようになり（オンラインで住宅ローンや証券のサービスも行っている）、カードサービスはライバルのサービスと区別がつかなくなってきている。皮肉なことに、シティグループも今ではアメリカン・エキスプレスのカードを扱っている。

結局、かつての顧客が競争相手と化したわけだが、アメリカン・エキスプレス自身もその難題に十分対応するために変身したのだ。

4 新規参入企業の脅威を見くびっている

新規参入企業は、どの産業にも侵入するおそれがあるのに、この脅威を認めない会社は明らかに近眼だ。既存の競争相手ばかり気にするのは自然な傾向で、大企業の場合は傲慢にもなりがちであるが、一番気にかけないのが新興国からの新参者だ。

たとえば、ソニーには心配すべき目前の競争相手がたくさんいた。昔ながらの特別待遇企業群である「系列」に属していなかったソニーは、まず、松下や日立やシャープなど、日本の大手ライバル企業を相手にしなくてはならなかった。ヨーロッパに進出したときには、トムソンやフィリップスのような定評のあるライバルと対決した。アメリカではゼニスとGEが待ち構えていた。グローバル市場に突入して世界有数のブランドになったソニーが、つつましやかな韓国企業を振り返らなかったのも無理はないだろう。

もし振り返っていたとしても、サムスンを認識するのは難しかったかもしれない。もともとは精米と魚の干物の商いを営んでいた会社だ。一九六九年のエレクトロニクス産業への参入も、同じように地味だった。欧米で設計されたテレビやビデオや電子レンジなどを分解して、安く製造する方法を考え出すだけ。わざわざ自社ブランドを確立することもなく、GEのような欧米のメーカーや、シアーズのような小売業者に売っていた。しかし九〇年代半ば、創業者の息子で会長のイ・ゴンヒは、サムスンを低級メーカーから最高級ブランドに変革することを決意し、突然競争が始まった。

「我々はソニーに勝ちたい」と、グローバルマーケティングの指揮を執るエリック・キムが、二〇〇一年に宣言した。「ソニーのブランド知名度は最強だ。我々は二〇〇五年までにソニーより強くなりたい」。経営陣には、デジタル革命がチャンスだとわかっていた。DRAMメモリチップ（皮肉なことに、ソニーのプレイステーション2に使われているものも含めて）の生産ですでに世界一だったサムスンは、「デジットオール」企業、すなわち、革新的で魅力的で手ごろな価格のチップをベースにした電子機器メーカーとして、地歩を固めることに多大な努力をつぎ込む。

まだ技術は他社からの借り物だったのでデザインを重視し、〇一年までに、MP3プレーヤーとデジタルカメラと薄型モニタについては、すでに賞を獲得していた[16]。

エリック・キムの夢は一年早く実現した。おそらくまだブランド知名度はそれほど高くなかったが、二〇〇四年末までに、サムスンは世界で最も収益性の高い家電メーカーになったのだ。カラーテレビ、ビデオ、液晶ディスプレイ、およびデジタルメモリ装置のグローバル市場をリードし、携帯電話ではノキアに次ぐ二番手、DVDでも急速にソニーを追い上げていた。

サムスンは最先端のデザインに加えて、デジタル時代の戦略に新たな要素を組み入れた――スピードだ。新しい技術に飛びつき、ただちにそれを改良し、どこよりも早く大量の製品をどっと出荷するのが、この会社のやり方だ。「高級魚も一日二日で安くなる」と、CEOのユン・ジョンヨンがニューズウィーク誌に語っている。「鮨屋にもデジタル産業にも在庫は不利益だ。スピードがすべてだ」。たとえば、サムスンは携帯電話を発明したわけではないが、一年に一〇〇機種の新モデルを発売している。それに対してノキアは二四機種だ。

ソニーのビジネスモデルは、もっと前の時代に対応したものだった。二、三年おきにウォークマンのような大ヒット商品を発売し、市場が広がるにつれて価格をだんだんに下げていくことが許された時代だ。サムスンはニューズウィーク誌が指摘するとおり、新しい時代に精通している。新時代には、「企業は絶え間なく次々に新製品を出す必要がある。新製品も比較的低価格でいきなり大量に売られ、[その後]すぐに次の新しいものと入れ替わる」[17]。

二〇〇四年、サムスンは売上一二〇億ドルを記録し、「最大のライバル」の時価総額を下落させた。こうなってはソニーも、「韓国製」がまったく違う意味を持つようになったことを

[16] Heidi Brown, "Look Out, Sony," *Forbes*, Jun 11, 2001, p. 96.

[17] Rana Foroohar and B. J. Lee, "Masters of the Digital Age," *Newsweek*, Oct 18, 2004, p. E10.

認めざるをえないだろう。
新興経済国から来た競争相手によって、不意を突かれる危険にさらされている巨大グローバル企業は他にもある。世界最大のセメントメーカー、フランスのラファージュ社もその一つだ。創業一七〇年だからといって、この会社はよぼよぼの老人ではない。逆に一九七〇年から着実に伸びている。カナダ・セメントとゼネラル・ポートランドの買収によって、北米での知名度を大いに高め、この一五年で事業の拠点を一二カ国から七〇カ国に広げた。九九年にインドを本拠地とするティスコのセメント工場を買収し、二〇〇三年には重慶セメントの株式を買って中国にも進出している。
だが二〇〇四年の津波で、インドネシアにあるラファージュの巨大工場が破壊されたとき、大急ぎで製品を輸送し、市場シェアを獲得したのはどの会社だったのか。ハイデルベルクセメントやスイスのホルシムのような、昔ながらのヨーロッパのライバル企業ではない。メキシコのセメックスだ。★1
一九七六年までにセメックスはメキシコ最大のセメントメーカーになっていたが、八五年に創業者の孫であるロレンツォ・ザンブラーノが指揮権を握るまでは国際的な知名度は低いままだった。ザンブラーノが南米と中米で着々と企業買収を進めたおかげで、九六年までにセメックスは世界第三位にのし上がった。二〇〇〇年にはアメリカの大手メーカー、サウスダウンを二八億ドルで買収したが、最も大胆な動きはその後のことだ。〇五年、イギリスの巨大企業、RMCグループを五八億ドルで買収するという驚きの行動に出て、ヨーロッパ進出を果たす。この買収によって、世界第二位のセメントメーカーになっただけではない。ヨーロッパが

★1 セメックス社は、BOP市場でも成果を上げている。詳しくは『ネクスト・マーケット』（C・K・プラハラード著、英治出版）を参照。

セメックスにとって最大の市場となり、ラファージュの足元に挑戦状が投げつけられたのだ。

5 代替技術に対して無力である

脅威とは常に存在するものだ。早めに気がつけば、適応し、戦略を変え、次世代技術を展開するのに間に合うだろう。だが競合近視眼になっている場合、いずれ手を上げて降伏することになるかもしれない。

前章では、足元で起こった業界の変化に追いつこうとしているコダックの苦労について論じた。コダックがデジタル革命に全力を傾け、膨大な資本と技術ノウハウを注入したのは、遅きに失したのではないだろうか。いずれにせよ、新しい技術、あるいは「代替」技術の出現によって、業界がかき乱されている典型的な例だ。

さらによい例は、通信産業に起きている革命だろう。ベビー・ベルは、マー・ベルの長距離フランチャイズに参入することを当局から許可されたとき、繁栄の時代が到来したと思ったに違いない。ところがその後、携帯電話が出現した。通話料金プランによっては、市内電話と長距離電話の区別がない。

通信事業大手のクウェスト社が発表した最近の数字を一例として取り上げよう。二〇〇五年の第2四半期、同社は一億六四〇〇万ドルの純損失を出した。唯一の朗報は、一年前の七億七六〇〇万ドルの損失よりは大幅に少ないことである。これだけの損失が出るのも不思議ではない。人々は固定電話に見切りをつけている。この傾向に、連邦通信委員会が下した二つの決定が拍車をかけた。一つ目は、電話番号を変えずに携帯電話会社を変更できるようになったこと。二つ目は、固定電話の顧客が携帯電話に切り替えても、同じ番号を使えるようになったことだ。これが、従来の通信産業にとって大きな痛手となった。現在、ベビー・ベルは躍起になって携帯電話事業に参入しようとして、頻繁に既存の携帯電話会社を買収したり、合併したりしている。

しかし、携帯電話ビジネスが立ち上がって動き出しても、電話会社の問題は終わらないだろう。今度はＩＰ電話である。今のところ最も安価な通信プラットフォームであり、新興企業は標準的な固定電話より三割安い料金でサービスを提供している。さらに、ＩＰ電話のプロバイダは従業員数を大幅に削減できる。ニュージャージー州のボナージュは、七万人の顧客に月二四・九九ドルでＩＰ電話サービスを提供しているが、従業員はわずか二二〇人である。

現在、すべてのベビー・ベルが再び先を争っている。クウェスト、ベライゾン、ＳＢＣ、ベルサウスの全社が、ＩＰ電話サービスを開始する計画を発表した。「大手の電話会社がやらないのは、ばかげている」と、ある通信業界アナリストがウォール・ストリート・ジャーナル紙に語っている。

「新しい技術によって、業界がいかに急速に再編されるかを示す最新の事例だ」と同紙は語る[18]。実際、変化は一瞬のうちに起こったように見える。固定電話ビジネスを営んでいたのに、ふと気がつくと、仕事がなくなっていたのだ。

[18] Almar Latour, "Internet Phone Service Threatens Industry's Giants," *Wall Street Journal*, Nov 28, 2003, p. B1.

競合近視眼症――治療法

必ず兆候がある。目前の競争相手だけに注意を向けていたので、周辺の挑戦者のことも、さらに重要な業界全体のことも、気にかけていなかった。業界の情勢を決定するあらゆる競争要因を認識できず、それに適応してこなかったため、今、市場シェアを失いつつある。どうすれば目を開けて、全体像を見られるのだろうか。ここにいくつか提案がある。

1 市場勢力図を再定義する

不意に地位が危うくなってようやく、「競争」の定義を広げる必要があることを理解したら、周辺部もくまなくチェックして、自分の弱点を見極める必要がある[19]。ＩＢＭがぴったりの事例だ。第5章で述べたように、ビッグ・ブルーは賢く下流に進出し、サービス会社として自らをつくり変えた。しかし、それによって新たな問題が生まれた。市場勢力図が変わったのだ。ＩＢＭは大型コンピュータの会社だったので、競争相手は他の国内メーカーだった。この市場に参入するには膨大な投資が必要なので、ＩＢＭは新興国からの脅威を心配する必要がなかった。だがサービスビジネスでは、状況がまったく違っていた。インドから手ごわい挑戦者が出現

[19] 前掲書→［13］『競争の戦略』

し、ＩＢＭは着眼点を変える必要に迫られた。たとえばＩＴコンサルティング会社のインフォシスは、今や一五カ国に事業所を擁し、北米の売上が全体の六五％を占めている。ＴＣＳ（タタ・グループのタタ・コンサルタンシー・サービス）も急速に成長している。現在三〇カ国で営業し、企業買収でさらに拡大を続けている。そしてウィプロ・テクノロジーズがいる。この会社は、ウィプロ・リミテッドのコンサルティング部門であり、三五カ国にオフィスを構え、アウトソーシングによるコスト削減を目指しているアメリカ企業に対して、精力的にビジネスを展開している。この三社をはじめさまざまな企業が、この業界の最前線に現れて、ＩＢＭの縄張りで重要な顧客を奪おうとしている。

さすがにＩＢＭはこの脅威を認めただけでなく、反撃のためにインドに大がかりに進出する決断を下した。その戦略の一つが、インド企業の経営トップを引き抜くことによって、その統率力を奪うことだった。ビッグ・ブルーはインドでのリクルートも開始し、大学の新卒者や新米の技術者に高い給料を提示している。そうやってインドの事業所に囲い込んだ新入社員の給料は、アメリカで同程度の地位に払われる金額より少ないが、一般のインド企業が支払う金額よりも高い。こうしてＩＢＭはライバルのインド企業に賃上げのプレッシャーをかけて、その利益を圧縮しているのだ。さらに、インドを本拠地とする顧客も狙っている。どこの国でもそうだが、一般に政府が最大の得意先であり、ＩＢＭは、積極果敢にインド政府の仕事に入札している。ＩＢＭが市場勢力図を再定義する一方で、業界ではＥＤＳ、アクセンチュア、オラクルなど、他の大手アメリカ企業も同様の策を講じている。

もちろん、新進の挑戦者がみな新興経済国から現れるわけではない。ホーム・デポはウォルマートへの意識を強め、ハーツはエンタープライズの真価を認め、キャデラックはドイツや日本の高級車メーカーの脅威を強く認識している。どのケースも、市場勢力図を再検討する必要性を具体的に示している。

2

自社の製品や市場の範囲を広げる

既存の製品を既存の市場で維持する場合、基本戦略は守りを固めることだ。しかし競合他社を打ち負かすには、もっと攻撃的な戦略が必要だろう。既存製品の市場を広げるか、逆に、既存市場に出す製品ラインナップを拡張することが考えられる。そして究極の選択肢は多角化、つまりこれまで参入していなかった市場に、これまで売ったことのない新製品を出すことだ。

ＨＳＢＣ（香港上海銀行）の事例から、製品と市場の適応範囲を広げることによって競争力を増大した方法を学ぶことができる。一八六五年、イギリスとアジアの間で拡大していた、アヘンや絹や茶の貿易に融資するため設立されたこの銀行は、かなり最近まで輸出入ビジネスに重点を置いていた。しかし、この二〇年に銀行業界を揺るがした変化――規制緩和、グローバリゼーション、巨大合併――から生き残るためには、ＨＳＢＣは進化し拡大する必要があることを確信する。国際貿易のための銀行ではなく、「総合」銀行にならなくてはならなかった。

最初の大きな動きは、一九九二年、イギリスで三番目に大きいミッドランド銀行を買収したことだ。これでＨＳＢＣは、法人および個人向けの銀行業務にまで金融サービスを広げた。次のステップは消費者金融への参入で、二〇〇三年にハウスホールド・インターナショナル

(元ハウスホールド・ファイナンス)を大枚一四八億ドルで買収。この動きによって、アメリカで大幅に成長していて事業規模が大きい、個人向けクレジットカード事業への進出を果たす。一年後、中国国営の交通銀行の株式二〇%を取得した。これは中国の銀行に対する外国からの投資としては、史上最大だった。

同じく二〇〇四年、HSBCはイラクの商業・投資銀行、ダル・エス・サラームに目をつける。サダム・フセインがすべての外国金融機関を追放して以来、三五年ぶりの外国資本による銀行の開業を目指してのことだ。投資銀行業務は相変わらず弱いが、この分野も強化しつつある。〇四年時点で七〇〇人の投資専門家を雇っており、HSBCがモルガン・スタンレーのようなアメリカの投資銀行大手を買収したがっているといううわさも流れた。

どんな手段にせよ、旧弊な貿易銀行から大胆なグローバル銀行への変身は見事だった。今やHSBCは世界八〇カ国に九八〇〇のオフィスを構え、リテールおよび法人向け銀行業務、クレジットカード・サービス、資産管理、プライベートバンキング、証券取引、保険業務のほか、投資銀行業務も拡張しつつある。二〇〇四年、ザ・バンカー誌がHSBCを「年間最優秀グローバル銀行」に三年連続で選び、ユーロマネー誌が「世界最高の銀行」と称賛したのも不思議ではない。

3　統合して余分な供給能力を絞る

これは航空産業、とくにヨーロッパの航空会社にとって重要な戦略だ。その最たる例が、二〇〇四年に行われたエールフランス航空によるオランダのＫＬＭの買収である。この動きはエールフランスに二つの利益をもたらした。第一に、これで一気にブリティッシュ・エアウェイズを追い越して、ヨーロッパ第一位の航空会社になった。だが、それよりもっと重要だったのは、航空業界から余分な供給能力を絞ったことだろう。過剰な供給能力は買い手の価格交渉力を高めるので、それ自身が競争要因となるのだ。同じ目的地に飛ぶ便が多すぎて、利用できる席が過剰にあると、価格低下を招き競争は激化する。しかし、統合によって供給能力を縮小できる。従来、エールフランスとＫＬＭ合わせて一日二〇便近くがパリ～アムステルダム間を飛んでいたが、会社が一つになれば便数を減らし、各便あたりのチケット購入者数を増やすことができる。エールフランスはさらに、プロテウス航空やフランドル・エアーなどの地方航空会社を買収することで、国内市場をも統合しようとしている。

4 新進のライバルに反撃する

一方で、ルフトハンザも、二〇〇五年初め、スイス・エアーを買収した。このドイツの航空会社はヨーロッパ三番手の地位を強固にしたと同時に、再びこの競争の激しい業界の供給能力を縮小した。いかに激しい競争であるかを数字で示すと、合併完了時点（予想では〇七年）でルフトハンザの年間乗客数は六〇〇〇万人、対するエールフランスは六五〇〇万人だ。一方のブリティッシュ・エアウェイズは、ヨーロッパのパートナーを探していると言われており、すでにスペインのイベリア航空と提携している。

IBMがこの戦略をインドで推進した経緯は先ほど紹介したが、家電産業も例として挙げられる。「3の法則」[★1]を裏付けるように、アメリカの家電産業はトップのワールプール、二番手のGE、三番手のホワイト・コンソリデーテッドに支配されるようになった。ホワイト・コンソリデーテッドとは、ワールプールとGEが市場シェアをめぐって戦った際に競争から落ちこぼれた家電メーカーが、一九六〇～七〇年代にかけて寄り集まってできた会社だ。かつてのホワイト・ソーイング・マシン社のエドワード・レディグCEOが、ギブソン、ケルビネーター、ウェスティングハウスの家電部門、フリジデアなどを買収し、これらの「白物」家電事業を「統合《コンソリデート》」して、アメリカ第三位の家電メーカーをつくり上げたのだ。

アメリカの業界がそうした状況だった一九八六年、世界有数の掃除機メーカー、エレクトロラックスがスウェーデンから大西洋を渡ってきた。七〇年代に一連の企業買収を開始していたエレクトロラックスは、すでに掃除機からあらゆる家電製品にまで手を広げ、ヨーロッパの業界トップの地位を獲得していた。そして今度はグローバルな展開を目指した。より具体的に言うと、大規模な買収によってアメリカ市場に攻め入りたいと考えたのだ。

このヴァイキングのような急襲は、ホワイト・コンソリデーテッド買収の成功で頂点に達する。突如エレクトロラックスは、ヨーロッパだけでなく世界のトップ家電メーカーにのし上がった。ワールプールやGEにとって、ホワイト・コンソリデーテッドは常に相対的に弱い挑戦者だったが、エレクトロラックスの「アメリカでの市場シェアを獲得する」という明確な野望は脅威だった。

ヨーロッパから予期せぬ攻撃を受けたワールプールは、「目には目を」で反撃せざるをえな

★1 前掲書→［1］『3の法則』

かった。一九八九年、ワールプールは大西洋を渡り、フィリップス・エレクトロニクスとの合弁会社、ワールプール・ヨーロッパを設立。九一年までにこの合弁会社が買収を進め、ワールプールは一躍ヨーロッパ第二位の家電メーカーとなった（エレクトロラックスのアメリカ第三位よりも上である）。ワールプールは今や世界トップの座をエレクトロラックスと分け合っている。さらに重要なのは、同社がエレクトロラックスのグローバルな攻撃という難題にうまく対応したことである。

5
コア事業にもう一度集中する

この「守り」の戦略は直観に反すると思えるかもしれないが、非常に効果的な場合もある。多角化した企業はしばしば経営的な余裕を失い、競争領域を絞り込まずに、経営資源を複数の事業領域に分散させてしまうことがある。ベアトリス・フーズがその好例であり、レジナルド・ジョーンズに率いられていたGEもそうだった。

インドの巨大コングロマリットの中には、数十年にわたる多角化を経て、縮小方向に向かっているところもある。アディティヤ・ビルラ・グループ（ABG）は現在、織物繊維、カーボンブラック（黒色顔料）、セメントという基本路線に戻りつつある。たとえば傘下のインド・レーヨンは、インド・ガルフ肥料の株を投げ売りした後すぐに増益を発表し、経営が改善された。マヒンドラ・アンド・マヒンドラは、二〇〇五年末までに世界最大のトラクターメーカーとなる計画を発表し、再び本格的にコア事業に集中している。

だがおそらく最もよい例は、インド最大の財閥であるタタ・グループだろう。ノン・コア事業を処分するという全社戦略のもと、洗面用品、化粧品、セメント、石油、医薬品、塗料の事業を切り離し、タタ・ハネウェルの株をハネウェル・インターナショナルに売却した。創業者一族の中で現在トップに立っているラタン・タタは、ジャック・ウェルチがGEで実行したのと同じように、自社が強い分野、たとえば茶、鉄鋼、自動車、通信、エネルギー、情報処理事業などに照準を合わせ直している。

＊＊＊

結論として、問題が近視なら、解決策は視力の改善だ。本章で紹介した多くの事例に示されているとおり、どうしても、目の前にいる一社か二社の最強の競争相手にばかり注意が向く。その強い衝動は、多くの自滅的習慣と同じだ。業界を代表する大手企業にうまく対抗できたら愉快だし、自信となる。だが周辺部も同様に絶えずチェックしなければ、危険が待ち伏せしている。

直接の競合企業だけでなく他の競争要因すべて――供給業者の能力、顧客が上流に進出する可能性、新興企業や新進の競争相手による脅威、絶えず存在する新しい技術に乗り遅れる危険――を意識することが絶対に必要だ。

市場勢力図のあらゆる特徴に徹底して精通することが、最も確実な治療法である。毎日、業界の周囲をくまなく歩こう。

治療法

1　市場勢力図を見直す

周辺部もくまなくチェックして、自分の弱点を見極める。

2　自社の製品や市場の範囲を広げる

既存製品の市場を広げるか、逆に、既存市場に出す製品ラインナップを拡張する。

3　統合して余分な供給能力を絞る

業界の過剰な供給能力を削減して、買い手の交渉力を弱める。

4　新進のライバルに反撃する

特異な競争相手に対して、相手の縄張りを攻撃することによって逆襲する。

5　コア事業にもう一度集中する

限られた経営資源を最も強い分野に集中させる。

診断書 5　競合近視眼症

発症のきっかけ

- □ 産業の自然な進化
- □ クラスター（産業集積）現象
- □ 業界ナンバー・ワンで、かつパイオニアでもある場合
- □ 反対のシナリオ――二番手がトップを追いかける場合

主な症状

□ **小さなニッチ企業の共存を許している**

大手のことばかり気にしているので、ニッチ企業を脅威と見ていない。

□ **供給業者の忠誠心を、新進の競争相手に奪われている**

供給業者が「競争要因」になりうることに気づいていない。

□ **顧客（または流通パートナー）の戦略が「買う」から「作る」へ転換する**

顧客が上流に進出して製品をつくり、競争相手となる。

□ **新規参入企業、とくに新興経済国からの脅威を見くびっている**

新参者の脅威を認識していない。

□ **代替技術に対して無力である**

脅威は常に存在していたのだが、対応が遅かったので降伏するしかない。

7

拡大強迫観念症——右肩上がりの幻想

この自滅的習慣をより経営用語らしく捉えると、「コスト非効率性」と表現されるだろう。生み出す収益の割にコストが高すぎる。要は、稼ぐために金を使いすぎているのだ。激しい競争や業界の過剰な供給能力のため価格は大幅に下落しているが、従来よりコストが下がっていない状況である。

本書で論じる自滅的習慣の大半がそうだが、この習慣も成長の副産物のように思われることが多い。人間にたとえると、こんなふうになるだろう。「成長期」を過ぎると生産的なカロリー燃焼が止まって、使われなかった脂肪が体内に蓄積される。エネルギーの消費効率が落ちるのだ。スポーツ選手の例は、もっとわかりやすい。現役時代は健康体の鑑である。膨大なカロリーを摂取しても、激しい運動によって理想的な効率で燃焼し尽くす。彼らは引退したあともしばしば過剰なカロリーを取りつづけるが、もはやそのカロリーは燃焼されない。好成績を産み出すサイクルに必要だった要素が、自滅的習慣になる。あっという間に衰えるスポーツ選手がいることを考えれば、ときには危険な習慣にさえなるのだ。いずれにせよ、成熟した企業と盛りを過ぎた人間の体に共通する症候群だ——取り込むものは多いのに、産み出すものは少ない。

無数の「リストラ」が絶えずビジネス紙のネタになっていることからも、費用と収益の不健康なアンバランスという問題が広く蔓延していることが、よくわかる。大企業も中小企業も、遅かれ早かれ直面する問題だ。それにしても、いったいなぜなのだろう。なぜ、企業のコスト構造は悪化するのか。費用と収益の比率が無情にも危険ゾーンに入ってしまう、典型的なシナリオをいくつか検証しよう。

1 高利益率のパイオニア企業

アメリカの企業や産業は、科学と発明を好むゲルマン民族気質の影響を受けている。私たちにとっての偉人や崇拝の対象は、アレクサンダー・グラハム・ベルのような、新しい産業の火付け役となる発見をした人たちだ。あるいは、事業の展望を根本から変えてしまうような、新しいプロセスを実行した人（流れ作業による大量生産方式を開発したヘンリー・フォード）や、新製品を発明した人（最初にコカ・コーラを調合したジョン・ペンバートン）である。パイオニアとして、ソフトドリンクであれパーソナルコンピュータであれ、新しい産業や新しい製品カテゴリーをつくり出せば、王位に就いたようなものだ。その高貴な地位には、ある種の特権が伴う。

この特権とは何か。私が思い浮かぶのは、皆さんの推測どおり、高い価格を請求する権利である。実際、パイオニア企業には独占権がある。他に類のない製品を持っている。価格競争を挑んでくる競争相手はいない。その製品は従来にない方法でニーズを満たしている（あるいは望みをかなえている）ので、好きな値段を付けられる。この高利益率な独占状態を根拠に、コスト構造を構築する。

いずれにせよコストは高い。インフラを築き、従業員を雇う。何もかもが必要だ。マイホームを建てたときのように、支払いが延々と続くように思える。しかも生産能力が限られているので、一台あたりのコストも異常に高い。それでも利益がまだ高いのだから、すべてが許される。

やがてどうなるか。その企業が創出した産業が成熟してくると、競合企業が現れて安い値を付ける。対抗するには価格を下げ、販売量を増やして埋め合わせるしかない。そこで供給能力を拡張する（供給能力が価格を左右するので、実質的には自ら競争を激化させることになる）。だが拡張そのものに費用がかかるため、コストは製品の市場価格ほど急速には下がらない。利益率が急落するのに対して、相対的な高コスト構造は変わらない。

最終的に、新たな真実を突きつけられる――その事業の利益率はもう高くない。当初、パイオニアであり独占企業であったときには、高コスト構造も筋が通っていた。けれども業界が成熟して、利益率は圧迫される。これはパイオニア企業がしばしば背負う運命だ。この場合も、成功が失敗のもとになる。この状況に立ち向かうのはつらい。自分が生みの親なのだから、何らかの所有権を主張したい。もう何もないとは認めがたい。このシナリオの最たる例として、ＩＢＭのパソコン事業を見てみよう。

ＩＢＭ対レノボ――

ＩＢＭが一九八一年に「パーソナルコンピュータ」を発売したとき、それは革命的なマシンだった。前例のないその能力と機能と値ごろ感の組み合わせが企業を魅了したおかげで、大ヒット商品となった。最初の二年間はかなり高い利益率で五〇万台を売り上げ、ＩＢＭ-ＰＣはＩＢＭにとって「金のなる木」だった。

だがその後、当然のことながら、パソコン事業の利益率は急落する。ＩＢＭがＰＣのアーキテクチャを全世界にライセンス供与したので（「ＩＢＭ互換機」）、代替製品メーカーが市場に参入する。興味深いことに、生産能力を拡充して規模の経済が働くと考えられたにもかかわらず、コストはそれほど大きく下がらなかった。ボストン・コンサルティング・グループによる研究が、その理由を教えてくれる。当時の業界大手三社（ＩＢＭ、コンパック、ＨＰ）の経営を見ると、工場で付加される価値は一一％しかなかった。八九％のコストは部品調達費用で、そのうち七九％

は、インテルとマイクロソフトの二社に支払われていた。わずか一一％の付加価値では、企業を支える利益が出るはずもない。生き残れる限界点を下回っている。

下流の仕事――組み立て製造――をすればするほど、付加価値が増えて利益率も増えると想定されていたが、儲かりすぎて笑いが止まらないインテルとマイクロソフトのおかげで、その想定が狂ったわけだ。これで、パイオニアだったＩＢＭが白旗を掲げた理由が理解できる。

実際、ＩＢＭが二〇〇五年初めにとうとうパソコン部門を中国のレノボに一七億五〇〇〇万ドルで売却したとき、驚くべき事実が明るみに出た。ＩＢＭのパソコン部門は少なくとも〇一年から赤字続きで、売却前三年間の累計赤字は九億六五〇〇万ドルに達していたのだ。ＩＢＭはパイオニアであり、パーソナルコンピュータの企業市場を創出した功績を認められた会社である。それでも、高収益事業の利益率が急落すれば撤退せざるをえない。

問題はなぜＩＢＭが売ったのかではなく、なぜレノボは買う気になったのかである。理由はいろいろある。ＩＢＭの名前を（五年間）手に入れるため。ＩＢＭの顧客基盤を手に入れて、世界第三位のパソコンメーカーというＩＢＭの地位にのし上がるため。グローバル企業という名声を得るため。しかし、それでもやっかいな疑問が残る。パソコン事業でＩＢＭが儲けられなかったのに、なぜレノボには儲けられるのか。レノボの投資家たちも明らかに疑っていた。ＩＢＭの買収でレノボの業績が落ちることを懸念した投資家たちが株を売ったせいで、同社の株価は買収の発表から二カ月間で二四％下落した。

実は答えは簡単なことだった。レノボは、ＩＢＭの肥大化したコスト構造を背負って、レースを走るわけではないのだ。

第二の理由は、同様にコスト構造だ。レノボはマイクロソフトへの支払いを減らすために、オープンソースのリナックス・ソフトウェアを搭載するようになる可能性が高い。レノボが製品を提供する新興市場で重要なのは、ブランド名ではなく値ごろ感であり、無料のリナックス・プラットフォームを採用することは、かなりのコスト削減になるだろう。

第三の理由は、単純に西洋と東洋の姿勢の違いだ。アジア企業の原点は貿易文化にあり、コストと同様、歴史的に利益率は低かった。発明家の類はいないし、高利益率という考え方もない。欧米人にとって受け入れられない利幅も、アジア人にとっては十分に思えるのだ。中華料理店でも、多売と勤勉さが薄利の商売を成功に導いている。

楽勝だと言っているわけではない。レノボはさまざまな難題に直面するだろう。一九八四年に中国科学院の研究者によって設立され、いまだに大部分が政府の所有になっているこの若い企業は、すでにいくつかの問題にぶつかった。しかし、IBM-PCで中国語圏の漢字を処理できる回路基板を設計したことで軌道に乗り、九〇年にはレジェンドという自社ブランドパソコンを組み立てていた（アキュラのレジェンドとの商標争いによりアメリカにこのブランドを輸出できなかったため、九四年にレノボに名前を変えた）。アジア市場に合わせた製品をつくり、在庫とコストを抑えるという事業計画は、うまく行っているようだ。同社はIBMのパソコン部門を買収する前に、すでに中国最大のパソコン供給業者になっており、非常に厳しいこの業界で、いまだにわずかではあるが着実に利益を上げている。

レノボはIBMの資産を活用し、その負債を減らせるだろうか。私はそう思う。それどころか、レノボはコスト構造が非常に有利なうえ、順応性が高い企業文化であるため、短期的に収益を上げるだけでなく、長期的に利幅を増やしていくだろう。

ＩＢＭの話は決して特別ではない。家電産業や繊維産業のことを考えてみてほしい。やはりアメリカ企業がパイオニアだった――そしていみじくも、コスト構造も利益率も高かった。しかし、どちらの産業も（主に海外の競合企業が入ってきた結果）利益率が急落したのにコストは高いままだったため、今では両産業とも海外に移ってしまった。総括するとこうなる。パイオニア企業は、事業を高収益のまま支配したいと考える。そしてその前提でコスト構造を築く。だが産業が成熟するにつれ、利益率がコストよりも大幅に下がり、身動きがとれなくなる。

2 急成長する天才

新興企業の消滅率は非常に高いので、生き残った企業が勢いづくのは驚くにあたらない。次は世界に乗り出すぞ。どんどん大きくなるときだ。過剰な自信に加えて、ここにはある種の道理がある。この状況にある企業は、追い抜いてきた企業に再び追いつかれ、追い越されるのではないかと不安なのだ。あるいは、（「３の法則」を信用して）確実に生き残るためには、小さい企業を買収合併し、先を行く企業を追い越さなくてはならないと考えるかもしれない。

いずれにしても、急速な事業拡大と供給能力の増強が最重要課題となる。事業領域を拡大する場合もあるだろう。たとえば、国内の新しい地域や海外に新しい販売拠点を設け、製品を販売する。あるいは、新たな顧客層をとらえて事業を大きくする場合もある。たとえばコンピュータ業界は、顧客基盤を政府から企業へ、さらに一般消費者へと広げた。そしてこの業界は、高収益顧客から低収益顧客へと顧客層を広げた典型でもある。ここには新しい顧客や市場の拡大につきまとう危険の一つが存在する。とくに、その拡大を制御できない場合は危ない。事業拡大のチャンスはおおむね低収益な領域にあるので、利益率の低下に適応できない企業は、苦境に陥る羽目になるだろう。

新しい製品ラインナップも利益率が低下する傾向にあり、これもまたコンピュータ業界が実証している。顧客基盤の拡大に伴って値ごろ感のある製品を追求したために、メインフレームからミニコンへ、そしてパソコンへと製品ラインナップを発展させた。その論理に間違いはないのだが、ＩＢＭのパソコン事業に何が起きたかは周知のとおりだ。とくに急成長をとげている企業は、利益率の低下を警戒する必要がある。事業の拡大で収益の上昇はほぼ保証されるが、損益を勘定に入れなければならない。

さらにもう一つ警告しておくことがある。大きくなるには資本が必要だ――急成長するにはより必要になる。急いで多額の資金を集めるために、企業は上場する決定を下す。しかし、ひとたび新規株式公開（ＩＰＯ）によって自社株を売りだせば、もはや運命は自らの手を離れてしまう。ウォール街の過酷な指図で動くことになるのだ。逃げまどうキツネのように、アナリストや投資家に追い回され、「成長してみせろ、さもなければ株価を下げるぞ」と、どやされる。もっと早く成長しなくてはいけないという、とてつもなく大きなプレッシャーをかけられるのだ。事例には事欠かないが、企業のリーダーは抜き差しならない状況に追い込まれると、少しでも時間を稼ぐには数字をごまかすしかないと判断する。

この不幸だがありきたりの軌跡をたどった典型例が、クリスピー・クリームの台頭と凋落である。

甘いドーナツ屋の苦い経験

一九三七年、バーノン・ルドルフはノースカロライナ州ウィンストン・セーラムにクリスピー・クリームを創業する——叔父がフランス人シェフから買った秘密のレシピと、わずかな資金で。当初は卸売業で、ルドルフはドーナツを地元の食料品店に売っていた。しかし、同社で言い伝えられているところによると、創業時に建てられたアイビー・アベニュー工場の前を通りかかる人たちが、いい匂いに誘われて工場の扉をドンドンと叩き、直接買いたいと言い出したという。ルドルフは工場の壁に穴をあけて、前ぶれもなく小売業を始めることになった。

ルドルフは事業を広げはじめたが、そのペースはゆっくりだった。アイビー・アベニュー工場で調合された一袋二〇キロの特製ミックスから、各店舗が作りたてのドーナツを供する。イーストで膨らみ、シュガーシロップでコーティングされた表面がつやつや光るごちそうは、次第に有名になっていく。とにかくおいしかったので、顧客は喜んでお金を出した。それでも一九七三年にルドルフが死去したとき、店舗数は五〇に届かず、そのほとんどが南東部に点在していた。

ところが三年後の一九七六年、ベアトリス・フーズがこの小さなチェーン店を買収し、拡大を開始した。ベアトリスは改革も試みた。コーヒーの注文がとだえる昼ごろにスープとサンドイッチを売り、ドーナツに安い材料を使うことでコストを削減したのだ。どちらの取り組みも大失敗に終わり、八二年、初期のフランチャイズ加盟店グループが、二二〇〇万ドルで会社を買い戻す。そしてすぐにオリジナルのレシピに戻し、ベアトリスが開いた店の一部をたたんだ。レバレッジド・バイアウト（LBO）のために借金を背負ったおかげで、事業拡張の計画は無期限で棚上げされた。

クリスピー・クリームが立ち直ろうと奮闘するなかで考え出した二つのマーケティングコンセプトが、そのカルト的なイメージを高め、口コミによる評判を高めた。一つ目は、LBOをまとめたフランチャイズ店主の息子であるマック・マクアリアCEOが思いついた「ドーナツ劇場《シアター》」である。いわゆる「ファクトリー・ストア」で、顧客はドーナツの製造工程をすべて見ることができる。三六五度の植物油で一一五秒間揚げられ、シュガーシロップのシャワーを浴びてコーティングされたおいしいドーナツが、ベルトコンベアでサービスカウンターへ運ばれる。そこで顧客は、ドーナツがさわれる程度に冷めたとたん、ほおばるのだ。できたてで、まだ温かいドーナツに対する圧倒的な支持が、第二のイノベーションへとつながった。今では店の象徴となっている「ホットライト」。できたてが店頭に並べられたときに点灯するネオンサインだ。一九八〇年代初めに、テネシー州チャタヌーガの店で始まった（この店の売上を爆発的に増大させた）このネオンサインは、あっという間に全国に広まった。

一九八九年に借金生活から抜け出した後、クリスピー・クリームの野望はエスカレートしていく。九〇年代前半のゆっくりだが着実な拡大に代わって、九五年には精力的なフランチャイズ化が始まった。中西部と南西部にも店を開き、南東部のおよそ六〇店（ほとんどが直営店だった）をあっという間に倍に増やす。九八年、カリフォルニアへの大規模進出が発表された。一、三年で八〇のフランチャイズ店をオープンする計画だ。

二〇〇〇年、勤続二五年でCEOまで上り詰めたスコット・ライブングッドは、クリスピー・クリームの株式を上場する。前述のパターンと同じで、それから四年間で新しく五〇〇店舗をオープンし、さらにカナダで大規模に展開することも同時に発表した。タイミングは完璧だったようだ。ドットコム・バブルがはじける一方で、小さなドーナツ会社の株は急騰する。それから二年にわたる株式市場の暴落をよそに、クリスピー・クリームはウォール街の色メガネのまなざしに、魔法の甘いシロップを浴びせかけたのだ。

二〇〇三年七月、フォーチュン誌がクリスピー・クリームを特集し、同社の思いがけない勝利を大々的に取り上げている。その頃までにクリスピー・クリームは二九二店舗にまで拡大し、〇二年には四億九二〇〇億ドルの売上で三三〇〇万ドルの利益を上げていた。株価は二〇〇〇年のIPOから四倍（分割調整後で九ドルから三七ドル）に跳ね上がる。既存店売上は年一一％の伸びを示していた。〇三年には、フランチャイズによる売上を含め、総収入は一〇億ドルに達すると予測された。

操業面でも状況はすこぶる順調なようだった。二〇〇二年、ドーナツミックスを例の二〇キロ入りの袋に、七秒に一袋のペースで詰めていたアイビー・アベニュー工場は、一日二四時間、一一〇％の稼働率で操業していた。だがイリノイ州に、三秒に一袋のペースで詰める新しい工場が開業してから、アイビー・アベニュー工場は操業時間を一日一八時間まで短縮できた。

CEOのライブングッドは、すべてを冷静に受け止めていた。「これほど成長している株式会社を経営するのは、何でもないことだ」とフォーチュン誌に話している。「楽しんでるよ」。ノースカロライナの銀行マンにして元クリントン大統領首席補佐官で、最近クリスピー・クリームの取締役となったアースキン・ボウルズは、こう熱く語っている。「白状するが、私はこんな会社を見たことがない。クリーンで、保守的で、私はその収益性が大変気に入っている」

フォーチュン誌は、多少の計画の狂いや、簿外の資金繰り(例のイリノイの新しい工場に関係する)と企業統治の問題があったことを認めている――そのすべてが改善済みだとしても、このドーナツ会社のうなぎ上りの株価収益率に疑問を抱く人もいた。だが同誌は悲観論者と意見を異にし、「上得意の太った警官が全国で暴動を起こさないかぎり、これからはクリスピー・クリームの時代だ」と宣言している。この会社には六六年の歴史があり、人々に愛され理解されている製品を売っているのだ。フォーチュン誌は「アメリカンドリームはまだ健在か。クリスピー・クリームは本気なのか」と問いかけ、自信たっぷりに自答している。「そうでないほうに賭けてはいけない」[1]

その助言は、約一カ月間は正しかった。二〇〇三年八月、クリスピー・クリーム株は史上最高値の四九・七四ドルを付ける。そのとき売った人、あるいは三七ドル、もっと言えば二七ドルで売った人も、今ではよくやったと自分をほめている。〇三年第4四半期の同社の数字には、不確実性という冷たい底流があった。利益は相変わらず上昇し、売上も上昇し、会社は精力的に拡大を続けると明言していた。〇三年には一〇〇店舗を追加し、〇四年にはさらに一二〇店舗をオープンさせる計画で、二〇一〇年までにカナダとメキシコとイギリスの店舗も合わせて

[1] Andy Serwer, "The Hole Story," *Fortune*, Jul 7, 2003, p. 53ff.

一〇〇〇店を達成する予定だった。しかし、既存店の平均週間売上が一〇％近く下落し、そのニュースのおかげで株価は四ドルも下がったのだ。

宴は終わろうとしていた。二〇〇四年七月、ワシントン・ポスト紙は、クリスピー・クリームが証券取引委員会による非公式の調査を受けていると報じた。同社によると、委員会はフランチャイズ買い戻しの件と、収益予測を大幅に下方修正した五月の発表について調べていたのだという。その五月の発表では、クリスピー・クリームが株式上場後初の赤字を出したというニュースも伝えられ、株価は二九％も急落していた。証券取引委員会による調査を報じた記事で、株価はさらに一六％下落。最高値を付けてから一年もたたないうちに、クリスピー・クリーム株は一六ドル弱で取引されることになった。七〇％もの大幅ダウンだ。証券取引委員会の調査に加えて投資家が手を引いたことで、アナリストたちはこの会社が「急激な拡大で生じるさまざまな問題に苦しんでいるのではないか」と憶測した[2]。

新しい市場を求め、市場シェアを伸ばそうとする過程で、クリスピー・クリームが実行したのは新規店のオープンだけではなかった。温かいドーナツを供する一流店というだけでは飽き足らず、スーパー、コンビニ、そしてウォルマートやコストコなどの量販店への販売にまで手を広げたが、そうすることで自分たちの店の売上を食い、クリスピー・クリーム・ブランドを台無しにしていた。この場合も、結果として売上は増えたが、そのために多額の追加コスト（トラック、施設、物流、人員）がかかった。しかも、スーパーなどの小売業者は彼らの利益を取っていく。つまり、クリスピー・クリームに販売利益はあまり残らない。なぜ二〇〇四年第２四半期の収益が依然として期待はずれなのか、なぜスーパーのクローガーがクリスピー・クリーム

［2］ Brooke A. Masters, "SEC Examining Krispy Kreme," *Washington Post*, Jul 30, 2004, p. E2.

を取り扱わなくなったのかを説明するにあたって、ライブングッドは自分の事業戦略が近視眼的だったことを認めたようだ。「我々は売上と拡大のことばかり考えていて、日々の利益に気を配っていなかった。採算がとれた販売が行われているか管理しきれていなかった」[3]

さんざんな年はまだ終わりではなかった。株主代表訴訟で売上数字が水増しされているという申し立てがあり、クリスピー・クリームは二〇〇四年度の収益を訂正報告せざるをえなかった。同時に、一億五〇〇〇万ドルの融資限度額を焦げつかせることになるかもしれないと、投資家に警告する。〇五年一月、株価は新たな最安値の八・七二ドルまで下がった。典型的な運命の劇変の中で、かつてウォール街の寵児としてもてはやされたライブングッドは、取締役会によって追放されたばかりか、ビジネス・ウィーク誌で二〇〇四年の最低の経営者に選ばれた[4]。

あれほど素晴らしい物語が、どうしてこんなに瞬く間に悪夢になってしまったのか。この会社があまりに急速に大きくなりすぎたのは確かであり、株式公開後のウォール街からのプレッシャーが一因だったことも間違いない。二人の社外取締役が指揮する不正経理の内部調査報告書は、ライブングッドとCOOのジョン・テイトの責任だと厳しく非難している。テイトは、「毎四半期の予想収益を一セントでも上回るという、視野の狭い目標で動く」[5]企業文化をつくり上げた人物だ。

最後にもう一つ特筆すべきことがある。急成長の道具としてフランチャイズシステムを積極的に使ったことも、クリスピー・クリームを失敗に導いたきわめて大きな要素だ。この道具は魅力的である。開店に必要な労力と資本金の一部をフランチャイジーに提供させれば、一丁

[3] Floyd Norris, "Krispy Kreme Earnings Slide," *New York Times*, Aug 27, 2004, p. C3.

[4] Allen G. Breed, "Krispy Kreme: Rise, Fall, Rise and Fall of a Southern Icon," *Charleston Gazette* (Associated Press), Jan 22, 2005, p. 5D.

[5] Theresa Howard, "Report: Krispy Kreme Must Restate Earnings," *USA TODAY*, Aug 11, 2005, p. B3.

あがり。安上がりに店を増やせるのだ。だがリスクもある。クリスピー・クリームが抱えるトラブルの一部は、成果が出ない店のフランチャイズ権を買い戻す羽目になったことから生じている。それとは対照的にスターバックスは、二〇〇三年にシアトルズ・ベスト・コーヒーを買収するまで、フランチャイズ契約は行っていなかった。今日でも、アメリカでスターバックスのブランドを掲げるフランチャイズ店はマジック・ジョンソンの店だけである。すでに見たように、マクドナルドもフランチャイズ展開にはきわめて慎重で、加盟者候補を注意深く選別し、一つのフランチャイジーが運営できる店舗数を厳しく制限している。

クリスピー・クリームはうまく復活できるかもしれない。今のところ、かつて魅力にあふれていたドーナツ屋は、ＩＰＯと無規律なフランチャイズ展開にあおられた過激な拡大の果てに、少なくとも一時的にはイーストを抜かれたかのように膨張を止めている。

3 規模のパラドックス

私たちはよく規模の経済について話すが、このコンセプトは言うほど単純ではない。一般的な産業では競合がやがて価格を引き下げるので、業界のパイオニアといえども規模を大きくしてコストを下げることで、損益を均衡させる計画を立てる。だが残念ながら、そんなコスト削減は実現しないかもしれない。経済学者は知っていることだが、規模は「階段」関数なのだ。

たとえば、天井扇風機ビジネスに参入するとしよう。燃料の節約というトレンドをとらえて、需要が上向くという確信があるので、製造工場を建設する。初期費用は膨大だ。工場の建設や事務管理部門のインフラを用意し、サプライチェーンを整備し、人員を採用して教育するなど、何もかもやらなくてはならない。もちろん時がたてばこのコストは下がり、この最初の工場が次第に効率的に稼動するようになって天井扇風機の生産量が増えているかぎりは、一台あたりのコストは下がり、規模の経済を享受できるようになる。

けれども、生産能力を大幅に拡充することによって本当の規模の経済を追求する決定を下すと、突然、例のコストがまた上がってしまう。なぜか。同じことをすべて最初から繰り返すことになるからだ。新しい工場、新しいインフラ、新しい情報システム、新しい従業員。従業員を増やすということは、さらに、彼らをサポートする従業員も必要になるということだ――秘書、管理責任者、品質と安全の検査官、守衛……。そして海外で拡張を行う場合には、そのエリアにおける「君主」、つまり側近を必要とする管理者を置く場合が多い。これらのサポート費用は生産能力の増強によって軽減されないので、たとえ生産能力は上がっていても、コストがまたぐんと高くなってしまう。新しく拡張するたびに、同じだけの膨大な初期コストが生じるのだ。これが「階段」である。新しい会社や工場を立ち上げて稼動させるうちにコストは次第に減るが、拡張するたびにまた増える。その一方で、生産能力が上がれば価格は下がりつづける。したがって、慎重に計画し効率的に運営していかなければ、拡大することで倒産するおそれがあるのだ。

この問題は、需要側から考えると、さらにはっきりと浮き彫りになる。天井扇風機の工場はフル稼働しているが、予測どおり、需要はゆっくり着実に（直線的に）増えている。やがて需要が工場の供給能力を上回るところまで来る。そこで新しい工場を建設し、コストとともに供給能力も大きく一段階上がる。すると今度は供給が過剰になり、在庫管理や保管倉庫などのコストが追加される。需要は直線的に増えるのに対して供給能力は段階的に上がるので、常にこの二つの間にはギャップがある。そのギャップの管理にかかるコストは、考慮に入っていなかったのではないだろうか。

この問題は、製紙や採鉱や製鋼のような伝統的な「重い」製造業で生じる。このような産業では、生産能力の拡張は決して小事ではない。コストも膨大なら、増強される生産能力も膨大で、新たな供給と需要の間のギャップも（少なくとも一時的には）膨大になるだろう。ちなみに、そうした状況があるからスポット市場が成立するのだ。結局は、そこで自社の過剰な供給能力をライバル会社に売ることになる。

もっと新しい――もっと緊張感のある――事例が、インテルやモトローラなどの大企業がしのぎを削る半導体業界である。緊張感を生んでいるのはムーアの法則、つまりマイクロプロセッサチップ上のトランジスタの集積密度は一八カ月ごとに倍増するという予測である（インテルの共同創立者であるゴードン・ムーアは、もともと自分は一八カ月ではなく二年で倍になると予測したと断言しているが、彼の法則はもはや独り歩きしているようだ）。いずれにせよ、要はチップメーカーにとって、製品は生産ラインを離れたとたんにおおかた陳腐化するのだ。ということは、常に再設計か、設備の一新か、新しい工場の建設が必要になる。新しい半導体工場には三〇億ドル以上のコストがかかることもある。しかもそれは資本コストだけで、さらに維持費や人件費などの操業コストが加わり、ふと気がつけば躍起になって巨額の金をつぎ込んでいる。

その一方で、顧客はみな相変わらず古いチップ（たとえばペンティアム4ではなくペンティアムⅢ）を使っているので、供給能力はとてつもなく過剰になる。全顧客が追いついてくる頃には、もっと進んだチップを製造するための新しい工場を建設しなくてはならない――そうでなければ競合企業に先を越されてしまう。なぜ、半導体産業が浮き沈みの激しいビジネスとされているのか、これでおわかりだろう。供給と需要の間に常にずれがあるのだ。実際、生産設備を建設するために、競争相手と共同事業を始めることも珍しくない。

4 予期せぬ義務の足かせ

利益率が天井知らずに伸びている間に、実は企業は義務を背負い込んでいるのだが、それが五〇年後のコスト構造にどう影響するのかを予見するのは難しい場合が多い。しかし、従業員や地域社会に対するそのような義務は、ほぼすべての成功企業に生じるものであり、果たすのが難しいことも多い。

新しい工場の建設地を探すというメーカーの関心事を例にとろう。あちこちの州政府や地方自治体から、さまざまな誘致策を提案されるだろう――税控除、快適な環境、天然資源へのアクセス、汚染の許容……。そしておそらく、一番条件のよい場所に新しい工場を建設することになる（デルが三億一八〇〇万ドルの誘致策を受け入れて、ノースカロライナ州ローリーに新工場を建設したように）。だが、そういう「おまけ」は実は無料ではない。会社が繁盛するようになると、地域社会との付き合いが始まる。「お返し」に、地域社会が率先する取り組みへの支援を期待されるのだ。つまり、地元の慈善事業などの目的のために、多額の寄付をしなくてはならない。さらに企業の役員は、地元の福祉団体、競技場の管理委員会や博物館協会の会長になることを期待される。そういう責務には時間を（場合によっては一年以上も）取られるが、とくに企業の経営トップにとって「時は金なり」である。会社が成功すると、このような事業と関係のない活動が増えるのは確実だが、それは前もって計算するのが難しい隠れたコストである。

それだけではない。一五年後か二〇年後、移転すべきときが来るかもしれない。時代遅れの技術を使っている古い工場では、コストパフォーマンスがよくない、つまり競争に勝てないので、新しい工場を（おそらく東ヨーロッパあたりに）建設する時期だ。しかし、事はそう簡単ではない。いろいろと地域に関わってきたが、それでもまだ果たすべき義務がある。撤退の問題があるのだ。会社が河川を汚染していることは、町の住民の半数を雇用しているかぎりは問題にならないが、住民を解雇して町から出て行くなら話は別だ。工場の周囲の荒れた土地はもちろん、工場そのものはいったいどうなるのか。川をきれいにしなくてはいけないかもしれない。醜悪な土地と建物を大規模なショッピングセンターに改装しなくてはならないかもしれない。要するに、出て行くのにもコストがかかる。以前より利益が上がらない今となっては、なおさら痛い出費だ。

しかし、こうした地域社会への借りが莫大な数字になったとしても、退職社員に対する義務に比べれば、はした金だ。誰が将来を見通せただろう。自動化と統合によって、増えつづける退職者の福利厚生に対して、資金を提供する現役従業員がどんどん減っていくことなど、誰が予想できただろうか。保険計理士がそろばんをはじいていた四〇年前と比べて、人の寿命が一〇年も延びると、誰が予見できただろうか。これほど出生率が下がると、誰が予測できただろうか。五〇年前には、誰も「人口の高齢化」のことなど話していなかった。一連の想定のもとに義務を背負ったのだが、結局その想定が現実とずれていくのを見守ることになったわけだ。

さらに、現役の従業員の職を奪っているのは自動化と統合だけではない。アウトソーシング現象もしかりだ。アウトソーシングは確かに理にかなっている――バンガロールのコールセンターにしても、イリノイ州ペオリアでのデータ処理にしても。誰か他の人にやらせるほうが安上がりであるなら、コスト削減のためにそうするべきだ。しかし、実は退職金制度に貢献する従業員が減っていくため、目立たないところで別のコストが増えている。結局コストは会社に跳ね返ってくる。

妙な話だが、一つの問題の解決策が別の問題を悪化させる。利益率が減っていくときにコストを抑える一つの方法は、垂直統合された会社を解体して、非効率または不採算の部門を切り捨てることだ。実は本章の後半でこの戦略を推奨している。一例を挙げれば、GMはその戦略の一環でデルファイを独立分離させた。しかしここで警告しておきたい。とくにGMのような会社は注意しなくてはならないのだが、この場合も現役従業員の数を減らしているので、会社の年金基金への出資が減ることになる。

このように、一連の想定が首尾よくいっているときに快く引き受けた義務が、状況の大きな変化によって予期せぬ負担となり、会社を破滅させかねない。

5 政府の取り分

これまで見てきたコストは――営業費用か営業外費用か、すぐに支払うべきか後で支払うものかにかかわらず――事業を立ち上げて推進し、正しい方向に進むよう舵取りするうえで、企業がある程度自ら進んで背負ったものだ。次に考えたいのは、地方自治体、州政府、とくに連邦政府といった、外部から課せられるコストである。確かに、こうしたコストは企業の「拡大強迫観念」から生じるものではないが、コストであることに変わりはなく、隠れているものや予想外のものでも、まかなう必要がある。無視するわけにはいかない。

まず手始めは地方税、事業免許、操業許可証。そしてすぐに、政府によるもっと大きな規制の網にかかることになる。米国労働安全衛生局のガイドライン、従業員の雇用と解雇の規則（たとえば積極的差別是正措置）、障害者が利用しやすい建物の設計……。会社が大きくなればなるほど政府の関心を引くようで、このような隠れたコストが増えつづける。

この問題は、政府の規制が頻繁に変わることでさらに悪化し、連邦議会の決定ひとつで何百万ドルというコストが発生しかねない。環境保護庁による規制がいい例だ。今日、連邦政府が環境保護にある程度の責任を負ったことを残念に思う人はいない。それどころか、環境保護庁はもっと厳しくなったほうがいいと考える人も大勢いる。しかし五〇年前には、企業も政府も社会全体も、公害の危険をそれほど認識していなかったので、当然、企業は環境にあまり配慮せずに操業していた。

もっと平凡だがコストとして高いのは、昔から政府に課されている営業外費用、すなわち金利（あるいは資本コスト）と法人税である。そうしたコストがアメリカ企業のグローバルな競争力を奪っているという事実に、誰よりも熱心に注意を喚起したのはGEのレジナルド・ジョーンズだろう。それでなくてもジョーンズ指揮下のGEは、およそ六〇の事業と一五〇余名からなる戦略立案委員会を抱え、コストは膨大だった。だがこの戦略委員会が、アメリカ企業が世界の競争相手に後れを取っている理由を調べた結果、ジョーンズは政府によって付加される法外なコストを減らす運動に没頭するようになる。

一九八一年にロナルド・レーガンが大統領に就任したとき、アメリカの法人税は四六％に達していた。そんな税率は話にならないほど非生産的に思われる。企業は妥当な率を政府に払って節税分を事業に再投資するのではなく、詐欺やダミー会社などの脱税を画策したり、どうすれば傘下の会社に損をさせて利益を帳消しにできるかを考えたりするのに、時間を費やしていた。GEなどが行ったロビー活動のおかげで、レーガンは税率を三四％まで引き下げたが、GEに言わせれば、一〇％を超える税率はアメリカ企業の足かせとなりつづける。何しろ日本の三菱やフランスのスネクマ（ジェットエンジンのメーカー）のようなライバルは、まったく払っていなかったからだ。

この場合、たとえ効率的に事業を経営しても、政府から課される高いコストが破滅の原因になりかねない。グローバルな競争相手と対決している場合はなおさらだ。政府による救済がほんのわずかだったため、レジナルド・ジョーンズは、コストを抑制するために大規模な事業再編を計画した。「ニュートロン」・ジャック・ウェルチとジェフ・イメルト現CEOに引き継がれたこのプロセスはおおむね成功し、GEの事業部の数は六〇から六まで減った。しかし、すべての会社が、これほど徹底した手段を講じられるほどの分別と不屈の精神を兼ね備えているわけではない。

ちなみに、営業外費用抑制の課題は、「経済付加価値」（EVA）と呼ばれる株主価値への新しいアプローチにつながった。金融アナリストは現在、営業外費用をまかなえるだけの十分な収益を営業費用から生み出していない企業には投資するべきでない、とアドバイスしている。つまり、今では税金や配当や資本コストなどの営業外費用も、部門や事業部に経営資源を配分するための定式の一部になっているのだ。

拡大強迫観念症――主な症状

拡大強迫観念症の症状は、食べ過ぎと同じで徐々に現れる。肥満になれば、自分でもわかる。人から言われる必要はない（そして言われるとたいてい怒る）。だが、太る原因である食べ過ぎの過程――ドーナツを一つ、お代わりをもう一つ――は、どういうわけか見落とされやすい。スマートでいるための代償は、自由の対価と同じで、絶えず用心することだ。探すべき兆候を挙げてみよう。

1――ガイドラインのない場当たり的な支出

ここで問題なのは、営業費用にせよ調達コストにせよ、出張費や資本コストにせよ、とにかくコストを抑えるという問題にまったく取り組んでいないことだ。これはあなたが思うほど、組織が異常で無責任な状態ではない。何だかんだ言って、利益率が高く急速に成長している初期の間は、支出はその場その場で処理するほうが楽である。他に考えるべき――もっと興味深くて意欲をそそられる――ことがあるので、支出のガイドラインを整備すべきなのに、これを怠る。基本的に勘と経験に頼っていて、コストのこととなると「臨機応変」が担当する。

他にも、経営トップによる浪費が挙げられる。臨機応変に無責任が加われば、支出に上限はなくなる。贅沢する喜びを知ってしまい、際限がない。文字どおりにも比喩的にも、他のみんなはエコノミークラスなのに、経営トップはファーストクラスに乗っている。会議室の家具調度類をチェックしてみよう。マホガニーのテーブル？　革張りの椅子？　言うまでもなく、一番目立つ無駄遣いの兆候は社有ジェット機だ。ＲＪレイノルズは、専用のジェット機ターミナルをアトランタのチャーリー・ブラウン空港に建設して間もなく、レバレッジド・バイアウトで買収された。他にも同様に浪費している会社はたくさんある。統計によると、社有ジェット機が飛んでいる時間は一割だけで、あとの九割は地上で遊んでいる。湯水のように経費を使っている人が、事業をきちんと管理していないことは明々白々である。

適切なガイドラインが整っていない会社では、予算を集中管理せずに自由裁量に任せていることも多い。つまり、金を使いすぎているのは一人だけではない。部門長全員に同じ権限が与えられている。これは説明責任を伴わない権限付与であり、確実に乱用につながるだろう。

2　コストセンター中心の組織

そもそも損益が全社レベルで算出されているので、部門コストも収益と同じように総計される。その結果、販売以外の部門はすべてコストセンターとして存続される。効率ばかりか有用性さえ失われているかもしれないのに、組織体制を見直さない。コストセンターの中には、プロフィットセンターに転換できるものがあるかもしれない（これについては後ほど提案がある）。

コストセンター中心の組織体制は、独占企業にとっては理にかなっている。たとえば、政府から利益率に一四%という上限を設けられていた、かつてのベルの体制がそうである。ベルは投資利益率（ROI）にしたがって組織されていた。その公式は「(収益－費用)／資産」だ。したがって、利益率の上限を引き上げるべきだと政府を説得するには、分母を増やす、つまり資産の積み上げに金を使う必要があった。

この戦術を実行するには、すべての業務を社内で行い、しかも高いコストをかける必要がある。研修センターとして豪華な建物を建て、研究開発のために最先端の設備を用意する。すべてに金メッキを施す。このシナリオでは、各部門に収益を上げてほしくない。会社が投資をしたコスト高の「資産」にしておきたい。そして、求められるROIを達成するためには、顧客に請求する価格を上げることによって収益を増やす必要があると政府を説得するのだ。もちろん、この戦略全体が独占的な環境を前提として考えられている。独占が消滅した今、こうしたコストをどうやって絞るかが問題だ。

しかしもっと一般的に言えば、コストセンターの考え方は戦略の問題というより、古き良き時代の標準的な経営手法の問題である。最初に話したように、企業は販売部門で収益を上げ、販売部門を支える他のさまざまな部門に資金を配分する傾向がある。この論理にしたがうと、研究開発、製造、物流、マーケティング、顧客サービスなど、他の部門はすべてプロフィットセンターではなくコストセンターになる。いったんこの構造が確立すると、人間（あるいは企業）の本性がそれを永続させる。各部門の部門長が使う金は、今年より来年のほうが多いのは確実だ。みんな自分の部門が成長することを願い、予算が増えることを願い、人員が増えることを願う。何と言っても、それで自分の業績が測定されるかもしれないからだ。こうして自然に各部門のコストが積み重なっていくが、効率はほとんど考慮されない。企業の体内に脂肪がたまっていくのだ。

3 内部相互補助の文化

第4章で内部相互補助の問題について検討したが、ここでもさらに触れるべきだろう。一つの事業領域の成功で別の事業領域の失敗を隠すのは、効率的な経営でないのは明らかだ。**図1**が示しているように、一割の顧客が企業の全利益を生み、残りの九割を補助しているというケースは珍しくない。

もう一度ベルの体制を例にとり、内部相互補助がときとして規制によって導入されることを見てみよう。政府はベルに、市内通話サービスの料金を低く抑え、さらに電話開設と保守を無料にするよう命じた。これらの費用をまかなうために十分な収入が、長距離通話サービスの独占によって生まれていた。したがって、実質的に長距離通話サービスが市内電話サービスを内部補助し、頻繁に使う顧客がたまにしか使わない顧客を支えていたのだ。前に見たとおり、その長距離通話サービス独占の終結が、マー・ベルの破滅につながった。

図1　収益の内部相互補助

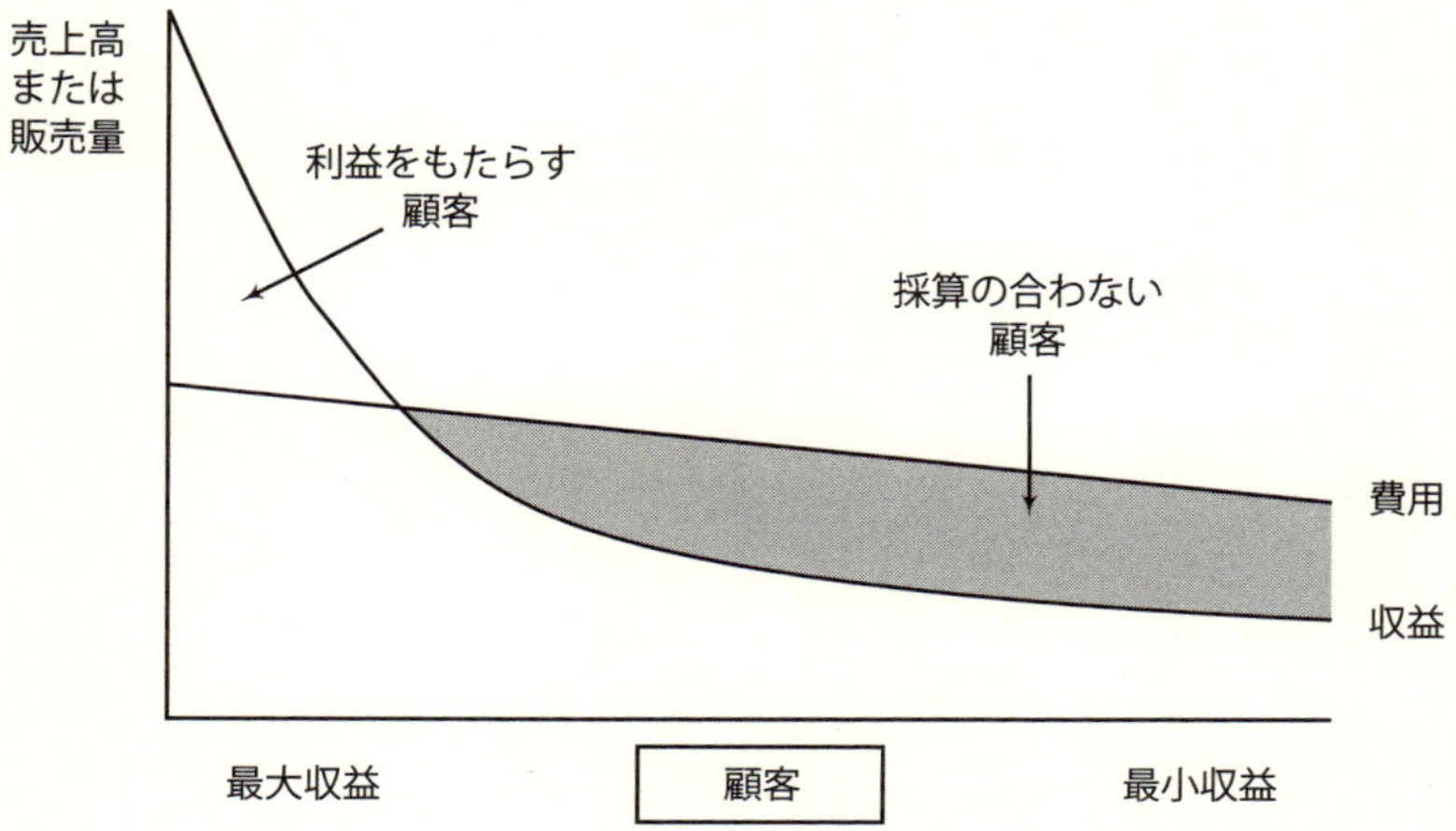

同じように、P&Gが事業を精査したところ、一五〇〇社あまりの顧客のうち、儲けが出ているのは九〇社にすぎないことがわかった。そこで同社は、顧客中心の組織再編によって、この問題を解決した。

アーンスト・アンド・ヤングでは、高収益の顧客二〇〇社から得る収入で、他の三八〇〇社の面倒を見るために発生する費用を内部補助している。顧客別の業績を調べてはじめて、そのことに気づいたのだ。内部相互補助の文化が、こういった無知と混乱と非効率を助長する。

4 数字の真実

稼ぐために金を使いすぎていることのわかりやすい兆候が、もう一つある。内部または外部の監査役にそう言われることだ。診療所で体重計に乗って、前回の健康診断から二キロ増えていることがわかったとき、言い逃れをすることはできない。その事実と向き合わなくてはだめだ。監査についても同じことが言える。「ええ、でも……」と言って、自らの欲求をすべて正当化することもできる。だがコストが増えて利益が減っているのなら、それがすべてだ[6]。

株価や業界アナリストの意見も、会社の調子を知るための信頼できる尺度である。社内の人間(最高財務責任者や内部監査役など)からも検討課題が提示されるかもしれないが、業績を客観的に見るには外部のアナリストが信頼できる。そして不利な評価を下された場合、それもまた会社が弱っていることの紛れもない兆候だ。たとえばデルの場合、業界専門家の費用分析に注意深く耳を傾けたことが功を奏した。

[6] Robert Kaplan and William J. Bruns, *Accounting and Management: A Field Study Perspective* (Boston: Harvard Business School Press, 1987).

最後に、基準が変わる可能性もあることに注意してほしい。あらゆる指標がすべて悪い徴候を示していても、ずっと頼りにしてきた基準によれば順調だ、と都合よく解釈する場合もある。そういう基準は捨て去るべき時期なのかもしれない。昔は「悪玉」コレステロールの値が二〇〇を示していても問題なかった。だが今では、同じ値でもコレステロール降下薬を処方される。今日のグローバルな競争を考えてほしい。アメリカのソフトウェア会社やＩＴ企業は自社の業績をインド企業と比較せざるをえないし、製造業は中国企業による業績指標を新たな基準として自社を評価する必要がある。この傾向は、新しいグローバルなビジネス用語に集約されている――「China Price（チャイナ・プライス）」だ。

拡大強迫観念症――治療法

拡大強迫観念症の習慣を断ち切るには、戦略的なビジョンが必要であり、計画の立案と実行に時間をかけなくてはならない。改善策として人員削減が必要な場合には、痛みを伴うプロセスにもなるだろう。しかし、拡大強迫観念症は、企業の財務状況に直にマイナスの影響をおよぼすので、対処しなくてはならない。

1 どこにコストがかかっているのか確認する

こんなことは当たり前のように思えるが、適切な収益費用のバランスが取れない企業がたくさんある。前章で触れたように、P&Gは製品別の組織だったために、ウォルマートが最大の顧客になっていたことに気づかなかった。だが組織再編が必要だと気づくとすぐに、三年かけて自社のコスト構造を顧客の側から解明した。そしてそれを「活動基準原価計算（ABC分析）」と呼び、その公式はコカ・コーラのレシピよりも固い秘密だと、今では関係者が好んでジョークにしている。

売上が偏っているのなら、たとえば二割の顧客が売上の八割を占めているのなら、利益はさらに偏っているだろう。顧客のうちの一割が儲けさせてくれていて、残りの九割は採算がとれていないのかもしれない。最近では、顧客が収益源なのだから、費用もそれに合わせて配分すべきだと認識するようになった企業が増えている。この新しい考え方は、カスタマー・リレーションシップ・マネジメント（CRM）と呼ばれることもある。その中心にあるのが「顧客収益性分析」、つまり顧客別に費用と収益性を分析することだ。

ここで注意すべきことがある。そもそも、顧客とは何かを買うかもしれない人を指す場合があるのだ。たとえば、銀行には手数料無料で小切手を振り出す顧客が大勢いる。銀行がこのサービスを提供して（コストを負担して）いるのは、そうした顧客が普通預金や定期預金、あるいは住宅ローンやその他の融資など、他のサービスで収益源になるかもしれないと期待するからだ。

また、顧客は確かに何かを買っているが、競争によって価格が下がりすぎており、売上が利益ではなく損失を生む場合もある。アトランタからワシントンＤＣまでの飛行機に四九ドルで乗る客が、航空会社の貸借対照表にプラスの影響を与えているかどうかは疑問である。

その最たる例がＡＴ＆Ｔの長距離通話サービスだ。顧客は六〇〇〇万人いるが、その三分の一は一度も電話をかけたことがない。そういう顧客もシステムに登録され、請求明細書を受け取っていて、経理部門の仕事の一部になっているからには、やはりコストの一角を占めている。実際、こういった顧客へのサービスにかかるコストは平均月六ドル、年間七二ドルと計算されている。それに二〇〇〇万を乗じると、電話をかけない顧客のために一四億四〇〇〇万ドルを費やしていることがわかる。それでもかつては独占状態だったので、長距離通話サービスから利益を上げることができたが、今では競合によって価格が急落した。価格の低下は量の増大で埋め合わせなくてはならないが、携帯電話の普及のせいで量も減少している。売上は落ち込み、利益は消えてしまった。

2

コストセンターをプロフィットセンターに転換

先にも触れたように、企業が販売部門を収益部門に任命し、他の部門は販売部門を支えるコストセンターと考えることは珍しくない。だが必ずしもそうである必要はない。新たなアプローチによって、戦略部門さえもコストセンターからプロフィットセンターに変えられる。

たとえば、Ｐ＆Ｇのアラン・ラフレーＣＥＯは、研究開発部門を調査して、博士号を持つ研究者が一五〇人いることを知った。そんなにたくさん必要でないことはわかる。実際、余剰人員を抱えていたのだ。その人たちは仕事を愛するすばらしい人材だが、P&Gの内部には彼らを満足させ、結果を出させるだけの機会が十分にない。それでも、ラフレーはこの忠実で有能な社員を解雇したくなかった。そこで彼の出した解決策は、研究を他社から請け負うことだった。このシンプルな新しい取り組みのおかげで、コストセンターがプロフィットセンターになった。いわゆる「**win-win-win**」である——P&Gにも、研究者にも、研究を請負に出した企業にもプラスになる。

同様に、カスタマーサービス部門やメンテナンス部門も、コストセンターからプロフィットセンターへ進化しつつある。さまざまな一般消費者向け製品分野で、これらの部門は無料修理や保証期間中の修理を行っており、従来はコストセンターと見なされていた。しかし今では、消費者が保証の延長という形で「無料」修理を買っている。製品の品質がよくなっているので、ベスト・バイのような小売業者にとって、延長保証は巨大なプロフィットセンターになっている。シアーズの販売促進グループが調べたところによると、一九八〇年代には、合計二四〇億ドルの利益の六四%を二つの収入源が生み出していたという。三四%はクレジットカードのローン、残りの三〇%が延長保証だ。もちろん延長保証はたんなる保険であり、被保険者が健康であればあるほど、保険業は儲かる。

もっと大規模な話もある。GEのようなメーカーが工場を建設するとき、設置から保守や修理に至るまでの無料サポートは、これまでずっとコストだった。ところが今はどうなっているかと言うと、大企業も小企業も「サービス」部門を中心に組織を再編しており、サービスが非常に重要なプロフィットセンターになりつつあるのだ。

GEだけでなく、IBM、ゼロックス、ルーセントなど、企業間取引を行う多くの大企業が好例としてあげられる。かつてIBMは顧客にメインフレームを販売した後、サポートを無料で行っていた。顧客との関係を強化し、新しいコンピュータの購買を促進するという意味では、それも優れたビジネスだった。しかし、そのような販売後サービスにはかなりのコストがかかる。やがてIBMは大きなチャンスを逃していることに気づき、新たな部門を設置した――IBMグローバル・サービスだ。今やこの部門の収入は、製品販売ビジネスに匹敵する。

ここで注目してほしいことがある。サービス部門をコストセンターからプロフィットセンターに転換するにあたって、IBMも他の企業も、既存顧客に対してかつて無料だったサービスの料金を請求するようになっただけではない。より広く門戸を開いて、その能力を提供したのだ。つまり、独自のコストは生じるが利益も大きい、新しい事業部をつくり出したのである。

データサービス会社のEDSも実例になる。GMがメインフレームによるデータ処理を外注することにしたとき、ロス・ペローのEDSが契約を勝ち取った。入札額はおよそ一〇億ドル。頭の切れるGMの財務担当者が、もう一度調べてこう言った。「なあ、外注する代わりに会社ごと買うべきだよ」。一九八四年、ペローは二五億ドルで売却することに同意した。ただ自社のデータ処理システムを整理統合して運用していく事業に投じる金額にしては莫大だったので、GMはやがてEDSのサービスを、ケーブルテレビや通信のような他の産業に売るようになった。コストセンターである内部データ処理部門をプロフィットセンターに変えたのだ。

しかしこれだけの話では、アメリカ企業史の非常に興味深い一ページが省略されてしまっている。評論家の一致した意見によると、GMがEDS買収で手に入れたかったのにデータ処理能力だけでなく、ずばぬけた才能と起業家精神の持ち主であるペローだったという。ペローはGMの取締役の席を与えられ、GM傘下のEDSの経営にかなり口出しすることを許された。もちろんペローは、GMの保守派であるロジャー・スミスと水と油で、取締役の地位を利用してGMの明らかな弱点を繰り返し強調した。やがて決別の時が来た。GMはペローに七億ドル（彼が所有していた株式価値の二倍にあたる）を払って「黙って出て行け」と言ったのだ。

最終的に、GMはコア事業に立ち返るにあたってEDSを一九九五年にスピンオフしたが、この取引でかなり儲けている。九〇〜九五年の間に、EDSの収入は一〇〇億ドル以上に倍増したのだ[7]。

もう一度言うが、ほぼあらゆる部門——研究開発、製造、物流、顧客サポート——がプロフィットセンターに再編できる。近所のスーパーに並んでいるチーズは、ブランドにかかわらず、ほぼすべてクラフトが管理している。ほとんどのタバコの棚は、RJレイノルズが所有し運用しているのと同じだ。この場合、この巨大企業二社は在庫管理を収益部門に変えたのだ。運送会社（地上でも空でも）は、過剰な運搬能力を売ることによって、物流部門をプロフィットセンターにする。コールセンターに余分な能力がある会社は、他社にかかる電話に応対することで、顧客サポートから収益を上げることができる。

個々の部門がもっと「起業家的」になるように組織改革を行った企業の記事を読んだら、どう解釈すればよいかわかるだろう。コストセンターを「金のなる木」に変えているのだ。

[7] For an entertaining account of the marriage and divorce of Ross Perot and GM, see David Remnick, "H. Ross Perot to GM: 'I'll Drive,'" *Washington Post*, Apr 19, 1987, p. W24.

3　最小事業単位での損益分散管理

損益をトップで集中管理している会社は、各部門の調子を監視できていないかもしれない。この場合の対策の一つは、前述の経済付加価値の原理を適用することだ。営業外費用や隠れたコストも含めて、コストについて納得のいく説明をする責任を、各部門に委譲する。それぞれのやり方で支払い、株主配当や所得税や資本コストまでまかなうよう、各事業部に求める。そういったコストは全社レベルでまとめられていたかもしれない。しかし、これらのコストをまかなえる収入があってはじめて支援が受けられること、そうでなければ切り捨てられることを、部長たちに教えよう[8]。

銀行や電話会社は、この戦略を推進するために広大な顧客基盤を別々の事業部――法人、中小企業、個人など――に分割している。損益管理を小規模な顧客別グループに分散させることは、内部相互補助を阻止するメリットもある。もちろん、事業部や部門内の内部相互補助は防げられないが。

4　垂直統合から「仮想統合」へ

二〇世紀には垂直統合が理想的だった。手本を示したのはフォードだ。自社で鉄鋼とタイヤと部品をつくり、自社で組み立てを行い、自社の販売網を通じて車を消費者に売る。GMがその範に従い、IBMをはじめ、ほぼあらゆる大企業が後を追った。原材料から最終的な販売まで、

[8]『ONE to ONEマーケティング　顧客リレーションシップ戦略』ドン・ペパーズ、マーサ・ロジャーズ著、ベルシステム24訳、ダイヤモンド社、1995年

自分たちの事業を完全に掌握したいと考えたのだ。

このモデルが昔ほど機能しなくなった理由は二つある。第一に、垂直統合されたそれぞれの事業を全体最適な効率で稼動するよう、十分に管理することが難しくなっている。それどころか、この体制では原則として自社内で調達しあうので、コスト効率が悪くなる可能性が高い。市場原理が働かないからだ（たとえば、ドラッカーによると、かつてフォードの巨大鉄鋼工場の工場長は、工場で使っている石炭に会社がいくら払っているかを知らなかったという）[9]。第二に、たとえ社内の各部門が有能でも、専門の会社のほうがよりうまくできる可能性は非常に高い。新しいモデルは「仮想統合」――とくに得意な一つか二つの領域に集中して、残りは他の人にやらせるのだ。

この新たなモデルへの道を切り開いたのは、ルーターとスイッチの最有力企業であるシスコ・システムズである。シスコがやっていることは二つ、新製品を開発することと、それを顧客に販売すること。製造、配送、在庫管理など、その他の業務はすべて外注している。シスコは顧客が買う製品を見ることさえ、ほとんどない。ナイキも好例だ。この会社はデザインとブランディングの会社であり、付加価値業務の大半を協力会社にやらせ、全体をうまく統制している。

インターネットによって可能になった通信技術のおかげで、個別企業はもはや自らを製品製造企業と定義する必要はない。仮想統合されたメンバー企業がそれぞれ得意な工程を提供するため、最終製品を一社で独自開発する必要もない。仮想事業において理想的なのはシームレスな協力であって、所有ではない。このモデルが広く用いられるようになるにつれ、自社のさまざまな業務を他社の業務と統合できる力が、きわめて重要なコンピタンスとなるだろう[10]。

[9]『現代の経営』P・F・ドラッカー著、上田惇生訳、ダイヤモンド社、2006年

[10] Michael Hammer, "The Rise of the Virtual Enterprise," *Information Week*, Mar 20, 2000, p. 152.

5 ノン・コア業務をアウトソースする

仮想統合の準備がきちんと整っていない場合でも、ノン・コア業務を規模の経済が効く外部の専門業者に適切に委託することで、効率を上げコストを削減できる（第4章でも、慢心企業の特徴である肥大化と怠惰の矯正手段として、アウトソーシングを推奨している）。

給与の支払いをイギリスにあるようなＥＤＰ（エレクトロニック・データ・プロセッシング）の専門業者に、あるいはＩＴサービスをＩＢＭやＥＤＳやアクセンチュアのような会社にアウトソースするのが賢明だと気づいている企業も多い。今や顧客サポートのアウトソーシングは当たり前になっていて、自宅のコンピュータやインターネットサービスについてコールセンターに電話をしたことがある人なら、誰でもよく知っている。電話の向こうの声は、インドかフィリピンかアイルランドから聞こえているに違いない。

さらに最近では、かつて「戦略上重要」とされていた仕事もアウトソースするようになった企業が増えている。たとえば製薬会社は、研究開発の仕事でも外部に出せるものがあると認識している。自分たちは次世代の薬品に集中し、特許がもうすぐ切れる古い薬品を練り直したり改良したりする仕事はアウトソースできる。そういう仕事の大半は、最近ではインドで行われている。

もう一つ事例を紹介しよう。Ｐ＆Ｇでは、紙おむつが重要な製品ラインの一つなので、製紙工場を自前で営む必要があると長年考えていた。だが最終的に、市場には紙パルプの「安定供給」があるので、自社でつくる必要はないという判断を下した。Ｐ＆Ｇのコアとなる強みは、マーケティングとブランドと流通であり、製紙工場の経営ではない。これはアウトソーシングにおあつらえ向きのノン・コア業務なのだ。これによって、工場に投じられていた資本だけでなく経営者の時間も自由になり、かなりのコストが削減された。この事例を一言で表現するなら、買うほうが作るよりも安かったのだ。

実際、近頃では製造と研究開発の業務がさかんにアウトソースされているので、それぞれに略称も付けられている。ＣＭＯ★1（委託製造アウトソーシング）とＣＲＯ★2（委託研究アウトソーシング）である。どんなアウトソーシングも、頭を使う必要がないほど簡単だということではない。ノーベル賞経済学者のロナルド・コースと彼に師事したオリバー・ウィリアムソンが指摘しているように、アウトソーシング（作るより買う）には常に「取引コスト」が伴う。社内で作らずに市場から買う場合には、調査と情報のコスト、交渉のコスト、実行のコスト、その他さまざまなコストが常にかかってくる。商談をまとめる前に、それらの取引コストを計算しておく必要がある。

6 経営管理者を削減する（または適切な数にする）

ほとんどの会社は成長して繁盛するにつれ、経営管理者の階層化を始める。企業にとって最高の組織構造とは「経営管理者の階層が最小限で、指揮命令系統ができるだけ短いものだろう」という、時代を超越したピーター・ドラッカーの金言があるにもかかわらず。適切で無駄のない管理階層を実践しているのは、西洋世界で最も古く、最も大きく、最も成功している組織――カトリック教会である、とドラッカーは楽しげに指摘している。「ローマ法王と最下位

★1 Contract Manufacturing Outsourcing
★2 Contract Research Outsourcing

の教区司祭との間には、権限と責任の管理層がたった一つしかない。それが司教である」[11]。それなのに、企業には人事部があって、給与を決めるために社員を無数の等級と地位に体系化する。このような管理階層の増殖は、ドラッカーに言わせれば「不良組織」の典型的な症状である。

こういった管理階層の一部を圧縮することは可能であり、たいていそのほうが望ましい。これを示したのがベルサウスだ。このシナリオでは、この会社は七層から二層を排除して五層に圧縮し、階級のピラミッドをならした。このシナリオでは、少なくなった上層の人間に、管理すべきもの——予算、従業員、地域など——がより多く与えられる。実際、経営管理コストを減らし、官僚主義的な複雑さを緩和し、指揮系統を短縮するこの上層部の「平坦化」は、今や一般的な傾向となっていて、アメリカのビジネススタイルをより共同的なヨーロッパモデルに近づけている。

専門サービスを提供する会社を考えてみよう。そうした会社はとりわけ「平坦な」パラダイムを示す傾向にある。法律や会計事務所、ITコンサルティングの会社では、誰もが収益を生む。事務所を経営するパートナーはマネージング・ディレクターまたはマネージング・パートナーと呼ばれるが、管理者層を抱えるフルタイムの官僚ではない。勤務時間の半分は経営管理者や調整役として過ごすが、残りの半分は他の社員と同じ仕事をして稼いでいる。

7 業務プロセスのリエンジニアリング

マイケル・ハマーの「リエンジニアリング革命」というコンセプトを借りて、第4章では慢心という習慣を断ち切る方法としてリエンジニアリングを提案した。ここで少し詳しく話をしよう。

[11] 前掲書→[9]『現代の経営』

検討すべき重要なプロセスの一つは、いわゆる「工場中心」、つまりフル稼働しつづけなくてはならない工場を中心に構築されているプロセスである。簡単に言うと、システムはこうである。原材料が工場に入ってきて、完成品になる過程で価値が付加される。完成品は工場を出て流通ルートに入り、店に並び、最終的に消費者に買われる。このシナリオの問題は、すべての「滞留時間」だ。工場を待たせるわけにはいかないので、過剰な原材料が門のところで待機している。工場は決して停止しないので、付加価値がつけられた製品が絶え間なくでき上がり、流通ルートに乗るまで倉庫に保管する必要がある。店の棚スペースが空くまで商品を倉庫で保管し、商品は消費者が店に来るまで棚の上でわびしく待っている。たとえば、一般消費財を売る会社では、商品が購入されず流通ルートや店の棚で一年経過するごとに、コストが数十％も上がる。これで利益は消えてしまう。

そこで疑問が生じる。なぜ「工場中心」なのか。なぜ「顧客中心」ではないのか。業務プロセスを「顧客中心」にリエンジニアリングすることで、効率の悪い在庫管理で生じるコストをすべて絞り出せる。おわかりだと思うが、「顧客中心」あるいは「需要主導」の経営は、デルが取り入れて大成功を収めたモデルだ。アメリカ経済はますますサービス志向になっているが、サービスは一般的に、供給主導ではなく需要主導であることにも注目してほしい。客が椅子に座らなければ、床屋は散髪を始められない。患者が診療所に来なければ、医者は診察できない。近年、この需要主導の事業モデルが製造業でも実行可能だと認められつつある。

次章で、テリトリー欲求症の治療法として提案している「自動化と統合」も、コスト効率化のためのリエンジニアリングの一例である。

8 「マス・カスタマイゼーション」への移行

需要主導の製造は、自然にリエンジニアリングの次の段階へとつながる。それが「マス・カスタマイゼーション」である。この矛盾しているように思える言葉——「アジャイル（機敏な）生産」とも呼ばれる——の基本的な意味は、流れ作業生産のコスト経済性で顧客の要望に合わせた製品をつくることだ。ジョセフ・パインが『マス・カスタマイゼーション革命』で指摘しているとおり、このコンセプトを開発したのがトヨタであることは意外ではない。多種多様な車を少量生産することで、日本市場の支配権を握ろうとしたのだ。このコンセプトによって、鋼鉄の自動車部品を打ち抜くのに使われるプレス機がリエンジニアリングされ、プレスの段取り替え時間が大幅に短縮された。新しい工程は、ジャスト・イン・タイムや徹底した品質管理などとともに、トヨタの伝説的な「リーン生産方式」を構成し、そのおかげでトヨタはスピードと正確さを犠牲にすることなく、さまざまなモデルを生産（カスタマイゼーション）できるようになった[12]。

重要なのは「少量」という点ではなく、むしろ需要に応じた量、つまり需要と供給のバランスをとって在庫をゼロにすることだ。モトローラはアメリカのポケベル産業が一九八〇年代初めに日本企業の攻撃を受けたとき、マス・カスタマイゼーションを導入した。六つの製造変数（形、大きさ、色、機能、特性、内部機構）の製品アーキテクチャと、コンピュータ化された顧客からの直接注文システムとを組み合わせた「受注生産」プロセスを開発し、組み立てにかかる時間を四時間から四分に短縮したのだ。しかも受注生産システムのおかげで、顧客はまさに必要な

[12]『マス・カスタマイゼーション革命　リエンジニアリングが目指す革新的経営』ジョー・パイン著、IBI国際ビジネス研究センター訳、日本能率協会マネジメントセンター、1994年。パインの理論の分析については“To Each His Own,” *The Economist*, Dec 5, 1992, p. 71. を参照。

だけのポケベルを工場から直接受け取ることができるようになった。

この一〇年、消費者の要求が厳しくなり、市場が細分化するにつれて、マス・カスタマイゼーションは自動車、家電、衣料、小売、ファストフードなど、多種多様な業界を席巻した。

9 原価企画の導入

アメリカの企業にとって、製品価格は製造にかかるコストにもとづいて決めるのが普通だった（始まったのは工業化時代初期）。新製品にどれだけコストがかかるかは、つくり終えるまで実際のところはわからない。つくり終えた時点で、支払うべき請求書（設計、調達、製造）を集計し、製品を市場に出すためのコスト（流通、マーケティング、販売）をいくつか加えて、どれだけの販売益が必要かを決定して……やっと、価格が出てくる！

このモデルの誤りに気づいてプロセスを逆転させたのは、またもや日本企業だった。メーカーは価格をコントロールできないと悟ったのだ。価格を決定するのは競争市場である。だがメーカーはコストをコントロールできる。

別の言い方をすると、価格は計算の結果ではなく、式の最初に入るのだ。正しい式は「市場価格－目標利益＝目標原価」である。日本企業はさらに一歩進んで、市場価格は一般的に下がることを認めた。インフレのない経済で競合企業が参入した場合の妥当な数字は、一年で五％、三年で一五％の下落だ。したがって、価格を徐々に上げて拡大強迫観念による出費をまかなおうなどと思ってはいけない。初期設計から始まる工程すべてのコストを最初から明確にしておき、利益を確保するために、そのコストを維持するか、あるいは削減する必要がある。原価企画の考え方は、「原価プラス」ではなくて「価格マイナス」なのだ。

キャタピラーは一九八〇年代、コマツに完全に打ち負かされて（三年で一〇億ドルを失って）、この教訓を学んだ。キャタピラーの経理担当者がコマツのコスト構造を解明するためにその会計報告書を研究する一方で、技術者はコマツの製品を分解してその製造工程を研究した。この努力によって、うれしくはないが予測どおりの結果が出た。キャタピラーの原価はコマツより三割も高かったのだ。キャタピラーが苦い薬を飲み下し、病床から起き上がったのはさすがである。工場の近代化に一八億ドルを投じ、価値を付加しないプロセスを排除し、ジャスト・イン・タイムの在庫管理を採用し、製品に使われる部品の数を減らした。そして九〇年代初めには黒字に回復していた[13]。

10 世界一流の顧客になる

顧客満足度に駆り立てられ、J・D・パワーやマルコム・ボールドリッジの認定を切望して、企業は優秀な生産者あるいはマーケターになろうと懸命に努力する。ところが反対側から見てみると、企業はひどい顧客であることが多い。

思い出してほしい。ほとんどの会社にとって最大のコストは調達であり、たいてい全体の六五～七〇％を占める。インテルやマイクロソフトと取引するIBMにとって、調達が持つ意味はすでに見たとおりである。鉄鋼業では鉄鉱石が最大のコストだ。小売業の売上原価率は

[13] Karen M. Kroll, “On Target,” *Industry Week*, Jun 9, 1997, pp. 14-17.

六五％に達する。したがって、上手な仕入れのための努力が、きわめて重要なコスト削減の手段になりうる。

どうすればいいのか。供給業者に値下げを無理強いするのではなく、彼らを成長させ、その忠誠心を育てるのだ。あなたにとって最高の顧客、つまり一番気持ちのいい取引相手がいるだろう。自らが、供給業者にとって最高の顧客にならなくてはいけない。顧客に接するときと同じように、供給業者にも敬意をもって接すれば、相手もあなたとの商談を望むだろう。相互に認め合う関係をつくる努力をしよう。そうすれば、発注時に交渉する必要はなくなる（どのみち、その駆け引きには負ける）。供給業者は、双方にとって利益になり、健全な長期的関係を保証する価格を提示してくるだろう。

イギリスの衣料小売大手のマークス・アンド・スペンサーは、供給業者の助成について手本を示した。供給業者の従業員の労働条件改善まで主張している。日本の自動車メーカーも、マクドナルドやスターバックスのようなアメリカ企業と同様、この範に従った。

普通の会社は昔から、買うことではなく売ることを重視してきたに違いない。だが抜け目ない企業になるには、優秀な購買者になる必要もある。そのためには、供給業者を搾取するのではなく、生涯のパートナーにすることだ。

＊＊＊

この現代社会で「スリムになれ」というのは難しい注文だ。成功の原型――散財し、消費し、「太って幸せに」なる――に逆行している。この原型は、企業だけでなく社会にも深く根づいている。一九七八年にジミー・カーターは国民に倹約を求めたが、自分自身の政治生命の終焉を助長したほかは、ほとんど何も成し遂げられなかった。

しかし最近、大量のダイエット本がベストセラーになっているのと時を同じくして、自動車メーカーや航空会社や繊維メーカーや家電メーカーなど、アメリカの巨大老舗企業に肥満が蔓延している。どの産業の話も大筋は同じだ。競争相手（ほとんどがグローバル企業）が増加して価格が下落しているのに、詰まった血管のように脂肪だらけの高コスト構造は相変わらずで、必然的に利益率は急落する。

現在のリストラクチャリングの波は、「拡大強迫観念症」という生まれたときからの習慣が、多くのアメリカ企業を追い込んでいることを暗示している。ここで紹介したように、多くの企業が瀬戸際で策を講じている。だが生き残る可能性が高いのは、そういう対策を必死の改善策としてではなく、予防策として実践する企業だ。

治療法

1　どこにコストがかかっているのか確認する
収益費用のバランスをとる。

2　コストセンターをプロフィットセンターへ転換する
あらゆる部門をプロフィットセンターへと再編できる可能性がある。

3　最小事業単位で損益分散を管理する
営業費用や資本コストをも含め、損益を各部門単位で管理する。

4　垂直統合から「仮想統合」へ移行する
とくに得意な１つか２つの領域に集中して、残りは外部に委託する。

5　ノン・コア業務をアウトソースする
ノン・コア業務を、規模の経済が効く外部専門業者に適切に委託することによって、効率を上げ、コストを削減する。

6　経営管理者を削減する（または適切な数にする）
管理者階層を最小限にし、指揮系統を短縮する。

7　業務プロセスのリエンジニアリング
費用効率を上げるために自動化と統合を行う。

8　マス・カスタマイゼーションへ移行する
需要と供給のバランスをとり、無用な拡大を防ぐ。

9　原価企画を導入する
コストを最初から確定しておき、利益を確保するために、そのコストを維持あるいは削減する。

10　世界一流の顧客になる
供給業者を搾取するのではなく、生涯のパートナーにする。

診断書 6　拡大強迫観念症

発症のきっかけ

- ☐ 高利益率のパイオニア企業
- ☐ 急成長する天才
- ☐ 規模のパラドックス
- ☐ 予期せぬ義務の足かせ
- ☐ 政府の取り分

主な症状

☐ **ガイドラインのない場当たり的な支出**

興味深くて意欲をそそられることがあり、コストの管理がおろそかになる。

☐ **コストセンター中心の組織**

効率ばかりか有用性さえも失われているかもしれないのに、常にコストを全社レベルで算出している。

☐ **内部相互補助の文化**

1つの事業部の成功で別の事業部の失敗を隠すことを許している。

☐ **数字の真実**

監査役、株価、業界アナリストが、業績がおもわしくないことを教えている。

8

テリトリー欲求症
――コップの中の縄張り争い

企業は成長し繁栄するにつれ、「機能別縦割り組織」になっていく傾向がある。さらに大きくなると、「地域別縦割り組織」、すなわち地方支社や海外の子会社が加わる。この組織化の過程は、一般にきわめて必要なものである。

会社の揺籃期には、創業者や起業家の自由奔放なスタイルも問題ないが、成功し成長するためには、経営方針や規則や手順が求められる。組織化が不可欠なのだ。組織化には、ある種の分割、つまり部門や事業部や支社などに分かれることも必要である。以前は有機的かつ直観的にまとまって安定していた一つのものが、多数に分かれる。これは企業が成熟していくうえで、合理的で当然のプロセスである。しかし、このプロセスは予期せぬ影響をもたらし、その影響が自滅的習慣を助長する。

一般的に、企業内の縦割り組織を構成する各部門は互いに、いつもいい関係にあるとは限らない。それぞれが自治を求め、全社的ビジョンを忘れ、相反する目的を追いかけることがある。一つの部門が他の部門を見くびる場合もある。たとえば、ハイテク企業では、研究部門がマーケティング部門を「派手な変人」と軽蔑することがある。その結果、文化摩擦が生まれ、最高の業績が上げられない。

さらに、さまざまな機能別・地域別の部門が自分たちのテリトリーを守ろう、広げようとするので、組織化は必然的に縄張り争いを生む。これは避けられないだろう。最近の研究によると、「テリトリー意識」のせいで従業員が「自己中心的になり、組織全体の目標を理解して追求できなくなる」ことがあるという[1]。自分の縄張りのことばかり考えるのは、たとえて言うなら、木を見て森を見ずということだ。この場合も、結果として機能不全に陥る。組織化によって、文化摩擦と縄張り争いが抑制されるはずが、助長されてしまう。薬を飲んだのに頭痛がよりひどくなってしまうのだ。そして成長のエンジンはプスプスと音を立てて止まる。

本章のテーマもまた、成功に伴う「症状」である。効率を上げるために分かれた部門が、派閥や地盤、すなわちテリトリーになるおそれがある。首長たちの心にビジョンを浸透させることができる強いリーダーがいないと、会社は社内の部族争いの仲裁に時間と経営資源を費やすことになりそうだ。社員自身も含めて、ステークホルダーは困惑し、怒りを覚えることになる――この会社には大きな潜在能力があるのに、なぜ私たちは堂々巡りをしているのだろう。

[1] Graham Brown, Thomas B. Lawrence, and Sandra Robinson, "Territoriality in Organizations," Academy of Management Review, 2005, Vol. 30, No. 3, p. 587.

人類学者のロバート・アードレイは、これを「テリトリーの至上命令[★1]」と呼んだが、本書ではこの自滅的習慣を「テリトリー欲求」と呼ぼう。

1 企業の象牙の塔

この症候群を説明するのに、五〇階建てビルをたとえとして使いたい。成功企業が大きくなっていくと、その組織は五〇階建てのビルがいくつも立ち並ぶ複合オフィスのようになる。ビル同士は一階と最上階の共有エリアでつながっている。一階はロビーで、従業員は自分の職場があるビルのエレベーターへと急ぐ途中、互いに顔を合わせることもある。最上階にはもちろん役員室がある。役員は自分専用のオフィスを持っているが、会議室で、役員用食堂で、あるいはひょっとすると役員用のトイレで、話をすることも多いだろう。

こういう組織のCEOと経営陣は象牙の塔で孤立している。私は常々、学者が象牙の塔の住人だと非難されるのを聞いて面白いと思っている。実際には学者は歩兵であり、学生とともに街に出て、自分の研究領域を調査している。本当の没交渉の例として、典型的なCEOを考えてみよう。その一日は分刻みで調整されていて、本人は秘書や受付係などの「門番」に囲まれている。朝、自宅から運転手付きの車に乗り込み、後部座席に座って新聞を読むか、携帯端末でメールを確認する。車が専用の玄関に横付けされると、直接エレベーターに乗って最上階の

★1 territorial imperative

オフィスまで上がる。しかも彼のオフィスを訪れる者は全員、身元だけでなく面会の目的によっても、ふるいにかけられている。不愉快な不意打ちはないだろう。これが本当の象牙の塔だ。現実の風を完全にシャットアウトして生活している。

このような、属州で何が起こっているかをまったく知らないローマ皇帝タイプに、いつも強く勧めていることがある――現場に行け。顧客を訪ねろ。地方の拠点を視察しろ。事前に知らせず、何気なく、場合によっては名前を明かさずに。経営陣は少なくとも月に一日、現場で過ごす必要がある。ジャック・ウェルチは、第一線の管理職だったときに、いくらレジナルド・ジョーンズに会おうとしても彼を取り囲む大勢の門番を突破できなかったことから、この教訓を学んだ。

複合オフィスの一階の共用ロビーは、ニューヨークのグランド・セントラル駅のように雑然としている。そして一階と最上階の間は、組織が支配している。各オフィスビルは、エンジニアリング、製造、販売、顧客サポートなど、機能別部門に相当する。長年の実績がある「分業と専門化の法則」によると、これがあるべき姿であり、効率的経営への道である。しかも、会社が大きくなると有能な人材を新規採用しなくてはならないが、専門分野で働く機会を提示しなければ人は集まらない。機能別の組織は、優秀な人材を採用し、引きとめておくための助けになる。とにかく理にかなっていて、正しいモデルだ。

もちろん、機能別組織には優秀な管理者、優秀な指揮者が必要だ。リーダーには名シェフの技量が求められる。材料はすべて自由に使えるのだが、それをちゃんと調理できるかどうかが重要だ。平凡なシェフがつくった食べ物には誰も注目しない。だが、非凡なシェフなら、材料を最高にうまく調理して、比類のない、記憶に残る料理をつくる。常連客は夢中になり、シェフの名声は高まる。最終的に有名人になって、自分の料理番組まで持つようになる人もいる。大切なのは巧みに食材を組み合わせ、独自の調理法を編み出せるかであり、優れたリーダーに求められる才能とまったく同じだ。優れたリーダーは、毎四半期の収益報告書という料理を供して、ステークホルダーをうならせる。創業当時のコカ・コーラのように、あるいは最初の製品としてアイボリー石けんを出した頃のP&Gのように、機能別組織は成長と成功を可能にする。

もう一度言うが、機能別に組織化することは正しい手法である。しかし、五〇階のビルを建てると、意図しない結果を招く。前述のとおり、一階と最上階の共有エリアのほかに、立ち並ぶ高層ビルをつなぐものはない。それが機能不全の根源となるのだ。この問題については、後ほどもう少し詳しく話そう。

さらに、機能別の高層ビルが建てられたあとも会社が成長を続けると、もっとたくさんのビル、つまり部門が必要になる。全国的に事業を拡大するには、南西部、西部、中部、北東部といった地方支社の設立が必要になる。これも筋は通っている。国は大きいのだ。しかし縄張り争いの影が迫ってくる。各支社は互いに話をしたがらない。互角に成長していない場合はなおさらだ。急成長している支社はもてはやされるが、他は何かと槍玉に上げられる。

この種の問題は、グローバルな事業展開になるとさらに悪化するが、会社にしてみれば、大きな成長のチャンスを逃すわけにはいかない。現在、欧米の企業が先を争って中国やインドに進出しているのには、もっともな理由がある。この二〇年間、中国経済は年に九・五%も成長しており、インドも六%の伸びを示している。経済学者の予測によると、どちらも数十年間は七〜八％の成長を続けるという。進出するか、それともライバル会社の繁栄を指をくわえて見ているか、二つに一つである。

もちろんリスクはある。私たちは中国とインドのすべてを理解しているわけではない。会計システムが違い、利益の計算方法が違う。そこでそのリスクを軽減するために、専門の国際部門をつくる——またまた別の部門だ。進出当初はいたって単純である。余分な供給能力があるので、市場さえあればどこでも売ることができる。まだ重心は国内にあり、輸出のために国際部門を持つ国内企業のままである。海外の投資が失敗しても、国内事業は守られるから、国際ビジネスのための別部門を設けるのは健全な戦略だ。

しかし成長が続くと、「自国中心」組織では足りなくなる。会社は「現地中心」に進化する——各国に別々の子会社ができるのだ。成長曲線に沿った他のあらゆる取り組みと同様、これも理にかなっている。何と言っても、国によって文化も事業の規制も違う。インドでのビジネスは、改善されつつあるとはいえ、依然としてあきれるほどさまざまな規制に縛られている。たとえば、アメリカ企業はインドで小売業を営むことができないし、通信をはじめとする特定の産業では、外国企業による資本所有はいまだに厳しく制限されている。国有企業がひしめく中国では、また別の難題に直面する。これらの問題を解決するために、その国の中に子会社をつくる。

そうこうしているうちに、五〇階建てのオフィスビルが世界のあちこちにできる。かつてＩＢＭがやったように、そして近年ＨＰなど、多くの企業がやっているように、ローマ帝国を築き上げる。経営陣はローマにいて、属州の総督が遠く離れた世界各地に散らばっている。経営陣は彼らに会わないし、彼らも経営陣に会わない。去る者は日々に疎し——税収が入ってくるかぎりは。実のところ、属州の総督たちは才能を発揮し、彼らの運営する事業は次第に独立性を高めている可能性が高い。ローマにいる経営陣は、会社の財政に問題がないので、まだ気づいていない。さらに縦割り組織が増えていき、自滅的習慣が強まっている。組織化に伴う副作用を、この先ずっと無視するわけにはいかない。

成長の過程において最終的には、海外の子会社の責任者に現地の人材を据えることになる。論理的には、中国市場のことは中国人に任せたほうがいいだろう。複雑なビジネス環境はもちろん、政治や文化や言語に精通している。考えるまでもないことだ。しかし実は、これが最悪の間違いなのだ。なぜなら、現地人のボスはまず国に忠実であり、会社は二の次である。しかも視野が狭く、自分の国の視点から世界を見る。典型的な属州総督であり、彼らが会社の仕事をしている時間は全体の三割で、残りの七割は自分の部族を治め、自分のテリトリーを守ることに費やしているのだ。

ここで述べてきたことは、ある程度自然な成長の過程である。組織にとって常識とも思えるステップであり、そのおかげで会社は次の段階へと進化できる。もちろん企業は成長を望む。どうすれば達成できるのか。まず機能別の組織をつくり、次に事業を全国に広げ、それから海外に進出し、国際的な子会社をつくる。この構想のどこがいけないのか。一目でわかる誤りはない。しかし拡大は薬物療法と同じように、注意深い監視を必要とする。そうでないと、目的達成のための手段ではなく、それ自体が目的になってしまい、習慣性になるおそれがある。どうしてそうなるかを見てみよう。大きくなりたい、テリトリーを獲得したい、という自然な欲求が副作用を引き起こし、それが自滅的習慣になるシナリオをいくつか検討していく。

2 決められた方針と手順が優先される

創業時の自由で寛大な起業家精神あふれる文化は、会社が小さい間はうまく機能するが、経営には決まりと仕組みが必要である。部門を組織化するには、経営資源の配分と責任の明確な定義が求められる。五〇階建てのビルで働く従業員は昔どおりにやっていると思っているかもしれないが、徐々に、おそらく気づかないうちに、他の部門と連絡を取らなくなる。他の部門が何をしているのか知らない場合もある。規則と統制による官僚制が人間的なコミュニケーションに取って代わり、誰もが自分の縄張りを守るようになる。

数年前にビジネス紙に出た話を例にとって、このプロセスを説明しよう。ワシントン州スポーカンの中心街にある銀行の支店が、駐車場の利用を管理する必要があると判断して、自動のゲートを設置した。銀行内で取引が終わったら、窓口係が駐車チケットにスタンプを押す。それで六〇セントの料金を払わなくて済むが、スタンプを押してもらわないと、駐車場を出るときに料金を請求される。

あるときこの駐車場に、カーキ色のズボンをはいてフランネルのシャツを着た男が、ピックアップトラックに乗ってやって来た。おそらく農場経営者かアウトドア好きの人だろう。彼はロビーに備えてある用紙を何枚か取ってから、チケットにスタンプを押してほしいと窓口係に頼んだ。「お取引は終えられましたか?」と、窓口係は手順どおりに尋ねた。「いいや、だが私はいつも利用している客だよ」と男は答えた。窓口係は「申しわけありませんが、六〇セントをお支払いいただきます」と言い張る。男は「そんな方針はばかげている。私は得意客なのだから駐車場の料金を払う必要はない」と抵抗した。窓口係の前にはコンピュータ端末があり、それを使って調べれば、男が顧客であることを確認できたはずだ。しかし彼女はそうするように教育されていなかった。彼女は方針に従っていたのであり、他の人のテリトリーに入ってまで、この客の対応を続けることを嫌ったのだ。

当然、その客は腹を立てた。自分はこの小さな町の銀行の得意客として認められ、そういう扱いを受けてしかるべきだと考えた。そこで、ガラス張りの小部屋にいる支店長に事態の改善を求める。支店長ならきっと部下の判断を覆してくれるだろう。だが事はそう単純ではなかった。どうやら銀行は「三六〇度評価」という新しい人事考課制度を始めたばかりだったようだ。つまり、支店長の昇進は上司だけでなく部下がどう思っているかにも左右されるので、窓口係からのよい評価も必要だった。しかも、この顧客と一緒に暮らす必要はないが、窓口係とは毎日一緒に仕事をしなくてはならない。この件に関しては、窓口係の肩を持つ必要がある。支店長には事態を修復する権限があったが、彼は官僚制の罠にはまったのだ。それは方針と手順の罠である。

男は家に帰り、銀行のシアトル本店に電話をかけた。もはや顧客ではなく、使命を帯びた活動家である。彼は問題を説明した。電話の向こうで女性が何と言ったか、想像がつくだろう。「それは支店の問題です」

その顧客はたまたま引退した電話会社の重役だったのだが、この時点で二五〇万ドルの預金をすべて口座から引き上げた。そしてもう一度本店に電話をかけて「オーケー、取引を完了したよ。さあ、六〇セントを返してもらおうか」。

これで銀行は裕福な顧客を失ったわけだ。この資産家とはこれから何年も、儲けになる取引ができたはずなのに。どうしてこんなことになったのか。方針と手順に固められた官僚制のせいで、各人が自分の縄張りから踏み出すことができず、支店長と窓口係と本店とが通じていなかったのだ。そして業務マニュアルが優先された。成長には組織化が必要だが、五〇階建てのビルに閉じこもっていては、本当のコミュニケーションが犠牲になるおそれがある。

3 創業者の文化が、より大きな企業に組み込まれる

成長という目的のために、私企業の形態に見切りをつけて一般公開の道を選ばざるをえない場合もある。これが企業文化を根本から変えてしまう可能性がある。なぜなら、リーダーはもはや自主独立ではなく、ウォール街の厳しい要求に応えなくてはならないからだ。会社がつまずけば、他社の傘下に入らざるをえなくなるかもしれない。

たとえば、アトランタの家族経営の老舗百貨店、リッチーズとデービソンズは両方ともメーシーズの全国チェーンに入ったが、そのメーシーズは小売コングロマリットのフェデレーテッド・ストアの一部になっている。こういった場合、創業者が築いた企業文化は、遅かれ早かれ消えてしまう。形式張らず自発性を特徴とするオーナー文化が、管理文化に取って代わられ、官僚化のプロセスが進行する。地域の銀行が大手銀行の傘下に入る場合や、町の薬局が

巨大ドラッグストアチェーンのウォルグリーンやCVSに買収される場合も、同じことが起こる。しかし、とくに劇的な事例は広告代理店で起きている。

ワイヤ・アンド・プラスチック・プロダクツ――

知らなかった人もいるだろうが、ワイヤ・アンド・プラスチック・プロダクツというのは、今や広告業界の世界的コングロマリットとして名を馳せる、WPPグループの元の名前である。この会社の最初のビジネスが食料品用のかご作りだったことも、知られていないかもしれない。サーチ・アンド・サーチの重役だったマーティン・ソレルが、広告とマーケティングとメディア・コンサルティングの最強チームに改造するつもりで、一九八五年にこの会社を買収する前の話である。

ソレルが起こした最初の重要な動きは、一九八七年のJ・ウォルター・トンプソン買収である。今ではJWTと呼ばれるこの会社は、一二〇年前の一八七七年、ジェームズ・ウォルター・トンプソンがニューヨークを本拠地とするカールトン・アンド・スミスという広告代理店を買収して生まれた。このトンプソンの代理店は九六年に、プルデンシャル保険の象徴としてジブラルタルの岩山を使うことを考え出した。

一九八九年、再びソレルが動いた。もう一つの象徴的なアメリカの広告会社、オグルヴィ・アンド・メイサーの買収である。この会社は四八年に、広告のパイオニアでありベストセラー作家でもあるデービッド・オグルヴィによって設立された。彼はアメリカン・エキスプレスや

ＩＢＭのような有力クライアントのために、その創造的才能を発揮していた。

一九九〇年代後半、ＷＰＰは急成長の新たな段階に突入する。世界中の広告、市場調査、メディアプランニング、その他関連の企業を二〇社以上買収したのだ。この過熱ぶりは、二〇〇〇年、アメリカの大手ライバル会社だったヤング・アンド・ルビカム（Ｙ＆Ｒ）を四七億ドルで買収したことで頂点に達する。これは、広告業界史上最大の合併だった。

Ｙ＆Ｒのルーツは、一九二三年にレイモンド・ルビカムとジョン・オール・ヤングがフィラデルフィアに広告代理店を設立し、最初のクライアントとして、靴ひものプレスト・クイック・チップと契約したときまでさかのぼる。二六年にニューヨークにオフィスを開いた時点ですでに、この若い会社は形式張らない雰囲気と豊かな創造力で有名になっていた。

Ｙ＆Ｒの買収によって、ＷＰＰは正式に世界最大の広告会社となったが、それで終わりではなかった。二〇〇五年、巨大なグレイ・グローバル・グループを一七億五〇〇〇万ドルで買収し、再び業界紙の大見出しを飾る。グレイの創業は一九一七年、一七歳だったラリー・ヴァレンスタインが母親から一〇〇ドルを借りて、グレイ・アート・スタジオというダイレクトメールの代理店を始めたときのことだ。グレイとパートナーのアーサー・ファットは、二六年のレディーズ・ホーム・ジャーナル誌に、初めて全国的な広告を掲載する。広告主はメンドーサ・ファー・ダイング・ワークスだった。三〇年後、ファットは長距離バスのグレイハウンド社のために「運転はお任せ」キャンペーンを考え出した。

広く一般的に、広告・メディア関連業界には、成長に取りつかれたような合併の構図がある。私がここで、買収された会社の歴史に少し触れたのは、現在ＷＰＰの傘下に集まっている企業

——ライバルの大手広告会社や、メディアサービスを提供する小さな会社——のほとんどが、かつては独自の起業家精神あふれる文化を築いていたことを強調するためだ。

それでは次に、一つの広告代理店が世界最大の「コミュニケーションのスーパーマーケット」へと変化しようと決心したとき、必然的な結果として起こる混乱、対立、縄張り争いについて、もう少し詳しく見てみよう。

一九八八年にすでにウォール・ストリート・ジャーナル紙は、広告代理店が同業他社だけでなく、PR会社、市場調査会社、ダイレクトメール業者、その他あらゆる種類の関連企業をわれ先にと買収し、ワンストップショップになろうとしている動向について、社説で論じている。広告代理店は多大な時間と資金を費やして、そのコンセプトをクライアントに売り込もうとしていた。たとえば、Y&Rはさまざまな試みを「ホールエッグ（全卵）」と称し、（WPPに合併されようとしていた）オグルヴィ・グループは「オグルヴィのオーケストレーション（統合）」と呼んだ。

だがクライアントは乗せられなかった。ウォール・ストリート・ジャーナル紙によると、イーストマン・コダックの反応が典型的だという。コダック・フィルムの広告制作はWPPのJ・ウォルター・トンプソンに依頼したが、三〇余りあるWPPのマーケティング子会社に仕事を頼むことはほとんどなかった。コダックの広報によると、一つの代理店がすべてについて本当に最高かどうかは、まったくわからないからだという。なぜだろう。前述の五〇階建てビルの影響で、親会社の下にある子会社達は互いに相手を知らない、ウマが合わないし、コミュニケーションを図らないことが多い。マスターカードの宣伝担当重役が同紙に語っているように、

「［部門間での］話し合いがない。近くにある別の会社に行ったほうがましだ」。

さらにワンストップショッピングのコンセプトを妨害しているのは、「社内政治と競争」、つまり縄張り争いである。ウォール・ストリート・ジャーナル紙の指摘によると、一般に広告代理店のマーケティング部門は売上獲得高で評価されるので、クライアントの予算をなるべくたくさん獲得しようと、激しい内輪もめを起こすのだという。たとえば、リチャードソン・ヴィックス社は胃腸薬の広告制作をY&Rに依頼した。そして消費者の反応が芳しくなかったので、Y&Rのダイレクトマーケティング部を使って胃腸薬のヘビーユーザーをピンポイントで狙った。当時、リチャードソン・ヴィックスの大衆薬事業部を指揮していたロナルド・アレンによると、二部門の対立という予想外の事態になったという。アレンは同紙に、一方の部門が他部門をけなし、「こちらにお金をつぎ込んだほうが、あちらにつぎ込むよりもよい結果になりますよ」という雰囲気だったと語っている。「がっかりさせられたよ」

この話を振り返ってY&Rの広報担当者は、「別々の歴史を持つ二つの強力な組織が合併して」間もないとき、そういう対立がしばしば起こるのだと認めた[2]。

一二年後、Y&RはWPPに「合併」されて、WPPは世界一になった。皮肉なことに、CEOのマーティン・ソレルは、一五年間にわたってあれほど貪欲に追求してきた「巨大な組織」を否定している。ニューヨーク・タイムズ紙のインタビューで「どちらかと言えば、クリエイティブ・ビジネスには規模の不経済がある」と話している。

さらにソレルは、WPPをむしろ「一〇〇近い部族の集まり」と考えてほしいと言い、「私たちが求めているのは、小さな会社の心意気と情熱と活力を持ちながら、規模のメリットを

［2］ Joanne Lipman, "Ad Firms Falter on One-Stop Shopping," *Wall Street Journal*, Dec 1, 1988, p. 1.

フルに生かすことだ」と語る。そしてＷＰＰの安定は「個々の部族の安定と強さによって決まる」と続けている。ソレルによると、五万五〇〇〇人を擁するＷＰＰの組織の深いところに行けばいくほど、協調性が強くなるという[3]。

ＷＰＰの「一〇〇近い部族」は、ソレルのビジョンが示しているとおり、本当に独立を保ちながら生産的に共存し、個々の文化を維持できるのだろうか。それとも、ＷＰＰがライバルを貪欲に吸収しつづけていく間に、官僚制が多層化していくのは避けられないのだろうか。どうやらＹ＆Ｒのクライアントは、体制の移行で何かが失われると考えたようだ。買収が完了した直後、ケンタッキー・フライド・チキンとクラフトとユナイテッド航空がこの代理店を見放し、さらにＹ＆Ｒのトマス・ベルＣＥＯも間もなく去った（原因はソレルとの確執だったらしい）。

次にＹ＆Ｒから離れていったのは、ジャガー、ソニー、バーガーキングの各社だ。興味深いことに、この業界二番手のバーガーチェーンは、マイアミにある、いまだ独立系の「専門業者」であるクリスピン・ポーター・アンド・ボガスキーに、三億五〇〇〇万ドルの予算をつぎ込んだ。バーガーキングは最近、女性のファッション並みにしょっちゅう代理店を変えているので、Ｙ＆Ｒへの非難というわけではないかもしれない。だが、イケアやミニ・クーパーなどのクライアントのためにクリスピン・ポーターが考え出した斬新なキャンペーンが、バーガーキングのお眼鏡《めがね》にかなったことは特筆しておくべきだろう。たとえば、ミニのコマーシャルでは、ＳＵＶ車がミニを屋根に乗せて走り回っている[4]。おそらくこういう創造性は、似たような縦割り組織の一つとして他人の五〇階建てビルに入ってからでは、発揮できないのかもしれない。

[3] Stuart Elliot, "On Adding Value at a Trail-blazing Company," *New York Times*, Dec 18, 2000, p. C25.

[4] Nat Ives, "In a Quest to Increase Sales, a Fast-Food Restaurant Does a Very Quick Ad Agency Turnaround," *New York Times*, Jan 23, 2004, p. C3.

Y&Rの吸収が消化不良を起こしていたとしても、ソレルに不調の兆候は現れなかった。少なくとも、WPPが二〇〇五年に世界第七位のグレイ・グローバルを買収したのを見るかぎりは。グレイの最大のクライアントはP&Gだが、ユニリーバやコルゲート・パルモリブのようなP&Gの大手ライバル会社もすでに、WPPを代理店としている。取引がまとまるまでの数カ月間、ソレルはWPPの既存クライアントとP&Gに対して、この買収で誰も迷惑をこうむらないと保証することに、かなりの力を注いだと言われている[5]。しかし、部族が一つ余分だということもあるかもしれない。

4 企業文化が特定の部門に支配される

大げさに聞こえることを覚悟で言うが、企業における各部門の文化は、国や民族の文化より強いと、私は確信している。つまり、ドイツ人とフランス人とイギリス人の文化の違いよりも、エンジニアとセールスマンとデザイナーなどの違いのほうが大きいということだ。さらに、たいていの企業には、いずれか一つの文化を支持する偏見がある（おそらく原因は創業者の経歴または考え方だろう）。人の価値観は教育や訓練、すなわちその人の専門性によって形成される可能性が高い。人は会社内における自分の職種や専門分野の文化を尊重するのと同じくらい、他部門の文化を見下しがちでもある。

[5] Guy Dennis, "WPP Poised to Win," *Sunday Telegraph* (London), Sep 12, 2004, p 1.

とくに産業革命以来、ゲルマン民族特有の科学と技術に偏った考え方が、ことにビジネスの世界で強まっているように思える。一番頭のいい人は自然科学と数学に集まるという固定観念がある。文系専攻は――それなりに優秀かもしれないが――他に行き場がないから文系を専攻する。つまり、生物や数学の成績が悪かったのだ。こうして企業内にインドのカースト制のようなものができ上がる。研究者と発明者――知識を創造する人たち――が最高位に君臨する。次に来るのは、有形の価値を生み出す製造。おそらくその次は、不細工な製造物を魅力的な消費者向け商品にするデザイナー、その下がパッケージと販売促進とブランド確立の方法を知っているマーケティング担当者。販売はもっと下で、いつも品のない金銭のやり取りをしている。そして最下層にいるのは顧客サポート要員で、設置、サービス、修理を行う高卒のブルーカラーである。

しかも、会社が機能別に部門を組織化すると、一種の文化摩擦が起こるおそれがある。どの部門が本当に会社を動かし、ビジョンを描くのか。どの部門が最も多くの収益を生み出すのか。どの部門が最も多くの支援を受けるべきなのか。すべての部門が重要であり、欠かせない存在なのだが、さまざまな部門が口をそろえて「全部門に同等の価値がある」と言う会社はあまりないだろう。先ほど述べたような欧米人の偏見を考えると、今日とくに目立っている企業の多くが、技術主導型であるのも驚くにあたらない。技術主導文化が危険なほど支配的になっている企業の例には事欠かない。

ここで、五〇階建てのビルが立ち並ぶ複合オフィスのたとえに戻ろう。各部門はそれぞれ自分たちのビルの中に入っている。この施設には、もともとコミュニケーションと協調が不足しているが、文化摩擦によってさらに悪化する。機能不全がひどくなる。各部門が他部門のことで愚痴をこぼし、その不平を五〇階に持っていこうとする。一階のロビーは、権力闘争と陰口のせいで険悪な雰囲気になっている。

問題を抱えてエレベーターを昇る人があまりに多いと、経営陣は困惑する。そして講じる典型的な対策は、さまざまなビルをつなぐ仮の橋をつくることだ。これが「タスクフォース（対策委員会）」である。理論的にはすばらしいアイデアだが、実際には隠れていた対立を公にするだけの場合が多い。エンジニア、セールスマン、デザイナー、その他全員が顔をつき合わせなくてはならない。製造担当者がセールスマンを見て言う。「彼は口達者で信用できないやつだ。あいつが無茶な約束をするから、こっちが無理しなければいけない羽目になる」。セールスマンはエンジニアを見て言う。「なんてダサイやつだ。いまだに胸ポケットにペンをいっぱい差しているよ。着替えさせないと客に紹介できない」

いやはや、会社の各部門の代表者を集めるよりも、イスラム教徒とキリスト教徒と無神論者を一つの部屋に集めたほうが、よほど建設的な会話が生まれそうだ。しかもタスクフォースのメンバーはそれぞれ、部門のテリトリーを守り、部門の利益を主張するよう上司から命令されている。何としても自部門の独立を明け渡すわけにはいかない。そういうわけで、全員が権利を主張し合うため、合意と協力が足りない状況になる。そこで行われるのは、明確なビジョンにもとづく意思決定ではなく、妥協である。タスクフォースという戦場では、部門への忠誠心がいつにもまして強くなりがちだ。考えてみてほしい。研究者は、世界中のどこの研究者とでも話ができるが、自社のマーケティング担当者とは関係を持ちたがらない。

インテリのモトローラ

特定の部門の文化が他部門（および全社）に害を与えるほど支配的になっている企業の例として、モトローラの話をしよう。第3章ではモトローラの傲慢を非難した。ここでは、この会社の傲慢のもとは、強力な技術中心文化によって育まれた「自分たちのほうが賢い」という意識であることを補足したい。

初の送受信無線機から始まって、集積回路、衛星へと、モトローラの成功は目覚しかった。一九九〇年代初めのモトローラは、携帯電話、ポケベル、トランシーバ、コンピュータ以外の機器に使われるマイクロチップの世界市場でトップを走る「俊敏な巨人」だった。九〇年代半ば、携帯電話の世界市場シェアは三三％に達する。ところが五年後、そのシェアは一四％まで落ちていた。同じ時期、ライバルのノキアのシェアは二二％から三五％に上昇し、それ以降ずっと、このフィンランド企業がリードしている。何が起こったのか。

ノキアは、すべてが技術の問題ではないことを理解していたようだ。販売、デザイン、そして顧客を満足させることも、非常に重要な仕事である。モトローラが「高飛車な知ったかぶりのサプライヤー」を演じ、携帯電話会社に電話の店舗ディスプレイの方法まで指示していたのに対し、ノキアはせっせとベライゾンやシンギュラーのような会社と、互いにとって有益な提携を結んでいた。シンギュラー副社長のフランク・ボイヤーはウォール・ストリート・ジャーナル紙に、モトローラの経営トップの関心を引くのは難しいと語っている。「話をしているのが、本当にモトローラ内の有力者や意思決定者かどうか、わかりにくかった」。一方、ノキアのアメリカ販売部長とは、毎月話をしていたという。

ノキアは顧客の話に耳を傾け、それに対応する方法を心得ていた。車の運転中に携帯電話で話すことの危険が問題になったとき、ＳＢＣ（現シンギュラー）はメーカーに対して、最初に電源を入れたときに「安全がいちばん大切です」と表示される製品を考えてほしいと依頼した。ノキアは二四時間後に返答したが、モトローラは二週間後だった。ノキアはマーケティングの手腕を発揮して、オールテルのサービスエリア内にある大学（デューク、アラバマ、アーカンソーなど）のスポーツチームのカラーとロゴをあしらった着せ替えプレートを、オールテルの電話向けにつくった。この電話の売上は二〇％以上の伸びを示した。オールテルは同じような企画について、モトローラには提案さえしていない。オールテルの広報担当者によると、「モトローラにはそんな能力がないことがわかっていた」からだという[6]。

さらに、モトローラをはじめとする供給業者が、製造業務を外注することでコストを削減しようとしたのに対して、ノキアは自社生産を続けることにこだわっている。会長のヨルマ・オリラはビジネス・ウィーク誌に、自社生産もライバルに先を越されないための手段であり、そうすることで顧客の要求にすぐ対応できるのだと話している。製造コストを節減してもモトローラの問題は解決しないだろう、と同誌は指摘している。急速に変化する携帯電話市場において重要なのは、しゃれたデザインと強力なマーケティング、顧客の嗜好を感知する確かなセンスである。どれもエンジニアリング部門とは関係がなく、モトローラが重要視してこなかったものばかりだ。あるアナリストが同誌に語っているように、「誰も欲しがらないような醜悪な

[6] Andrea Petersen, "Softer Sell: Once-Mighty Motorola Stumbled When It Began Acting That Way," *Wall Street Journal*, May 18, 2001, p. A1.

電話をつくっていたら、コスト削減もあまり役に立たないだろう」[7]。

二〇〇〇年半ばから一年間で株価が四分の一に下がるという苦い経験をしたモトローラでは、CEOのクリス・ガルヴィン（創業者のポール・ガルヴィンの孫）が、エリート主義で技術優位の企業文化を変える必要があると考えたようだ。彼はビジネス紙にこう語っている。「すべては顧客次第だ。お金を出すのは顧客なのだから」。だが二年後にガルビンは去り、依然として低迷するモトローラは、元サン・マイクロシステムズ社長のエドワード・ザンダーを招聘する。

ブルックリンの労働者階級の出身で、いつも笑顔の一流セールスマンであるザンダーは、ガルビンが苦労して学んだことを直観で知っただろう。モトローラは顧客を中心に考えるべき時期なのだ。二〇〇四年の第1・第2四半期に起こったモトローラの数字の急速かつ劇的な回復（一年前に比べて携帯電話の売上が六七％増、収益が四一％増）のすべてがザンダーの功績ではないが、彼がモトローラの「五〇階建てビル」の土台を揺るがしたことは間違いない。事業部間の「壁をいくつか取り払う必要がある」と彼は報道関係者に語り、彼の最初の業務命令は、世界中の主要顧客を訪問することだった。

ザンダーはモトローラの文化改革に成功するだろうか。チャンスはあるかもしれないと業界関係者は見ている。家電量販店のラジオシャックのレオナルド・ロバーツCEOによると、ザンダーは「本物の逸材」だという。「モトローラにはずっと前から、技術がわかるだけでなく顧客のこともわかる人が必要だった」[8]

[7] Stephen Baker, "Outsourcing Alone Won't Save Nokia's Rivals," *Business Week*, Feb 12, 2001, p. 38.

[8] Barbara Rose, "Change Ladled Out to a Thirsty Motorola," *Chicago Tribune*, Apr 25, 2004.

テリトリー欲求症——主な症状

テリトリー欲求症を見分けるのは難しくない。この自滅的習慣に陥ったら、服についたタバコの煙の臭いより隠すのが難しいだろう。こんな症状をチェックしてみよう。

1——不和

一人の強力な将軍の代わりに大勢の強情な副官がいて、全員が独自の道を行きたがる。製造部長は、マーケティング部長が自社の製品ポジショニングを知らないと思っている。南米支社は、アジアに自分たちより多くの経営資源が割り当てられていると怒っている。地方支店長は、本社からの指示を無視する君主になっている。CEOは全軍を鼓舞するようなビジョンを明確に示していないので、その影響力は弱まっている。崩壊した組織の見本は大学かもしれない。学部長は各学科の長に権力を委譲しているうえ、独立心の強いことで有名な教職員は、どのみち誰の言うことも聞きたがらない。

2 優柔不断

トップにリーダーシップがなく、部門長の意見が一致しないため、意思決定はたとえ不可能ではないにしても非常に困難である。「方針と手順」が優先される官僚制が支配している場合、事態はさらに悪化する。リーダーは「今すぐやれ！」と言う代わりに、タスクフォースを結成したり、「新しいイニシアチブ」を提案したり、問題を研究するための特別委員会を招集する。この症状がよく認められるのは、政策の矛盾が現実的な行動を妨害する政府や、官僚制が地層のように定着している非営利団体だ。しかしＧＭやＩＢＭやコカ・コーラのような、象徴的な大企業にも簡単に見つかる。現状にとらわれている企業は、絶えず変化する環境にすばやく反応できないようだ。

3 混乱

リーダーシップが弱く、対立する部門長たちの自主性が強すぎるため、各部門がちぐはぐな行動を取っている。こういう状況を今日のイラクの混迷に認めている評論家もいる。ラムズフェルド長官が暴動について一つの評価を下すと、現場の将官たちは別の評価をし、ブッシュ大統領はさらに違う評価をする。典型的な事例として挙げられるのは、最近アメリカ上院議員のリチャード・ルーガーとバラク・オバマ率いる代表団が、ロシアの空港で三時間拘束されたときのことだ。地方工業都市ペルミの空港で国境警備隊が、アメリカとロシアの協定によって行わないことになっている機内の検査を求めたのだ。ルーガー議員はロシア政府を「機能不全」と表現して、問題点を正確に指摘した。

本書の直接的な関心事にもっと近いのは、先ほども挙げたY&Rの事例だ。Y&Rのクリエイティブ部門は、顧客のリチャードソン・ヴィックスをめぐって、ダイレクトマーケティング部門と争った。縦割り組織の各部門が明らかに相反する目的の仕事をしているとしたら、誰かが叫ぶべきだろう。「ここの責任者は誰だ!」

4 ― 不快感

今まで見てきた兆候がある場合、組織の誰もが満足していない。とくに一般社員は不幸だ。なぜ彼らが不幸になるのか。会社が機能していないからだ。製品、市場、インフラといった潜在能力はあるのに、結果が出ていない。昇給はわずかだ。退職金制度として受け取る株価は下がっている。仕事を失うかもしれない。

従業員が五〇階建てビルの最上階を見上げると、役員たちは会社を再建する力もなく、特別室に閉じこもっている。直属の上司に目を向けても、縄張りをめぐって怒鳴っているか、もっと悪い場合は、終業時刻ばかり気にしている。かつては敏速に動いていた会社が内部抗争で麻痺してしまい、雰囲気もひどく悪い。働きに来たい場所ではない。

テリトリー欲求症——治療法

治療は簡単ではない。トップから一般社員に至るまで徹底的に全社内の態度を正すことから、業務プロセスを抜本的に改革することまで、講じるべき対策は幅広い。しかし生き残って成功したければ、選択の余地はない。

1 効果的なインターナル・マーケティングの展開

単純に言うと、リーダーは、部下——部門を越え関連するすべての人々——を同じ目的のもとに団結させなくてはならない。自分のビジョンを、誰もが買いたくなるくらいの熱意で売り込まなくてはならない。そのビジョンへの忠誠心を、部門への忠誠心より強いものにしなくてはならない。

名シェフのたとえに戻ると、エンジニアリングと製造に、マーケティングと販売とサービスを加えて一つにし、会社が提供するものと顧客が経験することを、満足のいくまでなめらかに調和させる必要がある。そうすれば五〇階建てのビルはランドマークとなり、従業員にとってだけでなく、顧客や投資家や取引業者など、すべてのステークホルダーにとって自慢の種になる。

インターナル・マーケティングの代表例として、世界最大のコーヒー店チェーンを見てみよう。社員が真の信奉者になるだけの理由を与えることもインターナル・マーケティングであり、スターバックスはどこよりもうまくそれをやっている。スターバックスで働く人たちは従業員ではなく「パートナー」であり、その仕事は「スターバックス・エクスペリエンス」を提供することである。スターバックスのミッション・ステートメントにある「行動指針」によると、これには「顧客が心から満足するサービスを常に提供」するだけでなく、「お互いに尊敬と威厳をもって接し、働きやすい環境をつくる」ことも含まれている。

同社の「社員満足」主義には、実質的な報奨も含まれる。新規採用者は三カ月の試用期間後に最初の昇給があり、その後も定期的に昇給するだけでなく、一連の魅力的な手当がもらえる。ストックオプションに加えて、退職金積み立てプラン（ＲＲＳＰ）では、従業員の拠出金七五セントに二五セントの利子がつく。さらに、全従業員とその配偶者（内縁および同性パートナーも含めて）には完全な医療・歯科保障がある。

創業者でＣＥＯのハワード・シュルツ自身がこう語っている。「わが社の給料は最低賃金よりはるかに高く、一九八九年にはアメリカで初めて、正社員だけでなくパート社員にも、医療保障と持ち株制度を提供した。現在［九七年］でも、これをやっているのはスターバックスだけだ」。このような方針は正しいだけでなく、経営上も大いに理にかなっているのだとシュルツは言う。なぜなら、新人教育のほうが医療手当の支給よりもコストがかかるからだ。スターバックスは全従業員を保険の対象にすることで、離職率を小売・飲食店業界平均の五分の一まで引き下げた。そして従業員に自社株を与えることで、会社の成長と成功を分かち合うことができる。シュルツは、自分の父親の年収が二万ドル以下だったことも、家族に医療保障がなかったことも、率直に話している。「私はスターバックスを、こんな会社に父が勤めていたらよかったのにと思うような会社にしようとしている」[9]

さらに、スターバックスには地域への奉仕活動がある。さまざまなエイズ治療・予防プログラムだけでなく、国際協力NGO「CARE」にも多額の寄付をしている。コーヒー農園で働く人たちの労働条件が社会問題になったとき、スターバックスはコーヒー豆を収穫する人々の労働環境を改善するための「行動規範」を採択した[10]。

スターバックスの素晴らしい取り組みは、一見、最終損益には少なくとも直接関連しない取り組みだが、それが従業員にも顧客にも忠誠心を抱かせている。たとえば一九九五年、スターバックスは店内でCDの販売を始めたが、それはCDショップで売っているようなCDではなかった。"Just Passin' Thru No.3" は、ワシントン地区のロック専門FM局で流れている歌を編集したものだ。"Blending the Blues" や "Hot Java Jazz" のように、コーヒーにかけたタイトルになっているものもある。もちろん優れた市場戦略だが、それだけではないとスターバックスは主張する。スターバックスが考え出すCDは、「私たちのコーヒーや飲み物と同じように、ひたむきに情熱をもって手作りしたものだ」と広報担当は話している。これは大げさな言い方かもしれないが、スターバックスが独自の音楽部門をつくっているのはユニークだ。音楽マニアの元音楽関係者一二人が、次のCD用の音楽を探し、店のBGMを選ぶことを本職にしている[11]。

従業員はその会社で、その店で、働きたがる。顧客はその店に通いたがる。投資家は株を持ちたがる。みんなが「買っている」――インターナル・マーケティングが成功すれば、こういう

[9] "Mocha Grande Starbucks Founder," *St. Louis Dispatch*, Oct 19, 1997, p. E8.
[10] "The Bucks Stop Here," *BC Business* (Vancouver), Oct 1, 1996, p. 66ff.
[11] David Segal, "A Double-Shot Nonfat Cap and a CD to Go," *Los Angeles Times*, Mar 21, 2000, p. 10.

うらやましい結果が出るのだ。

2 管理職を象牙の塔から押し出す

縄張り争いをやめさせ、文化摩擦を鎮める効果的な方法は、ローテーション制を導入して、社員にさまざまな部門や地域を経験させることだ。昔からよく言われている「相手と同じ経験をさせる」ことである。他人の問題を理解するためには、自分がその解決を迫られるのが一番だ。化学、製薬、オフィス用品の会社など、幸いにも製品技術についての教育を受けた顧客サポート担当者がいる企業もある。だがそうしたケースがもっと多くてよい。とくに、エリート主義の傾向がある研究開発やエンジニアリングの人たちにとって、製造工程、販売、マーケティング、顧客サポートを経験することはきわめて重要である。

前述のとおり、「企業カースト制」の中で顧客サポートは最下位に追いやられているが、彼らは社内の他の誰よりも現場の声を聞いていることを忘れてはならない。毎日現場に出て顧客の話に耳を傾け、会社の製品やサービスがいかに顧客ニーズを満たしているか、あるいは満たしていないかを、直接見聞きしている。ベルの管理職は、オペレーターがストライキを実施したとき、自らコールセンターの仕事をしなくてはならなくなって、この重要な教訓を学んだ。あらゆる部門の管理職が、同じ教訓を学んだほうがいいだろう。

会社と顧客を自然に結びつける存在だからだろうか、（モトローラのエド・ザンダーのような）セールスマンは部門から部門へと渡り歩き、有能な統括マネジャーになる素質が身についているようだ。ピーターズとウォータマンは「問題解決者」としてのセールスマンについて言及している。スリーエムのセールスマンが、購買部門には立ち寄らず、工場で働いている職工たちと直接話すことで、自分たちの役割——と価値——を拡大した経緯に触れている。

全社の管理者が象牙の塔に集まることは避けなくてはならない。ピーターズとウォータマンは「管理者の数を少なく、実際の仕事に携わる人の数を多く」することを勧め、そのための有益な指針として「一〇〇人の法則」を提案している。巨大企業でも、本社管理部門に一〇〇人以上の人間が必要になることはめったにないというのだ。たとえば、インテルには常任スタッフは事実上いない。スタッフ業務はすべて、状況に応じて適切なライン管理者に割り振られるのだ。サム・ウォルトンは同じ理想を掲げて、こう言っている。「重要なのは、店に出て耳を傾けることだ」

だがおそらく最たる例は、ピーターズとウォータマンによると、経営陣が「スタッフ三年交替」の原則を固守しているＩＢＭだろう。本社管理部門には「専任スタッフ」ではなくラインの責任者が配属され、またラインの仕事に戻ることを認識している。文化摩擦とテリトリー意識の矯正手段として実にすばらしい。「三年後には本社管理部門と仕事で関わることになるとわかっていれば、誰でも柵の反対側にいる短い間に、高圧的な官僚機構を作るはずがない」[12]

3

恒久的な部門横断チームをつくる

ここで話したいのは臨時のタスクフォースではなく、あらゆる部門からの代表者を巻き込んだ

[12]『エクセレント・カンパニー』トム・ピーターズ、ロバート・ウォータマン著、大前研一訳、英治出版、2003年

恒久的な経営チームのことである。組織のトップ自らが率先して、文化摩擦と縄張り争いを排除し、協力の精神と共通のビジョンを組織全体に広げていくという考えだ。アジアのメーカーは何十年も前からこのコンセプトを実践している。おそらく最も典型的な例が、いわゆる「リーン生産方式」の基準を打ち立てた、かの有名なトヨタ生産方式だろう。

トヨタ生産方式の本質を探るために、二〇年にわたってこの業界に身を置く自動車エンジニア、ゲリー・コンヴィスの経験について考えてみよう。コンヴィスは機械工学の学士号を取得してすぐGMに入社し、管理者教育プログラムを受けた。その後フォードに移り、品質、設計、保守、製造の管理職として出世していく。彼はGMとフォードに勤めている間に、アメリカの自動車業界が窮地に陥っていると確信する。「我々は昔と同じ方法でやっているが、その方法ではうまくいかない」。さらに悪いことに、たとえ工場の人たちがいいアイデアをたくさん持っていても意味がなかった。長年の間に硬直化した組織に抑えつけられてしまうのだ。

コンヴィスがこの泥沼から抜け出せたのは、トヨタとGMの合弁会社であるニュー・ユナイテッド・モーター・マニュファクチャリング社（NUMMI）の立ち上げを手伝ってほしいと、トヨタに引き抜かれたからだ。アメリカで自動車生産を始めるために、トヨタは二年間閉鎖されていたカリフォルニア州フリーモントのGMの工場を再開したいと考えた。

GMにしてみれば、かつてその工場で行われていた生産を再び始め、工場閉鎖時に失業した数千人の労働者を再雇用するということだ。問題は、アメリカ人労働者がトヨタ方式を実践する日本人の管理職に監督されることだった。うまく行くだろうか。コンヴィスによると、アメリカ人がトヨタ生産方式に適応できるか確信が持てず、トヨタは慎重だったという。しかしコンヴィスは、アメリカ人は他のどこの労働者にも引けを取らないほどの生産性を上げられるし、トヨタ生産方式が彼らの潜在能力を引き出すチャンスになると信じていた。フリーモントのＮＵＭＭＩで一五年を過ごし、その後ケンタッキーにあるトヨタのＮＵＭＭＩ工場の工場長に任命されたコンヴィスは、トヨタの経営と生産手法のおかげで、この工場は完全に立ち直ったのだと確信している[13]。

では、トヨタ生産方式とはいったい何なのか。その本質は部門横断のチームワークであるとコンヴィスは明言して、「顧客第一」主義を説明している。大半の企業が、顧客とはプロセスの最後で最終製品を買う人であると定義しているのに対し、トヨタ生産方式はまったく異なる見方をしている。先行するプロセス、製造ラインや部門を「供給業者」と見なし、下流にある次の業務を「顧客」として見なすのだ。トヨタの工場ではチームメンバーも部門もすべて、顧客と供給業者の二役をこなしている。

肝心なのはここだ。トヨタ生産方式を成功させるには、領域や部門別に組織の敷居を設けてはいけない。そうではなく、問題を組織全体で共有し、解決策を見つけるために全員が協力する。どの管理者も、たとえ自分が直接担当する範囲でなくても、積極的に参画し、システムを支援し、問題への解決策を追求しなくてはならない。この「全員が総力を挙げる姿勢」こそ、トヨタ生産方式の環境になくてはならない要素だとコンヴィスは言う。

前にも述べたように、有能なリーダーは、用意した材料からおいしい料理をつくる名シェフのように、企業のさまざまな機能を調和させる。コンヴィスも同じように、適切なたとえを引いている。トヨタ生産方式を実現する環境を温室になぞらえ、「土、光、温度、湿度、水、肥料

[13] Andrew C. Inkpen, "Learning Through Alliances: General Motors and NUMMI," *California Management Review*, Summer 2005, Vol. 47, Issue 4, pp. 114-136.

がちょうどよく調和してはじめて、植物は生長して繁茂する。これらの要素のどれか一つでも欠けると、植物は弱り、やがて死んでしまう」[14]。

実際トヨタでは、部門横断のチームワークが尊重されているだけでなく、会社のどの部門にも精通している多才な管理者が高く評価されている。一九九〇年代にトヨタを経営し、その後会長になった奥田碩は、フォーチュン誌の人物評論で自身を「ゼネラリストのスペシャリスト」と評している。もともと会計士としての教育を受けたのだが、社長になるまでに経理だけでなく、国内および海外の販売、財務、購買、広報、新規事業など、トヨタの主要部門をほぼすべて管理してきた[15]。そのような広い基盤を持つリーダーがトップにいれば、派閥争いや文化摩擦は、はびこりにくい。

4 顧客や製品を中心に組織を再編する

この種の組織改革は、損益の管理単位を変更することによって、機能や地域による縦割り組織の内輪もめを鎮める。地域別の損益（南東部の業績はどうだ?）や、機能別の損益（製造はどうなっている?）ではなく、製品別損益（プリンタの業績はどうだ?）や、顧客ベースの損益（ウォルマートとの取引はどうなっている?）を導入してみよう。部門や地域の縄張り意識が強くなりすぎたとき、損益を製品別に見るように変更した企業は多い。一般消費財メーカーは、おおむねこの戦略でうまく行っているが、落とし穴がないわけではない。ブランドマネジャーが部門や地域のマネジャーとまったく同様にテリトリー意識を持つ可能性がある。そうなったときは、さらに顧客

[14] Gary Convis, "Learning to Think Lean: Role of Management in a Lean Manufacturing Environment," *Automotive Manufacturing & Production*, Jul 2001, pp. 64-65.

[15] Alex Taylor III, "Toyota's Boss Stands Out in a Crowd," *Fortune*, Nov 25, 1996, pp. 116-119.

ベースの損益に移行するのがいいかもしれない。事例をいくつか見てみよう。

一九八〇年代、巨大石油企業BPの探査・生産会社であるBPエクスプロレーションは、典型的な地域別・機能別組織だった。一定の地理的区域を監督する地域運営会社の社長が、各機能（財務、人事など）をつかさどる部門長とともに、グローバル経営委員会を構成する。個々の油田の経営管理者は蚊帳の外で、自分たちの事業の経営状況について、ほとんど何も言えなかった。ジョン・ブラウンが九五年にBPのCEOに昇進したのは、エクスプロレーションの変革が認められたからである。彼は原点に戻って、製品――すなわち油田から出る石油――を重視する改革を行ったのだ。まず、比較的小さい油田を売却し、BPにとって規模のメリットがある大きい油田を残した。そして、官僚組織の「地域」層を無視して、個々の油田そのものの業績を評価しはじめる。

限定的な実験の成功がはっきりした時点で、新しい組織体制がBPエクスプロレーション全社に導入された。地域運営会社は解体され、その代わりに四〇あまりの独立した事業部が置かれ、それぞれが一つの大油田またはいくつかの小油田グループを担当する。大きくて動かしにくかった「グローバル経営委員会」も廃止された。独立した事業部の部長が、ブラウンと役員二名だけのスリム化された委員会に直接報告する[16]。これは地域別から製品ベースの構造に移行した単純な事例であり、望ましい結果が出ている。

ルーセント・テクノロジーズの場合は、それほど単純ではない。一九九六年にAT&Tからスピンオフされたルーセントは、ドットコム・ブームの時代にはウォール街の寵児となった。ワシントン・ポスト紙を引用すると、勢いのよかった時代の通信機器メーカーは「現代の

[16] Simon London, "The Whole Can Be Less Than the Sum of Its Parts," *Financial Times* (London), Jul 4, 2005, p. 10.

ゴールドラッシュでツルハシとシャベルを売るセールスマン」だった。ルーセントは急成長をとげたが、その成長は間違っていた。無尽蔵のように思える需要を満たすために、過剰な製品ラインナップを開発し、過剰な生産設備を増強し、過剰なマーケティング要員を雇い、販売能力を超える製品の在庫を抱えた。

当然、顧客の多くはドットコム新興企業であり、ルーセントは信用限度を上げて機器を売り、売上を収入に計上した。だがバブルがはじけたとき、そういう顧客の大半がルーセントの請求書を支払わずに倒産したため、ルーセントは収益を何度も修正申告しなくてはならないという、厄介な立場に立たされた。そして投資家は逃げ去った[17]。

二〇〇〇年、ルーセントの出血を止めて会社を再建するために戻ってきたヘンリー・シャクトは、一一におよぶ「ホットな小規模ビジネス」単位の事業部制が間違いだったと説明した。この構造では、独立した事業部それぞれが成長と収入を求めて奮闘するので、重複が生じるうえに出費が増える。シャクト就任時の状況は惨憺たるものだった。その年の第4四半期で一〇億ドルの赤字が報告され、かつては急騰した株価は四分の一まで下がっていた。シャクトはただちに構造改革計画を発表する。「経営を中央集権化」し、コストを一年に二〇億ドル減らし、一万人の人員削減を行う計画だ[18]。

だがその改革の要《かなめ》は、不採算製品ラインと信頼できない顧客を選別することだった。不安定な新興企業とは取引しない。スリム化したルーセントは、売上の七五%を占める上位三〇の顧客を視野に入れた製品とサービスを開発する。二〇〇二年の初めにシャクトからCEOの座を引き継いだパトリシア・ルッソは、この計画を継続した——すさまじい勢いで。一〇万六〇〇〇人に

[17] Peter S. Goodman, "Lucent to Trim 16,000 Jobs," *Washington Post*, Jan 25, 2001, p. E1.

[18] "Lucent Chief Cites Mistakes," *New York Times*, Feb 22, 2001, p. C4.

膨れ上がっていた従業員を三万九〇〇〇人に削減。一一あった事業は三つに集約された――無線ネットワーク、有線ネットワーク、ネットワークサービスである。同社は引きつづき、最大手の顧客であるベル各社と全国規模の通信業者に的を絞って、販売とマーケティングを行っている。

通信業界の競争は相変わらず熾烈で、将来はどうなるかわからない。だが顧客中心体制のおかげで、ルーセントは二〇〇四年に収益を回復した――二〇〇〇年以降初めての黒字である。[★1]

しかし、顧客中心企業という意味では、P&Gの右に出る会社はないだろう。同社が中心に置いている顧客とは、もちろんウォルマートである。前述のとおり、製品中心の組織という考え方の先駆者となったのは一般消費財メーカーであり、三〇〇あまりのブランドを擁するP&Gは、先頭を切ってこのタイプの組織を構築した。そしてウォルマートとの付き合いが始まる。もっと正確に言うと、ウォルマートが巨大になって要求を始めたのだ。

ずっとそうだったわけではない。P&Gの販売担当重役であるルー・プリチェットは、一九八七年の夏、サム・ウォルトンと二日かけてアーカンソーのスプリング川をカヌーで下った。彼の記憶では、それ以前は二社の関係はそれほど強くなかったという。「P&Gは製品を出荷し、ウォルマートは小切手を送り返してくる。うちは売る、おたくは買う、ただそれだけという感じだった」とプリチェットは語っている。ウォルマートがP&Gを年間最優秀サプライヤーに選んだときも、P&Gは賞を受け取りにさえ行かなかった。

P&Gはすべての顧客に対してそんなふうだった。大手供給業者の典型で、店内に常駐する大勢の昔ながらの販売員が、価格や在庫切れの最新情報など、小売の状況を常に把握し、P&G

★1 ルーセントは、2006年12月にフランスのアルカテル社に116億ドルで買収・合併された。

製品を棚の目立つ場所に配置するよう交渉したり、新製品を紹介したりする。だがあるとき、ブランド別組織だったP&Gが気づかなかったことを、ウォルトンが指摘した。「ウォルマートはP&Gにとって最大の顧客になった」。そして最大の顧客として特別扱いを要求した。ウォルマートのアメにつられ、そのムチを恐れて、P&Gは組織を再編する。今では主要顧客への対応は、本社の顧客別多機能チームが主導している。

しかし、ウォルマートに対しては、ウォルマート本社があるアーカンソー州ベントンヴィルにある「サテライト」本社の部門横断チームに依存している。現在、およそ三〇〇人がP&Gのアーカンソー・オフィスに詰めて、ウォルマートへの販売を管理し、クロスマーケティングや抱き合わせ販売などを考えている。なぜそんなに大勢いるのか。P&Gの売上の一七%、金額にして八七億ドルが、全世界で五一〇〇店におよぶウォルマートの店で上がっているからだ。実際、この二社の関係が非常に緊密になっているため、P&Gはウォルマート担当の管理職を二、三年で異動させるようにしている。ウォルマートとの取引のベテランによると、あまり長く担当しすぎると、P&Gの社員がP&Gのニーズと同じくらいウォルマートのニーズを優先するようになるのだという。

「結婚によく似ている」とプリチェットは言う。「相手ののどを掻き切りたいと思うこともあれば、愛し合うときもある」[19]

実のところ、互いに相手から莫大な報酬を受けているにもかかわらず、二社の関係が危機に瀕しているように見えることも多いに違いない――具体的に言うと、P&Gが虐待されている配偶者のように感じられることが多い。たとえば、ウォルマートがプライベートブランドの

[19] Sarah Ellison, "Sales Team–P&G's Gillette Edge," *Wall Street Journal*, Jan 31, 2005, p. A1.

おむつや洗剤を販売することにしたら、P&Gはどう反応するべきなのか。一九九〇年代前半以来のプライベートブランドの復活で、ナショナルブランドを提供するメーカーは深刻な窮地に陥った。BBDOワールドワイドの役員はフォーチュン誌に、一つのカテゴリーで成功する見込みがあるのは、トップ二つのブランドとプライベートブランドだけだと語っている。「それ以外はすぐに棚から消え去るだろう」。この状況によってメーカーが受けるプレッシャーを、P&Gの当時のCEO、エドウィン・アーツが的確に要約している。「我々は時間とともに状況がよくなることを当てにしていない。自分たちがよくなることを当てにしているのだ」

ウォルマートのような貪欲なパートナーと組んでいては、それしかないだろう。この巨大小売業者は製品を動かすことで儲けているのであり、売れないブランドは、どんなに有名なものであっても、すぐに見捨てる。別の言い方をすると、P&Gのようなメーカーが競争に勝ちつづけるためには、価格を低く抑え、品質を高く保ち、常に新しいことを考えなくてはならないのだ。それでも市場シェアを守れるだろうか。「その答えは、もっぱらナショナルブランド・メーカーの手にゆだねられている」と、元ウォルマートCEOのデービッド・グラスは少し取り澄まして言った。「彼らがコストを抑えて、競合できる価格で有名ブランドを提供できるのなら、消費者は買うだろう」[20]

何ということか！　最も忠実なパートナーに対するウォルマートのこの尊大な態度が原因で、P&Gは五二〇億ドルかけてジレットを買収したのだろうか。P&Gはウォルマートに対する影響力を強めたいと考えているのだろうか。P&GのA・G・ラフレーCEOは、違うと言っている。勢力のバランスが小売業者寄りになったのかと聞かれると、彼は好んでこう答える。

[20] Patricia Sellers, "Brands: It's Thrive or Die," *Fortune*, Aug 23, 1993, pp. 52-56.

「勢力は消費者に移っている」[21]

しかし消費者が製品と出合うのは、ウォルマートの清潔で広い通路だ。P&Gはそれを知っている。だからこそ、一般消費財を売るこの巨大企業は、最大の顧客の言うとおりにビジネスのやり方を変えたのだ。

機能別または地域別の組織を変えた企業の事例は枚挙に暇がない。HPは製品ライン別に組織改革を行った。HSBCも現在、地域ベースの組織から五つの主要顧客グループにもとづいた組織に変えようとしている。満杯にも空にもできる四つのバケツを考えるとわかりやすいかもしれない。機能、地域、製品、顧客の四つだ。どれか一つが一杯になりすぎたり、重くなりすぎたりすると、会社はバランスを失う。そのバランスを回復することが、内部抗争によって麻痺した企業文化を蘇生させるための鍵かもしれない。

5 自動化と統合

私たちは今、この進化を目撃している。機能別縦割り組織は統合されつつある。地域別縦割り組織はオンライン化されつつある。グローバルな大企業にとって、官僚機構を管理するにはこの方法しかない。

自動化はバックオフィス業務からフロントオフィス、つまり顧客との接点へと進行する(**図1**の左から右へ)。統合は内部から始まって外部へ、つまり取引業者の管理へと移っていく(図の下から上へ)。バックオフィスの内部統合は、企業資源計画(ERP)と呼ばれる。これを扱うのが

[21] 前掲書→[19]

ＳＡＰやオラクルのような会社で、異なるデータベースを統合して情報をとりまとめるシステムを提供する。ファクトリー・オートメーション（工場の自動化）やオフィス・オートメーション（事務作業の自動化）より一般的な用語であるワーク・オートメーション（業務の自動化）と呼ばれることもある。

次に、マトリックスの上部に位置する外部の統合、すなわちサプライチェーン・マネジメント（ＳＣＭ）に移る。その好例である「ジャスト・イン・タイム」在庫管理では、供給業者が原材料や製品を最適なスケジュールで出荷する。言うまでもなく、これは（ウォルマートのような）小売業者にとってきわめて重要である。

ＥＲＰもＳＣＭもマトリックスの「バックオフィス」の列に入っている。次は水平方向に「フロントオフィス」へと移動する。右下に入るのがカスタマー・リレーションシップ・マネジメント（ＣＲＭ）の技術基盤だ。航空会社のコンピュータ化された予約システムがよい例である。予約した後は、全世界からアクセスできる。もっと具体的な例として、再びＰ＆Ｇが挙げられる。三〇〇のブランドと世界中に顧客を抱えるこの会社は、シーベルに委託して、特定市場もサポートする世界規模の統合型ＣＲＭプラットフォームを構築することにした。二〇〇〇年に始まったこの取り組みは、完全に実現するまで五年を要した。

マトリックスの右上には、完全な自動化と統合、すなわちｅビジネスが入っている。外部統合と自動化されたフロントオフィスがインターネットを

図1　自動化と統合

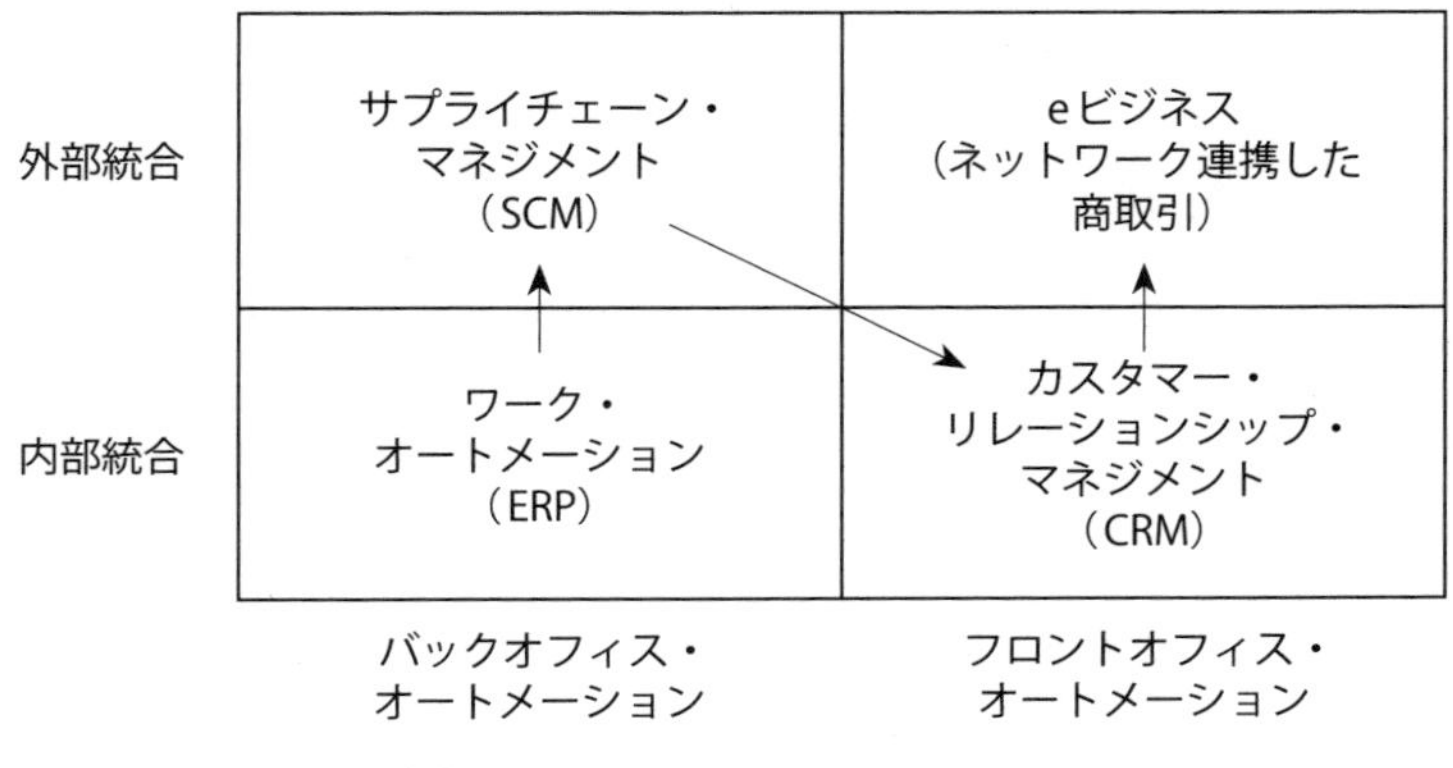

通じて連携する。企業はかつて、電話線か衛星でつながっているメインフレームコンピュータに頼っていた。その後、クライアント・サーバのアーキテクチャが現れた。情報を一台のサーバで集中管理し、各デスクがクライアントとして利用できる環境だ。旅行代理店が使用していたコンピュータ予約システム、SABREもこの方式である。今ではこの情報管理がすべてインターネットに移行して、インターネットが共通の規格になっている。IBMやHPなどがつくった独自仕様の規格とは対照的だ。SAPのような会社は異種規格の統合を専門にしていて、複雑に統合されたERPのアップグレードに高い料金を請求する。たとえば、従来の機能別またはテリトリー別組織をひきずっているコカ・コーラのような会社は、完全なSAPのアップグレードに一〇億ドル近くかかるだろう。

ホテルの電話システムは、自動化と統合による性能向上の最適なターゲットである。昔は内線電話（たとえば客室清掃係にかける）でさえ、建物の外にある公衆電話会社の中央交換機を経由させなくてはならなかった。今日では、PBX（構内交換機）システムによる屋内での交換が可能になった。部屋から電話をかけると自動システムにつながり、電話をかけているのがどの部屋の誰かがわかる。そのようなシステムのためのハードウェアを、シスコやノーテルのようなハイテク企業が供給している。

統合と自動化の革命を如実に示しているのがデルの事例だ。店頭には一切並べないにもかかわらず、パソコン販売台数世界一を誇っていたこの会社は、最新の業務プロセスについて何かを知っているに違いない。しかし、まずはわかりやすい質問から始めよう。マイケル・デルは、どうやってそれを実現したのか。

常に起業家だったマイケル・デルは、一九八四年、テキサス大学の寮の部屋でIBM-PC用のRAMチップとディスクドライブを売ることから始めた。IBMのディーラーから過剰在庫品を買い取り、新聞やコンピュータ雑誌を通じて、小売価格より一〇〜一五%安く再販したのだ。寮の部屋で月商八万ドルを上げるようになったとき、彼はもう大学で学ぶべきことはないと悟った。同様に消費者への直販でIBM互換機の販売を始め、小売店のマージンを省くことで、値段をIBM機の価格のおよそ半分に抑えた。

デルはあっという間に大躍進をとげる。一九八七年には海外に営業所を開設するようになり、九三年には日本とオーストラリアに子会社を設立。取扱製品をサーバ、ワークステーション、記憶装置、イーサネットスイッチ、ハンドヘルドコンピュータにまで広げる。九八年に生産と顧客サポートの拠点を中国に設け、二〇〇四年には二カ所目を開設。ケヴィン・ロリンズ社長(後にCEOに就任し、二〇〇七年に辞職)は、「二〇〇四〜〇五年に約五〇〇億ドルだった売上は、〇八年までに八〇〇億ドルまで増える」と予測している。

デルの成功の核にあるのは、革新的なサプライチェーン・マネジメントを土台にした先鋭のビジネスモデルだ。材料を仕入れ、製品を組み立て、それから売るという従来のモデルではなく、まず最初に販売し、それからコンピュータをつくるための材料を注文する。つまり在庫ゼロ。あるいは、デルのサプライチェーン専門家であるマイク・グレイの言葉を借りれば、「在庫速度」の問題である。実際には保管はすべて供給業者が行う。デルの設備は生産センターであって、完成品の保管もしない。コンピュータで完全に自動化されたサプライチェーン・マネジメントのおかげで、デルはわずか二〇年で五〇〇億ドル企業に成長できたのだとグレイは語っている[22]。

[22] Jonathan Nelson, "Dell Executive Touts Inventory Efficiency," *Columbian* (Vancouver), Mar 25, 2005, p. E1.

デルは他の分野でも、自動化と統合による革命の最前線にいる。世界中に散らばる三万五〇〇〇のサーバに対する顧客サポートを合理化するために、デルはマイクロソフトのシステム・マネジメント・サーバ（SMS）2003を導入した。これによって、五つの地域に分かれていたSMSの階層を一つにまとめ、かなりのコストを削減できた。新しいパッチ管理は常に最新のプログラム修正と更新を自動で行い、サポートの工数を節約している。そのサポート能力のおかげで、デルは何千という遠隔システムをグローバルなSMS階層に組み込むことができた[23]。

さらにデルはインテュイットと提携し、CRMに関して別の取り組みを推進している。中小企業の業務プロセス統合を支援しているのだ。デルのオプティプレックス・コンピュータ、インテュイットのクイックブックス（POSソフトウェア）、レシートプリンタ、バーコードスキャナ、クレジットカードリーダー、レジなどがそろった小売業ハードウェアをセットにして販売している。デルの中小企業部門が説明しているように、「自営小売業者は、もっと売上を上げることに時間をかけられるように、日常業務を自動化するための手ごろなシステムがほしいと言っている」。テキサス州オースティンのギフトショップのオーナーは、顧客として満足げに「このシステムの導入は簡単でスムーズだった」と語っている[24]。

創業以来、直販を――しかもその大半をインターネットベースで――行ってきたデルが、自動化と統合が融合するeビジネスの最前線に精通していることは驚くにあたらない。本章で述べてきた成長に関係する問題や、機能や地域による縦割り組織の縄張り争いが、デルにはまったく無縁だったと言うつもりはない。しかし何と言っても、デルはコンピュータ時代に生まれ、

[23] "Dell Streamlines Internal Software Distribution," *Business Wire*, Mar 18, 2004, p. 1.

[24] "Dell, Intuit Combination Simplifies Retail Operations," *Business Wire*, Jan 12, 2004, p. 1.

オンラインで成長してきた会社だ。おそらく、四つのバケツ（機能、地域、製品、顧客）をバランスよく保つためのハイテクの才に恵まれていたのだろう。ひょっとすると、文化摩擦や縄張り争いにつながる自滅的習慣に陥る暇もなかったのかもしれない。

＊＊＊

企業にとっての成長は、人間にとっての成長と同じくらい難しい。だからこそ、児童心理学者と同じくらいビジネスコンサルタントは多忙なのだ。利己的な心が「悟りを開く」までの円熟レベルには、なかなか到達できない。わがままなのも、「自分たちのもの」を守ろうとするのも、もっと多くを欲しがるのも、すべて自然なことだ。起業の楽しさが（子供時代の楽しさと同じように）規律と組織化の必要性に取って代わると、企業の行動は望ましいものばかりではなくなる。ＣＥＯは親と同じように誤りを犯しがちで、家族が陥っている自滅的習慣に気づくのが遅い場合もあれば、それを正す力がない場合もある。

しかし賢明なＣＥＯは、会社そのものが目的でないことを理解している。もっと大きな目標を示すビジョンを持っている。そのビジョンを伝えることこそが、ＣＥＯのリーダーシップの真髄なのだ。それができたとき、つまり家族全員がリーダーの見ているものを見て、リーダーが信じているものを信じるとき、未熟ないさかいは終わる。文化摩擦も、縄張り争いも、内部抗争もおしまいだ。会社は不和や派閥争いと無縁に成長できる。大人の世界に仲間入りできるのだ。

治療法

1　**効果的なインターナル・マーケティングの展開**

リーダーは、部門を越えた関係者全員を、同じ目的のもとに団結させなくてはならない。

2　**管理職を象牙の塔から押し出す**

社員にさまざまな部門や地域を経験させる。

3　**恒久的な部門横断チームをつくる**

あらゆる部門からの代表者を巻き込んだ恒久的な経営チームを組織する。

4　**機能や地域ではなく、顧客や製品を中心に組織を再編する**

損益の管理単位を変更することによって、機能や地域による縦割り組織に起こる内輪もめを鎮める。

5　**自動化と統合**

コンピュータ化によって、業務・組織・プロセスを統合する。

診断書 7　テリトリー欲求症

発症のきっかけ

- □ 企業の象牙の塔
- □ 決められた方針と手順が優先される
- □ 創業者の文化が、より大きな企業に組み込まれる
- □ 企業文化が特定の部門に支配される

主な症状

□ **不和**

一人の強力な将軍の代わりに大勢の強情な副官がいる。

□ **優柔不断**

意思決定が非常に困難、あるいは不可能なプロセスである。

□ **混乱**

各部門が、ちぐはぐな行動を取っている。

□ **不快感**

誰も満足していない。とくに一般社員は不幸だ。

9 予防は治療にまさる

今さら言うまでもないことだが、本書では企業が陥っている「自滅的習慣」を分析するにあたって、擬人化を用いている。何と言っても、企業の行動を人間の行動になぞらえるとわかりやすいし、しみじみ実感できる。

■DECの破綻やゼロックスの衰退の原因となった**現実否認**は、私たちも個人的に経験している。自分が「問題を抱えている」ことを認めようとしない人が、あなたの知り合いにもいるだろう。友人か、ことによると夫や妻がそうかもしれない。自分自身も「現実否認」に陥っていないか、時折「現実確認」をする必要があるだろう。

■なぜ世間は、新興のグーグルを応援するのだろう。誰しも一度は、マイクロソフトが見せているような**傲慢**の被害にあっているからだ。学校一のいじめっ子が、当然の報いを受けるのを見たいのだ。

■仕事をしなくても一生給料をもらえると思っているお役人から、やる気のない扱いを受けるたびに、私たちは**慢心**を目にしている。だから、航空会社がいきなり現実世界の競争に直面し、ほとんどが太刀打ちできなかったことに、まったく同情を感じなかった。

■シンガーミシンや百科事典のブリタニカを**コア・コンピタンス依存**だと非難しているが、世の中には一つのことしかできない人が大勢いることを忘れてはいけない（それを考えると、私のような大学教授は、世界で最もコア・コンピタンス依存の人間かもしれない）。

■ペプシのことばかり気にするコカ・コーラが陥っている**競合近視眼**は、新聞のスポーツ欄に毎日書かれる「シーズンの先を見て」という言葉と同じだ。負け知らずのプロ野球チームは、優勝を争う最大のライバルとシーズン末に対戦することを予想し、その決戦に備えはじめるのだ。ところが、毎年Bクラスで楽勝だったはずのカモに、きりきり舞いさせられることになる。

■**拡大強迫観念**は、個人的経験と関連づけるならば、魅力的な商品が揃っている百貨店へ買い物に行くことに似ている。

■**テリトリー欲求**について言えば、WPPの例で示した縄張り争いは、子供が二人以上いる家庭、あるいはペットを二匹以上飼っている家庭で、必ず再現されている。

これまでの考察から、少なくともこう言える——自滅的習慣を断ち切るためには、企業も人間も、まず自覚する必要がある。各章に示してきたように、「主な症状」を認識して、「そうだ、私のことだ」と納得することから始まるのだ。

自滅的習慣を直すために自覚を促すことができるのなら、最初から自滅的習慣に陥らないよう「予防」してはどうだろうか。第1章で指摘したように、「現状経営」ではなく「先行経営」を実践すればするほど、危機への対応に費やす時間は少なくて済む。「予防は治療にまさる」という格言は、人の「体」と同じように、企業の「体」にも当てはまるのだ。

医療専門家の間で圧倒的に意見が一致していることだが、病気やケガや中毒を治療するのは、そもそも問題が起きないように予防するよりも費用がかかるうえに、完治が難しい。診療によって苦痛を取り除くことに成功したと思われる場合でも、診療行為そのものが多かれ少なかれ人体に影響をおよぼす。たとえば、外科手術には細菌感染や麻酔反応や手術ミスのような、治療している問題とは関係のない、思わぬリスクがつきものだ。さらに手術後、複雑に関係しあっている体内組織に外科的処置による衝撃が伝わり、別の問題が発生する場合もある。また、たとえ手術が成功しても、問題の根本原因であった生活習慣を患者が繰り返すのは、防げない。

処方薬もいい例である。さまざまな薬が、社会全体の健康に大きく貢献したことは間違いない。しかし投薬は、多くの場合、費用がかかるうえに一生続けなくてはならない治療法であり、薬自体にマイナスの副作用もある。コレステロール値が高い患者のために生涯の投薬計画を立てる事態になるより、そもそもコレステロールが蓄積しないように、健康的な食事と運動で予防するほうが賢明ではないだろうか。

しかし、不健康な習慣を断つことのほうが、何かを切除したり薬を飲んだりするよりも難しい。

疾病対策予防センターによると、二〇〇四年、アメリカには成人の喫煙者が四四五〇万人いた。その喫煙者の推定七割がタバコをやめたいと言っている。禁煙は可能であり、何百万人もの人が実際にそうしているが、最初のたった一本のタバコが生涯の習慣になり、そのために健康を害し、高い代償を払うことになる人が多い。最善の解決策は、その最初の一本のタバコを吸わないことだ[1]。

人の健康と同じように、企業の健康にとっても、自滅的習慣が芽生える機会そのものがないほうがいい。いったん自滅的習慣が根づくと、中毒になって断ち切れなくなるかもしれないし、取り返しのつかない損害をこうむるまで放置される場合もある。荒療治によって会社の状態がさらに悪化し、回復しないこともある。治療には高い費用がかかり、一生続けなくてはならないかもしれない。人に置き換えるとよくわかるように、病気を治療するよりも健康を増進するほうがはるかによい。

企業にとって、自滅的習慣を直すよりも予防するほうが、はるかに先見的で継続的なプロセスである。ぐずぐずしていては自滅的習慣が企業の体内にはびこってしまう。顧客や従業員の不満が高まる——あるいはもっと悪いことに、財政がひどい打撃を受ける——まで放っておくのは、得策ではない。うまく予防するには、なるべく早期に「主な症状」を検知できるよう、常に現状を監視し、将来を予測するシステムやプロセスを整備しなくてはならない。予防のためには、自滅的習慣を避けるよう会社の針路を自動的に修正するような、最新の経営手法も取り入れる必要がある。

では、そもそも自滅的習慣に陥らないようにするために、企業は何ができるのだろうか。

[1] CDC Web site: http://www.cdc.gov/tobacco/factsheets/AdultCigaretteSmoking_FactSheet.htm. Accessed on May 20, 2006.

習慣病1 現実否認症

現実否認が習慣にならないようにするための最善策は、事業の前提や正当性を絶えず疑う制度をつくることだ。実現方法として容易なのは、定期的に継続して「シナリオ・プランニング」を実施することである。シナリオ・プランニングは、将来の不確実性に対して柔軟に対応できる長期計画立案が可能な戦略的手法である。その基本プロセスは、アナリストに将来の動向を洗い出させ、それによって想定される未来の事業シナリオを作成し、意思決定者に対策を検討させることだ。

私がラジェンドラ・S・シソーディア博士との共著記事に示した六つの変化要因——技術、規制、グローバリゼーション、競合、顧客、資本市場——をフレームワークにして検討すると、大いに役立つだろう。とくに企業や市場を動かす外部動向を観察するプロセスを制度化することで、経営陣は潜在的な競合の脅威が存在することを思い知らされる。そうなれば意思決定者は、競争相手、競合技術、会社に害を与えかねない出来事の存在を無視したり避けるという、安易な罠に陥ることはない。この場合、少しばかりのパラノイアは経営のためになるのだ[2]。

石油産業では、たとえばハリケーン・カトリーナが精油所に損害を与え、その結果、全国的に石油とガソリンの供給が途絶えるといった、予測の範疇を超える劇的な出来事からも、また、中東の歴史的な政治的・軍事的対立のような、頭を悩ます複雑に絡みあったシナリオからも、将来に対する理解と予測の必要性が痛感される。そのためロイヤル・ダッチ・シェルは、他社に先駆けて

[2] Jagdish N. Sheth and Rajendra S. Sisodia, "Why Good Companies Fail," *European Business Forum*, Autumn 2005.

シナリオ・プランニングを取り入れた。同社のグローバル事業環境部は、「不可避のことと不可知のこと」を識別する任務を負っている。

一九七〇年代、当時のシェル・カンパニーは、ベルギー・フランス・オイル社の幹部だった奇才ピエール・ワックの考えを採用した。ワックは、「深い理解力と厳密な知力」を正しく組み合わせれば、将来についてかなり正確に予測できると確信していた。そしてこの考えを発展させて、将来について既知のこと（ワックが重大な傾向と呼んだもの）と未知のことを、いま下すべき意思決定に結びつける、ストーリー作りの効果的な手法を開発したのである。

ワックと彼のチームが真っ先に思案したシナリオの一つが中東である。国の規模が小さすぎて、あふれ出す富を吸収できない産油国グループのシナリオだった。その国々は、どんな銀行資産や不動産よりも、地中の石油のほうが急速に価値が上がることに気づくだろう。石油が地中に眠ったままの場合は、なおさらだ。このシナリオを念頭に、石油の供給量をコントロールする取り組みが開始され（ＯＰＥＣ）、石油価格の値上がりが「これから一〇年間、世界の体制を動かす」重大な傾向になると読んだ。

過去と現在の業績は、会議室の飾りとして、あるいはゴルフ仲間を感心させるネタとしてなら役に立つかもしれないが、そのおかげで間近に迫るものへの注意がそれてしまうと、不意打ちを食らうことになる。どんなツールを使おうと、どんな社内プロセスを整備しようと、肝心なのは、自分たちが立てている将来についての仮説を疑ってかかる思考を育てること、そしてそれに応じて先を見越した対策を講じることである。革新的なリーダーシップ・コンサルタントであり著述家でもあるマイケル・Ｊ・ゲルブの言葉を借りれば、「未来を予測する最善の方法は、未来を創造することである」[3]。

このことについて、私から一つ警告がある。ライバル企業や競合技術には、片方の目だけを向けておくべきだ。他社のことばかり考えすぎていると、強迫観念や本格的なパラノイアに陥る現実的な危険がある。これはマイクロソフトに起こったことだ。ネットスケープによるインターネット・エクスプローラに対する脅威、あるいはもっと恐ろしいものとして、パソコン市場でほぼ独占状態のOS、ウィンドウズに対する脅威に取りつかれてしまった。その結果、倫理的にも法的にも問題のある行動に出て、その後、延々と続く訴訟に莫大な費用をつぎ込むことになる。健全な疑念であれば、市場勢力図を見る広い視野は失われないはずだ。

実践的リーダーシップの講座は、将来の見据え方を管理職に教え、傲慢を防ぐことにも役立つ。GEの「ワークアウト」、ノール・ティシーの「アクション・ラーニング」、モトローラの参加型マネジメント・プロセス★1（PMP）などは、中間管理職と上層部の間の壁を壊してくれる。さらに参加者が、従来のやり方について浸透している前提を疑い、組織に根づいているプロセスの改善提案ができるようになるという、非常に優れたプログラムである。管理職を全員参加させれば、共通の言語ができ上がり、意思決定プロセスに根づくくだろう。

★1 Participatory Management Process

[3] Big Cite.com: http://bigcite.com/author/?author=Michael%20J.%20Gelb. Accessed on May 24, 2006.

習慣病2 傲慢症

傲慢症のほうが予防しにくい。なぜなら、知らないうちに外部要因によって生じることが多いからだ。第3章で指摘したように、ほとんどの成功は偶然に起こるものだが、この成功を誰かが自分の手柄にする傾向がある。メディアもそれを助長する。雑誌や新聞や本の販売部数、テレビの視聴率を伸ばすという自己利益のために、CEOやその他の経営陣トップについて誇大に書きたて、実物以上の人物像をつくり上げるのだ（たとえばエンロンのケン・レイ）。人には、成功者や責任者として選ばれたいという生来の欲求があるので、CEOが、「すべては自分の手柄であって、自分は全権を握っている」という自己認識に至るのは容易に理解できる。そして、それが重度の傲慢症につながる理由もわかる。

しかし、傲慢への道がすべて外部要因や不可抗力にあるわけではない。権力のある地位は、成功を誇示できるうえ、とがめられずに不正行為ができるという点に誘惑されがちだが、そうするかどうかは自由意志である。この場合、その選択肢を拒否するかどうかの問題だ。

傲慢を防ぐよい方法は、傲慢の落とし穴を絶えず指摘し、その方向に向かいはじめたら警告してくれる、相談相手かエグゼクティブ・コーチを持つことだ。夫や妻や同僚は信頼の置ける相談相手になれるだろうが、社外の人や自分の専門以外の人に、秘密を打ち明けられる相談相手や公平なオブザーバー、客観的な助言者になってもらうことを強く勧めたい。自分を積極的に見守り観察してくれる人、ハーバード・ビジネススクールのトーマス・デロング教授の言う「真実の語り手」である。このような「自分のキャリアを監督する取り組み」を熱心に支持するのが、イオス航空のデービッド・ポットラックCEOである。彼は「自分を押しの強い独裁者から気配りのできるまとめ役に変えた」のは、元IBM役員のテリー・ピアスだと認めている。私とアンドリュー・ソベルとの共著 *Clients for Life*（『生涯の顧客』）には、アリストテレスからピーター・ドラッカーに至るまで、歴史上の非凡なアドバイザーの例が満載されている[4][5]。

エグゼクティブ・コーチングは、大衆向けの心理療法と見なされていた時期もあったが、近年ではリーダーの行動を方向づける手段として評価され、広く用いられている。国際コーチ連盟は、認定プロセスを開発し、継続的な教育機会を提供する会員制組織で、八〇カ国に一万人以上の会員を擁している。IBMは、このコーチという専門職を積極的に支持し、利用しており、社内に六〇名以上の認定コーチがいる[6]。

傲慢を予防する第二のアプローチは、個人が露出する広報活動を制限することだ。広報活動はその人の自己認識を形成するので、スポットライトを浴びる時間をあまり多くしないほうがいい。自分自身を誇示するのではなく、もっとさりげなく静かにやるべきだ。会社が投資に値することや、善良な企業市民であることを宣伝するために、投資家、従業員、顧客、供給業者、地域社会に対する会社の「顔」になることと、個人の売名活動を行ったり、役員の私生活がゴシップ欄のネタになったりするのとは別の話である。エンロンやワールドコムやタイコの派手なスキャンダルがあってから、これは二重の意味で重要になっている。自己宣伝をする利己的なリーダーは、会社に迫る災いの危険信号だという印象が、投資家の心に植えつけられたのだ[7]。

［4］ Marci McDonald, "Give me a C-O-A-C-H!," *U.S. News & World Report*, Feb 16, 2004.

［5］ Jagdish Sheth and Andrew Sobel, *Clients for Life: How Great Professionals Develop Breakthrough Relationships* (New York: Simon & Schuster, 2000).

［6］ 前掲書→［4］

［7］ Rajendra S. Sisodia, David B. Wolfe, and Jagdish N. Sheth, *Firms of Endearment: The Pursuit of Purpose and Profit* (Philadelphia: Wharton School Publishing, scheduled release September 2006).

最後に、誰か一人が絶対的な権力を持つことがないように、抑制と均衡のプロセスを確実に定着させよう。そうなっていれば、誰も傲慢にはなれない。このコンセプトは、とくにアメリカ政府で長年功を奏している。

習慣病3 慢心症

慢心症を防ぐ第一の予防策は、慢心レベルを常に定量的に測定する評価指標、できれば数値で示される評価指標を開発することだ。健康にたとえると、心電図モニタをつけるようなものだ。何か異常を示せば、会社の健康状態を徹底して調べる。

第二の予防策は、業績給を導入することだ。従業員が、自分の仕事は保証されており、会社の業績にかかわらず自動的に毎年昇給するものと思い込んでいるとき、しばしば慢心が生じる。経営陣や取締役についても同じことが言える。報酬の一部を会社の業績に連動させることで、誰もが革新を起こし、抜きん出ようという気持ちになる[8]。会社の戦略目標と合致する一連の業績指標（事業の成長、利益の伸張、従業員定着率、顧客ロイヤルティ、株価など）を構築しなくてはならない。

この予防策を、企業統治策として厳格に適用したのがコカ・コーラである。同社が二〇〇六年四月に発表した、新たな取締役の報酬制度は、完全な株式ベースの報酬になっており、あらかじめ決められた業績目標を達成しなければ払われない。取締役・企業統治委員会の委員長を務めるジェ

[8] Diane Grady, "No More Board Games," *Strategic Management Journal* (1999, No. 3).

ームズ・D・ロビンソン三世はこう言う。「株主は、会社が業績を上げたときにしか恩恵を受けられないのだから、取締役も同じ基準に合わせたのだ」。いつも同じ仕事をすればいいという態度は、コカ・コーラの財務だけでなく、その成長に責任を持つ人々の懐具合にも大きく影響するのだという、明確なメッセージである[9]。

第三の予防策は、ローテーション制度を導入して、リーダーにさまざまな職務を経験させることだ。仕事が周期的に変われば、どの仕事でも慢心に陥る暇はない。それどころか絶えず発奮し、新しいことを学び、会社をさまざまな角度から見ることになる。

習慣病4 コア・コンピタンス依存症

これは、予防が非常に困難な習慣である。なぜなら、私たちは専門化がよいことだと固く信じているからだ。高校卒業後の教育は、おおむね専門性を深めることに重きを置く傾向がある。職業は専門化し、とくに大企業の各職務は特定領域に特化している。これは、個人と会社の両方にメリットがあるからだ。専門分野に特化すればするほど仕事の効率はよくなり、貢献できるようになる。しかし（独占と同じように）専門の上にあぐらをかくようになると、製品、技術、顧客、市場、機会、競合の脅威などを、別の角度から見ることができなくなる。

では、どうやって予防すればいいのか。

[9] "The Coca-Cola Company Announces New Compensation Plan for Directors," *PR Newswire*, April 5, 2006.

第一の予防策は、現行技術から次世代技術へと、常に先行して移行するようにすることだ。こうすれば、性能や改善に終わりはなく、ある一つのコア・コンピタンスに依存しすぎることはない。ナイキはこれを非常にうまく実践している会社である。スポーツシューズを常に改良し、たとえ機能が最新で、売れ行きが非常によい状況でも、数種類の次世代シューズ技術を開発している。

インテルも、先を見越した事業活動で成功している。共同創立者のゴードン・ムーアが一九六五年に行った予測を、今でも信仰のように堅持している。ムーアの法則と呼ばれるようになったこの予測は、もともとチップ上のトランジスタの数が倍になるのにかかる時間を予測したものだったが、今ではコンピュータの処理速度は一八カ月で倍になるという、より一般化された解釈になっている。この予測に忠実に、インテルは、初期設計から販売までを一八〜二四カ月のサイクルで市場に提供できるよう事業を構築した。他の産業では二〜五年かけていることを考えると、とてつもない離れ業である。ムーアの法則を満たさなくてはならないという不断のプレッシャーを受けて、インテルは常に懸命に走りつづけている。そしてこの会社が生産目標を順調に達成しつづけているかぎり、同じ業界のライバル企業が望めることは、せいぜい一時的に肩を並べることとくらいだろう[10]。

第二の予防策は、コア技術を他の製品や市場に広げることだ。つまり、他のこともできるようコア・コンピタンスを多様化することである。コア・コンピタンスを狭い範囲に限定し、その事業領域に依存するのではなく、他の技術、製品、サービス、市場、市場区分への応用を常に探す体制を構築する。コア・コンピタンスがまだ有効であっても、それに依存しないよう管理するのだ。たとえば、石油化学製品をつくるには、化学物質と化学工学を専門とする高い能力が必要である。この専門知識と経験は、農業用品や医薬品の開発にも使える。

[10] "Transistors and Moore's Law," Encyclopaedia Britannica.com (http://www.britannica.com/eb/article-236474?query=moore%27s%20law&ct=).

第5章で指摘したように、チャーチ・アンド・ドワイト社は、とりわけうまくやっている。重炭酸ソーダ「技術」の新しい用途を絶えず探し、その普及を促進することによって、アーム・アンド・ハンマーの重曹を、一五五年以上もアメリカの家庭に常備させているのだ。さらに、この取り組みを促進するべく、製品のウェブサイトで「家庭と家族と身体のためのソリューション」や「日常的なソリューション」を提案し、アーム・アンド・ハンマーの重曹の独創的な使い方を発見した顧客を表彰するコンテストも行っている[11]。

第三の予防策は、コア・コンピタンスを、別の市場や市場区分に多角化することである。たとえば、防衛産業の会社が、コア・コンピタンスを法人顧客向けの製品やサービスに応用できないわけはない。あるいは、主として法人向けに事業を行っている企業も、そのコンピタンスを消費者市場に提供することができる。先進国の富裕な顧客をターゲットにしている消費財の会社でも、一日一ドル以下で暮らしているようなBOP市場★1の顧客に対しても、コア・コンピタンスを応用できる。

エイボンは現在、若い女性と年配の女性向けに別々の製品ラインを用意しているだけでなく、身だしなみに気をつかう都会の男性、いわゆる「メトロセクシャル」を狙った製品ラインもそろえているが、さらに重要なのは、アメリカ国外の事業を積極的に拡大していることだ。とくに順調なのは、いまだに家庭重視の文化で、女性が収入を得る機会があまりない、東および中央ヨーロッパ、ラテンアメリカ、アジアである。その結果、同社の売上の六割以上がアメリカ国外で上がっていて、代表的なエイボンの販売員は、ハンガリーやブラジルやインドネシアの女性たちになったようだ[12]。

第四の予防策は、買収と統合による成長戦略である。買収と統合のメリットは、買収する企業が同じ製品分野の会社だとしても、外部の視点と人材を取り込めることだ。企業には、自社のコア・

[11] Arm & Hammer Web site: http://www.armandhammer.com. Accessed on May 10, 2006.

[12] Nanette Byrnes, "Avon Calls, China Opens the Door," *Business Week*, February 28, 2006.

★1 本シリーズ第1巻の『ネクスト・マーケット』を参照。

コンピタンスを知っている専門家たちがいる。競合企業を買収することで、そのコア・コンピタンスを新しい角度から見ることが可能となり、能力の拡大とチャンスを広げる新たな道が開ける。

シスコは、自らの技術的能力を伸ばすため、常に買収と統合を繰り返している。二〇〇五年一一月のサイエンティフィック・アトランタの買収は、比較的短いシスコの歴史の中で一〇五回目、同年だけでも一八回目の買収だったが、シスコにとって重要な一手だった。というのも、シスコはこの買収のおかげで、重要性を増すビデオ技術の分野に進出したのだ[13]。

習慣病5 競合近視眼症

競合近視眼症を防ぐ手軽な解決策は、独立した調査部門をつくることだ。本社管理部門として、競合他社を研究し、市場勢力図の変化に関する情報を頻繁に分析し、発信することに専念させる。日々の業務を行う管理職は、すでに競合近視眼になっている可能性が高いので、こういった仕事には向かない。

市場勢力図を分析するために有効なフレームワークの一つとして、マイケル・ポーターのファイブフォース分析が挙げられる。このモデルは、競争の源を広い視野で外部から観察し、自社の位置を判断する手法なので、機会を最大に、脅威を最小にできる。この目的を達成するため、ポーターはあらゆる産業や市場において、機会と脅威を生み出す「五つの競争要因」を識別している。それが、

[13] Marguerite Reardon, "Cisco Goes for Video," ZDNet News.com (http://news.zdnet.com/2100-9584_22-5960479.html), November 18, 2005. Accessed on May 18, 2006.

「買い手の交渉力」「供給企業の交渉力」「新規参入業者の脅威」「代替品の脅威」「競争企業間の敵対関係」である[14]。

また、破壊的技術を探知し、その潜在的影響力の分析や評価を実施することも有効である。とくに、コンピュータや通信のような変化の速い産業にとっては重要だ。とはいえ、グローバリゼーションと異常なまでの技術革新の真っただ中にある現在、破壊的技術の兆しがまったく表れていない産業などほとんどない。クレイトン・クリステンセンの著書（『イノベーションのジレンマ』『イノベーションへの解』『明日は誰のものか』）に、この種の戦略を実践するための優れた手法が示されている。

コア事業が依存していない代替技術や競合技術に単独で投資を行うことも、競合近視眼を防ぐ方法である。そうすることで、新興技術の開発の内側を見ることができる。これは破壊的技術ではない。次世代技術に変わる可能性がある技術への、漸進的な置き換えである。

たとえば、電話会社は、有線通信の代替技術である携帯電話に投資した。コダックがデジタル写真に移行したのも一例だ。コダックは、従来のフィルム事業がまだ強いうちに、デジタル画像への移行を始めている。フィルムカメラとフィルム現像への需要がデジタルカメラとデジタル処理にシフトしはじめると、古い技術から得られる収益を、代替技術に対して大規模に投資した。この移行は一大事業であり、収益源をシフトさせるのは、細心の注意を要する行動である。しかし、競合近視眼を避けるこの積極的な行動を取っていなければ、コダックはあっという間に痛ましい死をとげていただろう。

パラダイム転換を起こす可能性がある周辺企業やニッチ企業（破壊的技術を有する新たな起業家）を、定期的に探し出して買収することも、競合近視眼を防ぐ手段になる。これは、コア技術への投資を

[14]『競争の戦略』M・E・ポーター著、土岐坤ほか訳、ダイヤモンド社、1995年

回収する時間を稼ぐのに有効な方法だ。あるいは、破壊的技術を導入する時期をコントロールしたい、投資を回収した後も現行技術を存続させたい、という動機の場合もあるだろう。これはシリコンバレー、とくにアプリケーションソフトの業界ではよくあることだ。

これから競合企業が現れそうな新興市場を狙うことも考えられる。先進国の自動車、自動車部品、家電業界に所属する企業の場合、将来ライバルが出てくる可能性が高い中国とインドの同業者に注目しておくべきだ。自分の縄張りでライバルとぶつかることを心配するより、今すぐ相手市場に参入し、潜在的な競合との戦い方を相手の縄張りで学ぶほうが望ましい。相手の国内市場でうまく戦うことができれば、自国の市場で競争する段になったときに有利だろう。新興の競争相手が自分たちの本拠地を守ることに忙しく、他国の市場に参入するのが遅れるという効果もある。

習慣病6 拡大強迫観念症

拡大強迫観念症の根本的な問題は利益率の低下であり、この習慣を予防するためにまずやるべきことは、販売部門に顧客別の収益性にもとづく報奨制度を確立することだ。これはとくに、大口顧客や主要顧客に対する販売において重要な施策である。なぜなら、売上を維持するため、しばしば利益率が犠牲になることが多いからである。要は、各セールスマンにミニCEOとしての権限を与え、単に売上拡大だけでなく会社の成長と収益性、すなわち売上と最終損益に責任を持ってもらうのだ。規模拡大に執着すると売上は伸びるが、最終損益が犠牲になる。そうならないように、収益の量と質の両方を高めるよう社員に意識づけすることだ。

購買を管理機能ではなく戦略機能と考えることも重要だ。会社が規模拡大に取りつかれると、規模の経済の恩恵が、社内から社外へと移ることがよく見受けられる。一般に、企業が製品やサービスに付加している価値は、およそ三割である。残りの七割は、外部から仕入れた物の価値である。その結果、あなたの会社の製品で供給業者が大もうけすることになるのだ。とくにパソコンのような薄利多売の製品の場合はそれが顕著である。ボストン・コンサルティング・グループによると、販売業者（レノボ、HP、コンパックなど）が付加する価値は約一一％だけで、残りの八九％は供給業者（マイクロソフトやインテルなど）の価値だという。

取り扱う製品が多種にわたる企業の場合、拡大への強迫観念を予防するため、利益率の高い新製品を絶えず精力的に製品ラインナップに加えることも重要だ。ただし、衝動的で無計画の行動であってはならない。全体との整合性をとり、将来を見据えた戦略を念頭に置き、慎重に計画しなくてはならないのだ。このアプローチを取っていれば、コア製品やコア事業で利益率が急落した際、業績を維持するために販売量に依存するという罠に陥らずに済む。基本的に、製品ラインは利益率を基準にポートフォリオを構築するものだ。P&Gは非常にうまく実行している。食品（クリスコやジフなど）の利益率が急落しはじめたとき、これらの収益性の低い事業を切り捨てた。しかしその前に、美容製品（ジョルジオ、オイル・オブ・オレイ、クレイロール、ウェラなど）のような利益率の高い製品群への投資を始めていた。

習慣病7 テリトリー欲求症

わかりやすい透明な手法で後継者を育成することも、長い目で見るとテリトリー欲求の予防につながる。一般に、後継者をどこか特定の部門と結びつけないのが一番だ。後継者は必ず製品企画部門から、製造部門から、エンジニアリング部門から出るものだと、みんなが思うようではいけない。さまざまな仕事を経験した人でなければ全社レベルのリーダーに昇進できないような、新たな制度を構築することだ。そのためには、ローテーション制度を導入して、管理職にさまざまな職種を経験させるか、すべての部門を網羅する管理者選抜コースを別途設ければよい。

一般消費材の業界では、テリトリー欲求を防ぐ目的で、ブランドマネジメント制度が利用されている。ブランドマネジャーは、部下をあまり多く持たない。一般的な機能別組織において、部門長の権力が、部下の数や予算の額で決まるのとは異なり、ブランドマネジメントシステムでは、影響力は主に予算に限定される。社内購買システムと似ていて、購買力を使って各部門の人々に働いてもらうわけだ。権力は分配され、特定の部門に属さない。

テリトリー欲求を食い止める別の方法として、部門間に上下関係を作らない文化を築くことが挙げられる。サウスウェスト航空はアメリカ最大の国内旅客数を誇り、赤字だらけの業界で珍しく利益を上げている。この会社には、「ウォーク・ア・マイル（同じ経験をしよう）」と呼ばれる、従業員が別の従業員の仕事を一日体験できるプログラムがある。荷物係が飛行機を操縦するわけにはいかないが、パイロットは荷物係として働くことができる——そして実際にやっている。二万人いる社員の七五%が、このプログラムに参加した経験を持つ。「管理上は悪夢だが、理解と協調を実現するためのツールとしては、私が知っているかぎり最高の部類に入る」と、サウスウェストのハーブ・ケルハーCEOは話している[15]。

社外の要因に会社の焦点を置くことで、従業員を共通の目標に向けて一体化させるのも、テリトリー欲求の芽を摘むことになる。たとえば、会社を主要顧客別に再編成して、顧客中心主義にすることも考えられる。会社が顧客中心主義なら、どの部門がトップに来るかをめぐる内部抗争（製造とマーケティングとエンジニアリングの争いなど）は少なくなる。全員のエネルギーが社外の焦点、つまり顧客に向けられるのだ。

デルは、顧客満足を中心に組織全体を構築することで、世界一のコンピュータ直販会社になった。そして会社の原動力である顧客への関心が、「顧客経験価値審議会」の設立につながった。そのメンバーは、各部門（財務、販売、製品開発、製造、広報、IT）の代表者だ。審議会では、製品の信頼性、顧客サポートの問題解決にかかる時間、顧客満足度調査など、顧客の問題に関係するデータを追跡する。その結果が年間目標に達したかどうかで、従業員のボーナスと利益配当が決まる。目標に達しない場合、つまり顧客を満足させるサービスを提供できなかった場合、全員が打撃をこうむる[16]。

製薬会社の研究者のように、必然的に支配的な文化が社内にある場合、その支配的文化に染まった人間にさまざまな部門を回らせることで、テリトリー欲求を防ぐことができる。研究者は製薬会社の成功に欠かせない要素だが、新薬の開発以外にも有用な人材だ。薬品開発部門であれば、研究所の運営（人員、予算、資産の管理など）、あるいは販売や顧客サポートのような部門に移っても、能力

[15] Herb Kelleher, "Culture of Commitment," *Leader to Leader 4* (Spring 1997), pp. 20-24.

[16] Louise Fickel, "Know Your Customer," CIO.com (http://www.cio.com.au/index.php/id;684142143), September 20, 1999.

を発揮できるだろう。研究者を研究開発以外の部門に異動させることで、その知識を新たな部門で活用できる。新薬開発部門の人間と共通点を持っているので、縄張り争いをする可能性も低い。

最終考察

第1章で触れたように、人間の平均寿命は延びているのに、企業の平均寿命は縮まっていることを考えると興味深い。消費者や個人のレベルでは、健康に関するニュースは明るいものが多い。薬物乱用は減り、ティーンエージャーの妊娠も減り、医薬品は新製品が出たり改良されたりしている。肥満のような新たな健康上のリスクが文化のレーダー画面上に現れると、国中の資源が結集される。そして突然、たくさんのダイエット本がベストセラーの座を奪い合う。

しかしビジネス界に目を転じると、昔は憧れの的だった会社の残骸が散らばり、かつての巨大企業が破綻に向かってふらふらしている。本書の出発点に戻ってみよう。ピーターズとウォータマンが一九八二年に「超優良企業」と認めてから、その運命が劇的な変化をとげた巨大企業は、DEC、ゼロックス、コダック、デルタ、メルク、Kマート、GMなど、枚挙に暇がない。結論として、自滅的習慣との決別やその予防は、人よりも企業にとってのほうが難しいと言えるのか。

それがおそらく無難な結論だろう。しょせん企業は機関である。階層化し、官僚的で、ガードが固く、抵抗する。公共広告や公衆衛生局の警告に、企業が素直に従うことは少ない。ずっと吸っていたタバコをきっぱりやめた人はどこにでもいるだろう。だが企業はアイデンティティを、文化を、事業理念を、突然きっぱりと変えることができるのか。

無理だ。しかし不可能ではない。何かに強く突き動かされると、実際に変えることも多い。本書では、ＩＢＭやＧＥやデビアスのように、自滅的習慣を断ち切り、健康的な未来のために態勢を整えた企業をいくつか見てきた。モトローラやコダックのように、自分たちの自滅的習慣に気づき、立ち直るための道を見つけようと必死に努力している企業も見てきた。

認識することが重要なのだ。以前やっていたことが、今ではうまく行かないことに気づくことが。市場シェアの縮小、純損失、急速な株価の下落でわかるはずだ。これは第一歩である。もっと困難だが、しかし重要なのは、今日うまく行っていることが、明日にはうまく行かないかもしれないことに気づくことである。これに気づいてこそ、治療手段ではなく事前予防策になるのだ。

このような認識、このようなビジョンが生まれるかどうかはトップにかかっている。それは、ルイス・ガースナーやジャック・ウェルチのような非凡なリーダー、「先行経営」を実践することで将来に備えるリーダーがもたらすものだ。習慣は人を誘惑し、変化に抵抗する。習慣は、同じことを繰り返し行うことと定義される。変化を受け入れるリーダー、明日の世界を予測し、それに備えて方針を立てるリーダーがいれば、会社は過去に形成した自滅的習慣を断てるだけでなく、将来そのような習慣に陥ることもないだろう。

会社の寿命をのばすための予防策

5 競合近視眼症

- 独立した調査部門をつくる。
- 代替技術や競合技術に単独で投資する。
- パラダイム転換を起こす可能性がある周辺企業やニッチ企業を、定期的に探し出して買収する。
- これから競合企業が現れそうな新興市場に参入する。

6 拡大強迫観念症

- 販売部門に、顧客別の収益性にもとづく報奨制度を確立する。
- 購買を管理機能ではなく戦略機能にする。
- 多品種企業の場合、利益の高い新製品を絶えず精力的に製品ラインナップに加える。

7 テリトリー欲求症

- わかりやすい透明な手法で後継者を育成し、管理職には、さまざまな職種を経験させる。
- 部門間に上下関係をつくらない文化を築く。
- 社外の要因に会社の焦点を置くことで、従業員を共通の目標に向けて一体化させる。
- 必然的に支配的な文化が社内にある場合、その支配的文化に染まった人間にさまざまな部門を回らせる。

体質改善指導——健康な組織を育成し、

1 現実否認症

- 事業の前提や正当性を絶えず問題にする制度をつくる。
- 管理職に将来の見据え方を教える実践的リーダーシップの講座を設ける。

2 傲慢症

- 傲慢の落とし穴を絶えず指摘してくれるプロのエグゼクティブ・コーチを持つ。
- 個人が露出する広報活動を制限する。
- 誰か一人が絶対的な権力を持つことがないように、抑制と均衡のプロセスを確実に定着させる。

3 慢心症

- 慢心レベルを常に定量的に判定する評価指標、できれば数値で示される評価指標を開発する。
- 人事考課制度として業績給を導入する。
- ローテーション制度を導入して、リーダーにさまざまな職務を経験させる。

4 コア・コンピタンス依存症

- 現行技術から次世代技術へと、常に先行して移行する。
- コア技術を他の製品や市場に広げる。
- コア・コンピタンスを別の市場や市場区分に多角化する。
- 買収と統合による成長戦略を立案する。

謝辞

ジョン・ヤウの協力がなければ、本書はこれだけ綿密で読みやすいものにならなかっただろう。彼が私の著作を手伝ってくれたのは二度目だが、今回もまた、彼の徹底した調査と、考えや概念を非常に読みやすく面白い本にまとめ上げる並はずれた才覚は、最終原稿に欠かせないものだった。ジョンは完璧な南部の紳士だ。彼と一緒に仕事をするのは、学者としても個人的にも非常に楽しい。これからも、ぜひ彼と一緒に本を書きたいと思っている。

マーク・ハッチソンも、本書を完成させるための重要な支援者だった。企業の追加調査を行い、編集上の意見や提案を述べ、原稿の随所に手を入れてくれた。さらに、原稿作成のプロセス管理や、出版社との調整にも骨を折ってくれた。

長年アシスタントを務めてくれているベス・ロビンソンの献身的な働きにも感謝したい。この本を書いていた超多忙な時期にも、私が順調にやってこられたのは彼女のおかげだ。彼女はプロらしく落ち着いて、絶えず殺到するメールや電話をさばき、膨大な会合や出張のスケジュールを調整するだけでなく、一般読者としての感想を述べる役目も果たしてくれている。

ウォートンスクールパブリッシングの共編者、ヨーラム・(ジェリー)・ウィンドからの熱心な勧めがなければ、この本は書かれなかったかもしれないし、少なくともこんなに早く書かれることはなかっただろう。彼は、自滅的習慣が優良な企業を破滅させる経緯についての私の説明を聞くとすぐに、原稿を執筆し、ウォートンスクールパブリッシングに持ち込むべきだと主張した。彼の熱意と興奮には伝染力があり、だからこそ、あなたは今この本を読んでいるのだ。ウォートンの編集主幹であるティム・ムーアからも、同じように熱心な支援をいただいた。

そして最後に、本書の校閲と制作に携わったウォートンスクールパブリッシングの方々全員に謝意を表したい。特に、刊行までの工程をきちんと管理してくれたポーラ・シノット、最終原稿に編集者としてさらに磨きをかけてくれたラス・ホールに、心からありがとうと言いたい。

ウォートン経営戦略シリーズ刊行にあたって

情報は一瞬にして世界を駆け巡る。ビジネス環境は急速に、そして刻一刻と変化している。ビジネスリーダーは、タイムリーに変化に対応し、新しい取り組みを実践し、成果として実現させなければならない。この成否は第一義的にビジネスアイデアの優劣に大きく依存している。

ペンシルバニア大学ウォートンスクールは米国で有数のビジネススクールであり、二〇〇四年にピアソンエデュケーションと共同でウォートンスクールパブリッシングを立ち上げた。世界的な研究者が執筆し、ウォートンスクール教授陣のレビューを経て、優れたビジネスアイデアを有する実践的なビジネス書として刊行している。

ウォートン経営戦略シリーズは、ウォートンスクールパブリッシングの発行するビジネス書の中から、「理論に裏打ちされながらも実践的であること」「事例に基づき信頼性の高いこと」「日本のビジネスリーダーにとって有意義であること」などの基準によって選出し、日本の読者に提供する。本シリーズが、日本のビジネスリーダーの知見を深め、変革を達成する一助となり、経済全体および社会全体の発展に貢献できれば幸甚である。

スカイライト コンサルティング株式会社　代表取締役　羽物俊樹

著者略歴

ジャグディシュ（ジャグ）・N・シース

Jagdish N. Sheth

エモリー大学ゴイズエタ経営大学院教授。専門はマーケティング。これまでに南カリフォルニア大学（7年）、イリノイ大学（15年）、コロンビア大学（5年）、マサチューセッツ工科大学（2年）に在籍。消費者行動、リレーションシップマーケティング、競争戦略、地政学的分析の研究でもよく知られている。欧米、アジアにおける多種多様な産業や企業で、アドバイザーやセミナーの指導者としても活躍。クライアントは、フォード、GE、3M、エリクソン、シーメンス、フィリップス、ゼネラル・フーズ、ユニリーバなど多数。ウォール・ストリート・ジャーナル紙、ニューヨーク・タイムズ紙、フォーチュン誌、フィナンシャル・タイムズ紙、CNN、BBCなどに頻繁に登場。ウィプロ・リミテッドなど、上場企業数社の取締役を歴任。産業界、学会、公共のフォーラムでの基調講演者としても人気が高く、マーケティング理論への多大な貢献によって、1992年、米国マーケティング協会のポール・D・コンバース賞を受賞。2004年にはこの協会が授与する賞の双璧をなす、リチャード・D・アーウィン優秀マーケティング教育者賞とチャールズ・クーリッジ・パーリン賞の両方を受賞。米国心理学会会員。著書も多く、2000年、アンドリュー・ソーベルとともにベストセラー*Clients for Life*を刊行。ラジェンドラ・シソーディアとの共著『3の法則――すべての企業を支配するビジネス黄金律』（2002年、講談社）は、実業界における競争に対する認識を変え、ドイツ語、イタリア語、ポーランド語、日本語、中国語に翻訳されている。

日本語版　企画・翻訳

スカイライト コンサルティング株式会社

経営情報の活用、業務改革の推進、IT活用、新規事業の立ち上げなどを支援するコンサルティング企業。経営情報の可視化とプロジェクト推進力を強みとしており、顧客との信頼関係のもと、機動的かつきめ細やかな支援を提供することで知られる。顧客企業は一部上場企業からベンチャー企業まで多岐にわたり、製造、流通・小売、情報通信、金融・保険、官公庁などの幅広い分野で多数のプロジェクトを成功に導いている。

http://www.skylight.co.jp/

訳者略歴

佃 佳典

Tsukuda, Yoshinori

関西学院大学法学部法律学科卒業。中小企業診断士。外資系コンサルティング会社でマネジャーとして活躍後、スカイライト コンサルティングに入社、シニアマネジャーとして現在に至る。製造業や情報通信業などを中心に、業務改革（BPR）、プロジェクトマネジメント、テクノロジーを利用した新規事業に関する調査、企画、立ち上げ支援に従事。

英治出版からのお知らせ

弊社のホームページでは、「バーチャル立ち読みサービス（http://www.eijipress.co.jp/）」を無料でご提供しています。ここでは、弊社の既刊本を、紙の本のイメージそのままで「公開」しています。ぜひ一度、アクセスしてみてください。

なお、本書に対する「ご意見、ご感想、ご質問」などをeメール（editor@eijipress.co.jp）で受け付けています。お送りいただいた方には、弊社の「新刊案内メール（無料）」を定期的にお送りします。たくさんのメールを、お待ちしております。

自滅する企業

エクセレント・カンパニーを蝕む7つの習慣病

発行日——2008年4月30日　第1版　第1刷　発行
　　　　2008年7月10日　第1版　第2刷　発行
著　者——ジャグディシュ・N・シース
訳　者——スカイライト コンサルティング株式会社

発行人——原田英治
発　行——英治出版株式会社
〒150-0022 東京都 渋谷区 恵比寿南 1-9-12 ピトレスクビル 4F
電話：03-5773-0193　FAX：03-5773-0194
URL　http://www.eijipress.co.jp/
出版プロデューサー：高野達成
スタッフ：原田涼子、秋元麻希、鬼頭穣、大西美穂、岩田大志、
藤竹賢一郎、松本裕平、浅木寛子、佐藤大地、坐間昇

印　刷——大日本印刷株式会社
装　幀——重原隆
翻訳協力——大田直子
編集協力——阿部由美子、和田文夫

[検印廃止]　ISBN978-4-86276-019-7　C0034